재즈 스타일

재즈 스타일

초판 1쇄 인쇄 2010년 4월 27일
초판 1쇄 발행 2010년 5월 10일

지은이 | 전진용
펴낸이 | 전익균

이사 | 송영욱, 엄재명
편집장 | 김남희
편집, 기획 | 김미화, 김광진, 장지연
디자인 | 이호영
마케팅 | 오정민, 허윤영
경영지원 | 최예란
외부스텝 | 서정 Contents Agency(기획), 이미순(편집)

찍은곳 | 예림인쇄
출력 | 한국커뮤니케이션
제본 | 바다제책

펴낸곳 | (주)새빛에듀넷
주소 | 서울 강남구 역삼동 723-28 영빌딩 1, 2층
전화 | 02-3442-4393~4   팩스 | 02-3442-6771
e-mail | svinvest@hanmail.net   홈페이지 | www.assetclass.co.kr
등록번호 | 제16-4043호   등록일자 | 2006. 11. 28

값 14,000원

ISBN 978-89-92873-64-2 (13320)

재즈 스타일
JAZZ
S T Y L E

전진용 지음

도서출판 새빛
AEVIT

지금은 혼란의 시대다. 무엇 하나 선명하게 보이는 것이 없다. 그 무엇에 대한 정의가 내려지거나 신기술이 나오기 무섭게 다시 그것을 뒤엎는 '블랙 스완'이 탄생한다. 어제의 황제로 군림했던 야후가 오늘은 인수합병에 시달리고 있는 반면, 두 명의 기술자가 시작한 구글이 단 10년 만에 세계 최고의 기업으로 성장한 것은 내일을 모르는 이 시대의 불확실성을 대변한다. 국내외에서 숱한 IT 벤처들이 빙하기를 맞이한 공룡처럼 순식간에 사라진 것도 이 때문이다. 『블랙 스완』(동녘사이언스, 2008)의 저자 나심 니콜라스 탈레브가 언급한 것처럼, 우리는 0.1%의 가능성이 모든 것을 바꿀 수 있는 시대에 살고 있다. 전 세계에 있는 수많은 나비들은 각기 어느 한순간에 토네이도 같은 영향력을 발휘할 수 있는 것이다. 세상은 점점 더 예측하기가 어려운 미궁 속으로 빠지고 있다.

사람들은 불안하고 미래가 불확실한 상태에 놓이면 우선 안전을 생각하게 되고 눈에 보이는 확실한 것을 선택하기 마련이다. 더군다나 쫓기게 되면 올바른 선택을 하기가 더욱 어려워진다. 그래서 결국 세상의 외압에 밀려 진정 자신이 원하는 것보다는 남의 시선에 맞춰 자기 인생을 정해버리는 안타까운 상황도 연출되는 것이다.

그런 상황에서 나는 한 줄기 희망을 재즈에서 발견한다. 재즈는 오히려 그런 상황이 기회가 될 수 있다고 속삭여주고 있다. 재즈는 불확실성을 즐기는 음악이다. 불안정한 상태에서 새로운 창조를 여는 음악이다. 역발상으로 이런 혼돈의 시기일수록 새로운 가능성이 잠재되어 있다고 볼 수 있다. 그런 영감과 지혜를 미국에서 재즈를 공부하면서, 또 불확실한 내 삶의 여정을 체험하면서 발견할 수 있었다. 재즈 속에는 앞으로의 시대를 살아나가는 데 도움이 되는 지침이 곳곳에 숨겨져 있었다.

인생에는 예상치 못한 돌발변수가 존재한다. 그때마다 내리는 작은 판단의 조각들이 얼마나 빠르고 적절했느냐에 따라 인생의 향방이 좌우될 수도 있다고 생각한다. 그것은 정확히 재즈의 속성과도 일치한다.

예측불가능하다는 말은 아직 정해져 있지 않다는 말이다. 이 말은 오히려 나도 이 세상에서 뭔가를 할 수 있는 기회가 있다는 말이기도 하다. 재즈는 나에게 그것을 가르쳐주었다. 그리고 나는 재즈 스타일식 경영이라는 새 패러다임을 만들 수 있는 힌트도 얻었다.

앞으로는 나와 세상이 조각조각 분해되고 다시 서로 재조립되며 새로움을 창조해나가는 리믹스(Remix) 시대다. 그 말은 또 나와 세상의 멜로디, 리듬 등이 만나 다양한 협연을 하는 재즈연주를 의미하기도 한다. 이 재즈연주는 생산과 소비의 구조방식을 빠르게 변화시키고 지금까지 상상 못했던 기상천외한 무대, 새로운 시장과 라이프스타일을 열어주기도 할 것이다.

나는 이 책을 통해서 재즈 스타일을 고안하게 된 경위, 그리고 글로벌, 웹 2.0 & 3.0, 예측불허라고 일컬어지는 이 시대적 특성과 재즈 스타일의 밀접한 관계성을 설명할 것이다. 그리고 재즈 스타일을 개인과 기업, 단체의 차원, 그리고 세계를 무대로 한 하나의 생태계로서 실질적으로 어떻게 구현할 수 있는지에 대해서도 언급하려고 한다.

이 책에서는 재즈식 접근방법을 크게 3가지 키워드로 나누어 설명하려고 한다. 재즈 스타일(Jazz Style), 재즈경영(Jazz Management), 재즈노믹스(Jazznomics)가 바로 그것이다.

구성을 보면 우선 이 책의 1장에서는 '재즈 스타일이란 무엇인가'를 얘기한다. 즉, '재즈 스타일'이 요구되는 시대적 배경과 재즈 스타일의 정의에 대해서 설명할 것이다. 이 장은 주로 한 개인의 관점에서 어떻게 재즈식 접근을 할 수 있느냐에 초점을 맞춘다면 이해하기가 쉬울 것이다.

그리고 2장에서는 '재즈 스타일에는 무엇이 필요한가'를 얘기한다. 즉, 재즈 스타일식 경영을 하기 위해서는 무엇이 필요한가에 대해 구체적인 사례를 들어가며 설명하고자 한다. 이 장은 하나의 조직·기업의 관점에서 재즈경영을 어떻게 구현할 수 있으며, 또 그러기 위해 필요한 핵심적인 요소는 무엇인지에 대해서 초점을 맞출 것이다.

3장에서는 '재즈 스타일로 자신을 완성하라'를 얘기한다. 즉, 나와 세계가 어떻게 협연을 이루어 하나의 상생구조를 가진 재즈생태계 속에서 재즈 스타일의 나로 만들어질 수 있는지에 대해서 이야기한다. 나 혼자서는 재즈 스타일을 만들 수 없다. 나와 세계 속의 다른 이와, 다른 지식과 정보, 사물과의 상호작용(interact)을 통해서 비로소 하모니가 어우러지는 나만의 재즈 스타일이 탄생한다. 이 장에서는 주로 나와 세계가 어떻게 조화를 이루어 상생구조를 만들 수 있는지 생태계식 접근에 초점을 맞추고 소셜 미디어를 활용하는 예도 다룰 것이다.

그리고 마지막 4장에서는 '경영의 성공모델'을 얘기한다. 즉, 재즈 음악 못지않은 재즈식 경영으로 거장이 된 재즈뮤지션과 이 시대에 맞는 재즈 스타일의 성공요소를 잘 활용하여 성공한 기업을 선별하여 소개할 것이다.

또한, 별면으로 이미 도래한 웹 2.0, 그리고 곧 맞이할 웹 3.0 시대에 재즈 스타일을 구현하기 위한 혁명적인 역할을 수행해줄 소셜 미디어 중에서 현재 시점에서 대표적인 것만 소개를 해놓았다. 우선 재즈 스타일을 몸속에 체화시키고, 그때마다 등장하는 새로운 소셜 미디어 툴 중에서 필요한 것은 익혀서 스스로 활용해나가는 노력이 필요하다. 앞으로는 글로벌, 웹 2.0 & 3.0, 소셜 미디어, 적어도 이 3가지는 항상 머릿속에 인지하며 재즈 스타일을 구현해나가야 할 것이다.

이 책이 나오기까지 최초의 영감을 준 '미국 속의 작은 일본사회'였던 일본식당 '잇쵸(ITTYO)', 함께 일했던 잇쵸의 전 멤버들, 재즈에 빠지게 된 결정적 동기와 앞으로 음악인생의 모델이 되어준 재즈계의 거장 마일즈 데이비스, 인생의 중요한 순간에 조언과 격려를 해주셨던 '세계화 전략연구소' 소장 이영권 박사님, 글로벌 비즈니스 리더로서 훌륭한 모델을 보여주시고 주옥 같은 조언을 아낌없이 주시는 'BBN World Corporation'의 최봉준 회장님, 기업경영과 인생경영에서 성공한 모델이 되어주시고 인간적으로 너무나 매력적인 간삼파트너스의 김자호 회장님, 한국을 진정으로 사랑하시고 한일 산 상생의 길을 역설하시는 한국 후지제록스 전(前) 회장이신 다카스기 노부야 님, 일본 비즈니스와 경영스타일에 대해서 매주 1회씩 함께 공부할 수 있는 기회를 주신 '금호미쓰이 화학' 전(前) 대표이사 나카가와 타다오 님, 웹 2.0 & 3.0과 블로그의 세계를 알게 해주었던 '브이코아'에 참가했던 모든 분들, 이 책을 함께 기획하고 도와준 서정 Contents Agency, 그리고 인생에서 가장 소중한 것을 가르쳐주신 사랑하는 어머니, 겨울옷을 전담해서 챙겨주고 끝까지 나를 믿고 응원해준 여동생 지훈이에게도 감사의 말씀을 전하고 싶다.

2010년 4월

전진용

CONTENTS

2장 Jazz Management
재즈 스타일에는 무엇이 필요한가

CONTENTS

4장 거장들로부터 배우는 재즈 경영

1장

Jazz Style
재즈 스타일이란
무엇인가

재즈 스타일이란 무엇인가. 보통 재즈 스타일이라고 하면 음악이나 춤, 패션이 떠오른다. 그런데 이 재즈 스타일이 삶에 적용된다면 어떤 라이프스타일이 만들어질까? 이것은 내가 20대 초반에 우연히 재즈를 만나면서부터 수없이 나 자신에게 했던 질문이다. 이 장에서는 개인의 삶·사고방식·라이프스타일에서 재즈 스타일이 어떻게 정의될 수 있는지, 또 지금 시대와 다가올 미래에 그 스타일이 왜 유효한지에 대해서 이야기한다.

𝄢 : 클래식 스타일이 아닌 재즈 스타일

"너희들은 내 악기야. 난 오케스트라라는 악기를 연주하는 거고 너희들은 그 부속품이라고! 늙은 악기, 젊은 악기, 울며 뛰쳐나간 똥덩어리 악기, 카바레 악기, 회사 다니는 악기, 대드는 악기! 아니! 너희들은 그냥 개야! 난 주인이고! 그러니까 시키는 대로나 짖으란 말이야!"

– 드라마 <베토벤 바이러스> 중에서

강마에는 부르짖는다. 처음엔 단원들이 반발하다가 나중에는 그에게 복종하게 된다. 그는 너무나 탁월했고 무엇보다 그들 개개인으로서는 그 어떤 연주도 할 수 없었기 때문이다.

그러나 21세기 웹 2.0 시대에 강마에와 같은 리더를 만나게 된다면 그 회사의 직원들은 어떤 반응을 보일까? "너는 그냥 짖었을 뿐이고 난 그저 내 할 일을 할 뿐이고." 아마 싸늘한 반응 혹은 반응 자체가 없을 것이다.

강마에식 리더십은 불도저 정신이 통했던 산업화 시대에는 효과가 있었다. 그러나 미래 아니 지금 시대에는 통하지 않는다. 산업화 시대에서는 클래식 오케스트라처럼 악보를 보고 지휘자가 시키는 대로만 하면 회사를 꾸려나갈 수 있었다. 세상의 많은 것이 예측가능했기 때문이었다. 따라서 혜안이 있고 능력이 탁월한 강력한 리더를 따라 빠르게 움직이는 것이 더 경쟁력을 확보하는 길이었다. 그러나 문제는 앞으로의 시대는 예측불가능한 시대라는 것이다. 리더의 능력이 아무리 탁월하다 하더라도 한 사람이 감당하기에는 너무나 다양한 돌발상황이 벌어질 수 있다.

재즈 스타일의 등장

클래식 음악과 대조적인 음악 형태가 있는데, 바로 재즈다.

재즈가 클래식 음악과 가장 다른 점은 우선 악보가 필요없다는 것이다. 설령 악보가 있더라도 재즈 연주자는 악보대로만 연주하지 않는다. 악보대로 연주하는 순간 그것은 이미 재즈가 아니기 때문이다. 재즈는 즉흥연주를 가장 큰 특징으로 하는 음악이다. 함께 연주하는 연주자에 따라서, 그날

청중의 분위기에 따라서, 그리고 그날 연주자의 컨디션에 따라서도 연주가 달라진다. 연주자에게 불특정적으로 쏟아지는 여러 신호를 받아 순간적으로 반응(연주)을 이끌어내는 음악이기 때문이다.

그리고 따로 리더가 없는 경우도 많다. 서로 연주를 해나가면서 곡의 흐름에 따라 때로는 내가 리더가 되기도 하고 다른 악기가 리더가 되기도 한다. 어떤 테마에 대해 일방적인 리더의 지시가 아닌 연주에 참가한 멤버들이 자발적으로 순간순간 판단해나가면서 연주한다. 여러 악기가 그리는 큰 그림 속에서 자신 역할을 파악해나가면서 쉴 새 없이 포지셔닝을 해나가는 것이다. 따라서 앞으로의 음악을 예상할 수 없으며, 오히려 예측불허의 상황을 즐기고 새롭게 펼쳐지는 상황에 따라 음악을 즉흥적으로 창조해나가는 것이 바로 재즈가 갖는 매력이다.

지금 시대는 하루가 멀다 하고 신기술이 나오고 전 세계의 문화, 경제, 사회 등이 분열, 재조립, 통합되면서 변화와 혁신이 일상화되고 있다. 그만큼 모든 것이 불확실한 상황 속에 놓이게 되었다. 이때 재즈가 갖고 있는 특성은 설득력 있는 하나의 솔루션으로 다가온다.

기업은 불확실한 상황에 대처할 수 있는 강한 조직이 필요한데, '클래식 스타일' 조직은 불확실성을 감내하지 못한다. 악보처럼 이미 정해져 있기 때문이다. 반면에 즉흥적이고 자유로우면서 서로 기본 룰을 지켜나가는

'재즈 스타일' 조직은 좋은 모델이 될 수 있다.

　미래 경영자는 재즈 연주자처럼 불확실성을 두려워하지 않고, 다양한 돌발상황과 전 세계로부터의 수많은 마이크로트렌드에 대하여 즐기며 대응해야 한다. 조직의 구성원들에게도 일방적인 지시가 아닌 자발적인 참여와 주인의식을 이끌어내야 한다. 또한, 개인으로서도 재즈 스타일은 훌륭한 생존방식이 될 것이다. 비교하지 않고 그냥 '나' 답게 살아가는 사람, 자신의 '다름' 을 체계적이고 단단하게 구성해나가는 사람, 예기치 못한 위기상황에도 즉흥적이지만 훈련된 반응으로 그 난관을 헤쳐나가는 사람이 되어야 한다. 재즈 연주자는 단독 연주도 할 수 있고, 얼마든지 다른 악기와 다양한 콤비네이션이 가능하다. 이처럼 혼자서도 사업을 진행할 수 있지만 다른 기업이나 개인과도 필요 시에 기민하게 결합하여 다양한 사업을 전개해나갈 수 있어야 한다.

　이 장에서는 재즈 스타일의 삶을 살고 재즈경영을 가능케 하는 여러 유형을 말하고자 한다. 앞으로 생존과 번영의 핵심 키워드는 창조다. 창조가 태어날 수 있는 풍토를 만들어야 한다. 그 풍토는 정해진 삶의 방식에서 틀리지 않으려고 안정적이고 무미건조한 삶을 사는 것이 아니라, 실수하고 실패하더라도 다양한 이야기가 있는 풍요로운 삶에서 비롯된다. 그리고 실수를 또 다른 창조의 실마리로 만드는 재즈 스타일에서 시작된다.

𝄢: 이젠 악보를 찢어라, 너 자신이 악보가 되어라

카리스마 넘치는 얼굴을 하고 단상에 오른 지휘자는 자신을 잘 따라오면 안정된 미래를 보장해주겠다는 듯이 지휘봉을 높고 힘차게 치켜들었다. 난 악보대로 열심히 연습하고 지휘자가 이끄는 대로 연주하면 수많은 관객이 우레와 같은 박수와 함성을 보낼 것이라 생각했다. 그런데 어느 날부터 관객들은 더 이상 우리의 음악을 원하지 않게 되었다. 그리고 자신감에 넘쳤던 지휘자는 단상으로부터 도망가버렸다.

악보를 찢어라

세상은 이미 예상대로 움직이지 않기 시작했다. 지휘자만 보고 악보대로 연주만 하면 되었던 시대의 패러다임이 무너져버린 것이다. 공연장의 관객들은 하나 둘씩 자리를 떠나기 시작했다. 한창 일할 나이인 40~50대에 직장을 잃어버린 사람, 취업은 못하고 학력만 높아져가는 20~30대, 무너지고 있는 수십만 명의 자영업자들. 이제 그들에게 해답이 되었던 악보를 지휘해 줄 지휘자는 없다. 그 지휘자도 사실은 일자리를 찾아 먼 길을 떠나버렸다.

지금은 악보가 필요 없는 시대다. 세상은 이제 누군가가 그려준 악보대로 흘러가지 않는다. 악보보다는 자신의 판단, 직관, 능력을 믿어야 한다. 악보에 의존하는 음악이 아닌 내 목소리, 내 음악을 찾아가야 하며, 무슨 음악을 연주할 것인가를 먼저 정해야 한다. 그리고 그 음악을 함께 연주할 사람은 어디에 있고 들어줄 사람은 어디에 있는지, 스스로 찾아나서야 할 때가 왔다.

악기를 연주할 때 악보를 보는 습관을 들이면 악보 없이는 절대로 연주할 수 없다. 이제는 악보를 스스로 찢어야 한다. 그리고 눈을 감고 자신의 가슴속에 떠오르는 멜로디 선율을 구현하기 위해 노력해야 한다. 종잡을 수 없을 만큼 빠르게 변하는 상황에 따라 시시각각으로 대응하는 연주를 스스로 만들 수 있는 능력을 키워야 한다. 의무라는 오선지에 책임이라는 음표가 촘촘히 그려져 있는 악보는 이제 활활 태워버리고, 내 마음 깊은 곳에서 울려나오는 소리를 과감히 연주해야 한다.

나 또한 대학에 들어올 때까지 정말 충실하게 악보만 보고 살아온 삶이었다. 전공도 세상과 부모의 잣대로 만들어 놓은 악보대로 선택하는 실수를 했다. 이과였지만 그림에 소질이 있고 창작에 관심이 많았던 나는 건축과에 마음을 두고 있었다. 그러나 집에서는 취직이 잘 되고 안정적이란 이유로 기계계열 학과에 가기를 원했다. 처음에는 꼭 건축과에 가겠다고 버텼으나 온 집안 식구와 친척까지 동원된 협공에 그만 무너지고 말았다. 그 협공은 '장남으로서 모범을 보여야 한다는 책임감(뭐가 모범인지는 모르겠으나)'이었다. 그러나 역시 결정타는 '미래에 대한 불안감 조장'이었다. 그 이후로 정말 내가 원하는 일을 다시 찾아 떠나기까지 장장 8년이란 세월의 대가를 치러야 했다. 내 꿈과 미래를 세상과 흥정했다는 자괴감에 무척이나 괴로웠던 시간이었다.

너 자신이 악보가 되어라

어느 시점에 이르러 나는 이제 나만의 스타일을 찾을 때가 되었음을 깨달았다. 나는 평소에 즐겨 듣던 버드 파웰과 셀로니우스 몽크의 레코드를 모두 창고에 넣고 문을 잠가버렸다. 그렇게 새로운 스타일을 만들어내기 위해 몰두하던 어느 날, 비로소 나의 연주는 더 이상 버드 파웰이 아닌 나 자신임을 깨닫기 시작했다.

– 피아니스트 호레이스 실버

비밥 시대에 버드 파월과 셀로니우스 몽크란 당시 수많은 재즈 피아니스트들에게 '큰 바위 얼굴' 같은 존재였다. 이 두 거대한 산을 넘는 것이 당시 피아니스트들의 커다란 관문이었다. 한때 이들의 추종자였던 호레이스 실버는 과감히 이들로부터 벗어나 자신만의 펑키하면서도 블루지한 느낌이 절묘하게 접목되어 있는 하드밥 스타일을 창조했다. 특히, 리듬 앤 블루스, 가스펠, 그의 뿌리였던 포르투갈 민속음악의 요소가 잘 섞여 있는 그만의 펑키 피아노 스타일은 나중에 수많은 재즈 피아니스트와 현대 재즈음악에 큰 영향을 끼쳤다.

재즈연주에 입문할 때, 처음에는 다른 연주자의 연주를 카피하면서 시작하는 경우가 많다. 그러다 차츰 실력이 쌓이게 되면 점차 자기만의 스타일을 만들어가기 시작한다.

웹 2.0이 집단지성의 시대였다면 웹 3.0 시대의 화두는 단연코 '개인화'일 것이다. 이 세상 모든 것이 한 명의 개인을 위해 존재하는 시대가 온다는 것이다. 그 시대에는 다른 이와 다른 '나'를 명료하게 인식하고 자신만의 스타일을 당당하게 만들어가는 것이 행복의 중요한 기준이 될 것이다.

"생각대로 해, 그게 답이야"라는 TV광고 카피가 있다. 하지만 생각을 실천으로 옮기기는 만만치 않다. 그러나 우리는 내 마음 가는 대로, 내 생각대로 하는 것이 결국 답이 되어가는 시대에 살고 있다. 맞고 틀리고가 그렇게 중요하지 않다. 지금처럼 변화가 많은 시대에 어제는 옳았지만 오늘은 틀릴 수가 있다. 중요한 것은 다른 사람들과 '다른 나'를 충분히 인지하고 그 것을 긍정적으로 받아들이며 '다른 나'스럽게 사는 방법을 스스로 찾는 것이다. 다른 이와의 '비교' 속에 내가 존재하는 것이 아니라 난 '절대'적으로 스스로 존재할 뿐이다. 그런 나를 섬세하게 찾아나가고 찾은 대로 가장 자연스럽게 살아나가는 것이 진정 행복이 될 것이다.

재즈는 결과의 음악이 아니라 과정의 음악이다. 클래식처럼 원작자가 창작한 악보를 보고 연주하는 것이 아니라 순간순간 연주하는 과정 그 자체가 음악이자 악보가 된다. 매일 그려지는 오선지 위에 내가 내리는 선택 하나하나가 음표가 되고, 그것이 이어져서 멜로디가 탄생한다. 당신이 살아가는 삶 자체가 바로 하루하루의 악보다. 그 악보의 멜로디가 감동스럽다면 누군가가 당신의 악보를 채보해서 열심히 따라서 연습할 것이다. 그리고 그런 오선지가 쌓여서 인생을 연주하는 한 편의 장대한 곡이 될 것이다.

우리는 이제 악보를 달라고 할 것이 아니라 누군가에게 좋은 악보가 되도록 노력해야 한다. 자신이 선택하는 삶을 사는 것, 그게 정답이다. 삶에 있어서는 재즈 스타일의 시작이며, 경영에 있어서는 재즈경영의 첫발이다.

𝄢 재즈 스타일이란 무엇인가

사람들의 머릿속에 웹 2.0이 아직 충분히 인식되지 않은 상태임에도 불구하고 세상은 이미 웹 3.0 시대로 치닫고 있다. 하루가 멀다 하고 등장하는 신기술, 트렌드, 새로운 정보와 지식 등으로 인해 세상은 갈수록 복잡해지고 아무것도 예측할 수 없는 시대로 접어들었다.

마크 펜이 『마이크로트렌드』(마크 펜, 킨니 잘레스니 공저, 해냄, 2007)에서 언급한 것처럼 점점 개인의 작은 트렌드, 소위 오타쿠라 불리는 마니아들의 취향이 전 세계의 사회, 경제, 비즈니스계를 변화시키고 있다. 그렇다면 이처럼 미래가 점점 더 예측하기 어려워지는 이유는 무엇일까? 세상은 점점 더 잘게 쪼개져 가고 쪼개진 작은 조각이 미치는 영향력은 오히려 점점 더 커지고 있기 때문이다. 기존 형식과 틀만 가지고서는 전 세계에서 벌어지는 각종 마이크로트렌드에서 발생하는 돌발상황에 대처할 수가 없다. 좀 더 디테일하고 기민하며 유연한 대응력이 필요하다. 이제 우리는 한 사람의 리더가 아닌 모든 구성원이 리더가 되어 각종 상황에서 유기적으로 협력하면서 빠르게 대응해야 한다. 따라서 재즈 스타일식 경영은 이 시대에 또 앞으로 도래할 시대에 매우 적절한 경영기법이다.

그렇다면 재즈 스타일은 무엇일까? 재즈 스타일은 우선 삶과 비즈니스를 예술작품으로 본다. 나는 재즈 연주자이고 내 주변의 모든 사람들은 함께 협연하는 파트너, 그리고 고객은 관객으로 본다. 우리들이 살아가는 삶의 현장, 더 나아가 전 세계의 현장을 하나의 거대한 재즈 라이브무대로 인식한다. 마치 재즈에서 즉흥연주를 해나가듯이 자발적으로 예측불가능한 외부변화에 적응하고, 서로 개방, 공유, 협업하여 대응해나가는 혁신시스템으로 지식을 창조하는 방식이 바로 재즈 스타일이다.

즉, 각종 상황에 따라 마치 레고(LEGO)를 조립하듯이 한 개인이 소유한 시간, 공간, 능력 등이 분해되어 다른 개인/조직 또는 세상과 재조립, 통합의 과정을 거치면서 새로운 창조가 이루어진다. 그것은 즉흥적으로 이루어지나 서로가 치밀하게 준비된 상태에서의 만남이고, 상생구조를 즉각적으로 구성해냄으로써 조화로운 생태계(하모니)를 연출한다.

또한 조직의 입장에서는 조직이 필요에 따라서 바로 분해되거나 재조립되고, 적합한 리더의 교체가 일어나며, 외부 환경변화에 따라 더 빠르면서 유연하고 디테일한 대응이 가능하게 되는 것을 말한다. 재즈가 악보를 보고 그대로 연주하는 것이 아니라 연주 파트너와 무대 분위기에 따라 즉흥적으로 연주함으로써 항상 새롭고 신선한 음악을 창출하듯이, 재즈 스타일은 상황에 따라서 유연하고 자유로운 사고와 행동으로 빠르게 대응하며, 형식과 격식을 파괴한 새로운 지식과 기회를 창조한다.

지금 전 세계는 전국시대와 같은 혼란의 진통을 겪고 있다. 한마디로 무법천지다. 새로운 강자가 계속 나타나고 성공과 실패의 주기가 몇 달을 넘지 않는가 하면 업계의 법칙도 수시로 바뀐다.

웅대한 꿈을 가졌던 젊은이도 이런 불확실성이 지배하는 시대를 체감하면서 조금씩 자신감을 잃어간다. 소위 안정을 추구해야 한다는 압박감은 단기적인 시야를 갖게 하고 커다랗던 꿈을 서서히 가린다. 불확실성이란 화두를 당뇨병이나 암처럼 평생 함께 가져가야 하는 혹으로 인식한다면, 우리는 암치료를 하기 위해 독한 방사선을 쐬는 암환자나 인슐린을 매주 맞아야 하는 당뇨병환자처럼 하루하루가 암울하고 괴로울 것이다.

이 시점에서 우리는 불확실성에 대해 기존의 시각이 아닌 새로운 시각으로 접근할 필요가 있다. 원칙이 다 정해져 있고 질서정연한 세계, 즉 '코스모스적 상태'에서는 새로운 창조가 결코 일어날 수 없다. 그리고 소위 인생 역전의 찬스도 줄어든다. 오히려 일정한 법칙이 없이 혼란스럽고 뒤죽박죽인 '카오스적 상태' 야말로 창조를 불러일으키는 강력한 동기부여가 된다. 이런 인식전환을 통해 지혜롭게 이 시대를 대처해야 하는데, 재즈는 훌륭한 해결방안을 제시해준다.

지금부터 재즈 스타일에 대해서 좀 더 자세히 알아보자.

불확실성을 즐긴다

재즈는 불확실성이 만드는 예술작품이다. 불확실성이 창조의 씨앗이 된다.

재즈연주 시에는 사전에 어떤 연주가 만들어질지 아무도 예측할 수 없다. 왜냐하면 함께하는 연주자의 성향, 고객층, 공연장 분위기 등 각종 상황에 따라 연주가 영향을 받기 때문이다. 이런 예측불가능한 환경이 오히려 새로운 음악적 아이디어 탄생의 단초 역할을 할 수 있다.

월가의 금융위기 사태를 예측하며 혜성과 같이 등장한 『블랙 스완』(나심 니콜라스 탈레브 저, 동녘사이언스, 2008)에서는 다음과 같이 말한다.

"우리가 피해야 할 것은 거창하고 위험천만한 예측에 쓸데없이 의존하는 것이다. 우리의 미래를 위협할지 모르는 거창한 주제도 멀리하라. 작은 일에 바보가 되어도 좋지만 큰일에는 금물이다. 경제예측가나 사회과학 분야 예측가들의 말에 주의를 기울이지 말라."

저자는 앞으로 예측이 불가능한 미래에 대해서 말하는 것은 의미가 없다고 단정 짓는다. 대신 미래의 가능성에 대해 마음을 열면 오히려 뜻밖의 행운을 얻을 수 있으니 일어날 수 있는 모든 경우에 대비하라고 조언한다. 재즈연주에 있어서도 미래예측은 중요하지도 않고, 예측할 수도 없다. 그저 현재에 집중할 뿐이다. 평소에 다양한 연주목록과 Lick(재즈 솔로연주에 많이 쓰이는 짧은 멜로디 패턴)을 준비해두고 그때그때 펼쳐지는 상황에 잘 어울리게 포지셔닝된 연주를 들려준다.

『톰 피터스의 미래를 경영하라』(톰 피터스 저, 21세기북스, 2005)에서는 다음과 같이 말한다.

"혼란 속에서 즐거워한다! 왜냐하면 혼란 속에 메시지가 있으니까!"

이 말은 정확히 재즈의 속성을 설명하고 있다. 재즈에서는 혼란과 불확실성이야말로 새로운 음악창조의 시발점이 된다. 이렇게 불확실성의 시대에 사는 것을 인정하고, 오히려 창조적 영감과 에너지를 발견하는 지혜가 요구되는 시점임을 받아들이면 불확실성을 환영하고 즐길 수 있다.

즉각적인 대응력이 있다

재즈의 백미는 역시 즉흥적인 연주다. 파트너의 연주가 시시각각 바뀔

때마다, 때론 고객의 반응에 따라 그 찰나에 가장 어울리는 연주를 0.01초의 망설임도 없이 표현할 수 있다. 드럼과 베이스가 기본적인 리듬을 연주해나가고 그 위에 피아노, 기타, 색소폰 등 다른 악기가 마음껏 즉흥연주를 한다. 조직도 이와 마찬가지다. 경영현장 역시 기본을 지키되 외부의 상황변화, 고객의 반응 등에 따라 전 직원이 창의적이고 즉각적으로 대처해 나가야 한다.

일본의 경제평론가이자 소설가인 사카이야 다이치는 그의 저서 『조직의 성쇠』(위즈덤하우스, 2002)를 통해 무엇이 기업의 운명을 결정하는가에 대해 심도 깊은 고찰을 했는데, 그때 재즈밴드형 조직의 필요성을 강조했다. 근대 공업사회에서 지식기반 사회로 옮겨가면서 주어진 역할에만 충실한 오케스트라형 조직은 살아남기 어렵다는 것이다. 그래서 이젠 능동적이고 창의적인 재즈밴드형 조직이 필요함을 말하고 있다.

이 시대를 대표하는 키워드인 정보화, 하이 콘셉트 사회에서는 기본 룰을 지켜나가면서도 온갖 변화에 즉흥적이고 자유롭게 대응할 수 있는 재즈 스타일의 사고방식과 행동방식이 요구된다. 재즈 스타일의 조직은 개개인이 1인 CEO이자 서로의 조직에 구성원이 되어줄 수 있다. 프로젝트에 따라 이합집산을 자유자재로 하며 다양한 협업시스템을 만들어낸다. 소규모로 움직이기에 빠르다. 리더에게만 의존하지 않고 자발적으로 목표에 따라

서로 맡은 파트를 유기적으로 조율해나가면서 일을 할 수 있기에 업무 효율성과 안전성이 탁월하다.

즉흥적이고 자유로우면서 기본을 지켜야 하는 재즈 연주자로서의 마음가짐은 지금의 경영자들에게 요구되는 사항들이다. 그래서 재즈경영은 경영자의 마음가짐을 업그레이드하는 데 좋은 모델이기도 하다.

실수를 멋으로 창조한다

클래식에서는 실수하면 안 된다. 그러나 재즈에서의 실수는 실수로 취급되지 않는다. 오히려 새로운 사운드에 대한 가능성의 발아로 여겨진다. 우연한 실수가 사고의 큰 전환점, 창의적인 아이디어로 승화될 수 있기 때문이다.

실수를 멋으로 인식하면 실패를 두려워하지 않게 된다. 성공과 실패를 반복하는 가운데 혁신이 일어나고 새로움이 창조되기 때문에 실수와 실패를 두려워하지 말고 오히려 성공의 기회로 인식하는 여유를 가져야 한다. 실수를 두려워하지 않는다는 이야기는 그만큼 현장에서 많은 체험과 시도를 한다는 것이고, 그로 인해서 기발한 아이디어 발상과 혁신적 사고가 탄생할 가능성도 높아지는 것이다.

3M에서 접착제를 만들려고 하다가 실수로 탄생한 포스트잇은 널리 알려진 좋은 사례다. 이외에도 평범한 회사원이었지만 2002년 화학분야에서

노벨상을 받았던 다나카 고이치도 실험하던 중 실수를 계기로 하여 우연히 연성레이저 이탈기법을 발견했다. 이렇듯 실수나 실패를 피하지 않고 오히려 역발상으로 기회를 찾는 지혜를 재즈에서 배워야 한다.

집단지성을 활용한다

클래식이 한 작곡가와 편곡가가 쓴 그대로 연주되는 1인 작품이라면, 재즈는 여러 멤버들의 음악적 아이디어를 즉흥적으로 끌어모아서 함께 만들어가는 음악이다. 한 연주자가 멜로디를 연주하면 다른 연주자가 응답으로 연주를 하고 이것이 되풀이되면서 연주자 집단의 여러 아이디어가 결합되는 것이다. 이렇게 재즈는 집단지성의 요소를 가지고 있다.

웹 2.0 시대에 성공하려면 필히 집단지성의 힘을 활용해야 한다. 미국 온라인 백과사전인 위키피디아는 풀타임 직원 수가 2명에 불과하다. 그러나 기사를 게재하기 위해 등록된 기고자는 3만 6,000명에 달한다. 이러한 경우 외에도 집단지성을 활용한 예는 많다. 과거 파나소닉(옛 마쓰시타전기)에서도 창업자 마쓰시타 고노스케(松下幸之助) 회장은 "중지(衆知)를 모은 전원 경영, 이 경영을 통해 전원의 지혜가 발휘되면 될수록 그 회사는 발전한다"라며 이른바 '중지(衆知)경영'을 해왔다.

삼성SDS에서도 집단 지식경영 시스템 '오픈플레이스'를 개발하여 운영하고 있는데, 오픈플레이스는 집단지성을 활용한 '위키피디아식 경영'을 구현하기 위해 삼성SDS가 5년여의 개발기간을 거쳐 만든 시스템이다. 현재 삼성그룹 인트라넷인 '마이싱글' 안에 구축되어 삼성SDS 임직원들을 대상으로 운영되고 있다. 이 시스템은 회사에서 이뤄지는 각 프로젝트에 사장 이하 전 임직원이 부서와 직급을 뛰어넘어 참여하고 각자의 지식과 경험을 더할 수 있도록 하고 있다. 예를 들어, 한 부서장이 '좋은 재즈 바 찾기'라는 프로젝트를 오픈플레이스 업무양식에 입력하면 곧바로 프로젝트 주제인 '재즈 바'와 관련된 사내(社內) 전문가들의 명단이 자동으로 뜨는 식이다. 부서장은 전문가 명단에 뜬 직원이나 해당 직원의 상사에게 동의를 얻어 부서나 직급을 초월한 프로젝트 팀을 꾸릴 수 있다.

이렇게 집단지성의 활용은 이 시대 경쟁력의 중요한 요소로 자리매김했다. 개인이나 기업은 적극적으로 집단지성을 활용할 수 있는 시스템을 만들어가야 한다.

상대가치보다 절대가치를 추구한다

같은 곡을 100명의 재즈 연주자가 연주한다면 그 연주는 모두 다르다. 또, 한 연주자가 같은 곡을 100번 연주해도 그 연주는 할 때마다 다르다. 재즈에서는 better보다는 different가 더 의미 있기 때문이다.

클래식에서는 우열을 가리는 콩쿠르가 매우 익숙하다. 정확히 등수가 매겨지는 경쟁구도이기 때문이다. 그러나 재즈에서는 그런 상대적 우위보다는 자신만의 절대적 가치, 독창적인 콘셉트를 추구한다. 재즈 연주자에 대한 평가에서 연주를 더 잘하는 것보다 그만이 할 수 있는 연주라는 것에 더욱 큰 의미를 부여하기 때문이다.

명품은 비교하지 않는다. 명품 자체의 브랜드가치가 있기 때문이다. 그렇지 않을 경우, 가격, 양, 기능으로 비교한다. 경쟁자를 선택하는 순간, 내 영역은 그 경쟁자와 나와의 관계로 제한이 된다. 그 경쟁이 아무 의미가 없다는 것을 그 경쟁에 몰입되어 있는 순간에는 미처 깨닫지 못한다. 스티브 잡스의 애플에서 만든 아이팟이 아주 적절한 예다. 애플의 아이팟은 2001년 출시 이래 전 세계적으로 1억 대 이상이 팔리는 대박을 터뜨렸다. 그러나 아이팟을 분해해 보면 부품의 대부분이 도시바, 소니, 포털 플레이어, 삼성, 텍사스 인스트루먼트, 시냅틱스 등 타 기업들의 제품이라는 것을 알 수 있다. 애플은 이 부품들을 소프트웨어적인 지능으로 통합하고, 이를 애플 특유의 하얀색 명품 패션 옷을 입힌다.

아이팟의 핵심 기술은 독창적인 것이라고 할 수 없고 디지털 시장에 있어서의 애플의 장기적 경쟁력과도 별 상관이 없다. 애플은 철저하게 경쟁자들의 기술을 이용하고 아이팟만의 디자인 전략을 활용해서 자신들만의 절대가치를 부여한 '트레이드마크'를 만들었다. 제품의 기능에 초점을 맞춘 상대가치를 추구하는 차별화는 새 제품의 출시나 그 이후 얼마간의 시점까지만 유지될 수 있다. 결코 지속되지 않는다. 애플의 아이팟은 기술보다는 디자인으로 시장에서 다른 경쟁제품과 차별화되었고, 이 제품은 그 자체로서 애플의 브랜드 정체성이 되었다.

상대의 가치를 추구하게 되면 마음은 편안하지 못하고 늘 쫓기게 된다. 영원한 1등은 없듯이 상대방이 어떻게 나오느냐에 따라 늘 영향을 받고 그것에 맞춰 대응전략을 세우지 않으면 안 된다. 상대방과 비교에 의해 나의 가치가 정해지기 때문이다. 결국 기술개발과 마케팅에 막대한 비용이 들게 되고 지속적인 경쟁우위 확보는 어렵다.

자기만의 스타일을 가지고 있는 재즈 연주자는 연주를 많이 하지 않아도 그를 기억해주지만, 남의 연주를 모방하거나 남보다 더 잘 연주하는 것에만 집중하는 연주자는 또 비슷비슷한 연주자들에게 묻힌다. 나만의 고유가치, 절대가치를 만들어야만 비교를 받지 않고 나의 갈 길을 여유 있게 걸어갈 수 있다. 지금 시대는 Best One이 아니라 Only one의 시대다. 그래서 재즈 스타일은 이 시대가 원하는 스타일이다.

따로 리더가 없어도 살아남는다

재즈연주에는 중앙집권적인 리더가 필요하지 않다. 재즈밴드의 리더가 빠져나가도 다른 연주자로 대체한다든가 혹은 나머지 멤버들만으로 얼마든지 연주가 가능하다. 따로 리더 없이 서로 자발적인 참여로 함께 음악을 만들어간다는 점, 중앙의 리더에 의한 통제가 없으므로 창의적이고 혁신적인 아이디어 탄생이 쉽게 일어난다는 점이 특징이다. 그리고 재즈밴드에서 한 명이 떨어져 나가도 그 한 명이 다시 중심이 되어 새로운 스타일의 차별화된 재즈밴드를 구성할 수가 있다.

2001년 9월 11일 세계 초강대국 미국의 자존심에 큰 상처를 주는 사건이 발생했다. 유명한 FBI, CIA의 거대조직과 전투기, 탱크, 핵잠수함 등 최첨단무기로 무장된 미군이 19명의 테러리스트에게 당한 것이다. 그들이 소지한 유일한 무기는 종이상자를 자르는 3.19달러짜리 칼에 불과했다. 그 사고의 혁신성과 대담성, 창의성에 혀를 내두른 지 벌써 8년이 지났는데 아직도 알카에다를 잡지 못하고 있다. 그 이유는 알카에다가 '리더 없는 분권조직'이기 때문이다. 스탠퍼드 경영대학원 출신인 로드 벡스트롬과 오리 브라프먼은 9·11테러가 발생한 직후부터 약 5년간 알카에다 조직의 비밀을 파헤쳤다. 그리고 『불가사리와 거미 : 분화하고 성장하고 진화하라』(리더스북, 2009)를 집필했고, 이 책은 미 국방부의 필독서가 되었다.

이들에 의해 대두된 '알카에다식 경영'에서는 거미와 같이 강력한 카리스마로 일사불란하게 조직을 통제하던 절대군주형의 시대는 끝났다고 말한다. 불가사리의 다리 하나를 잘라내도 죽지 않고 대신 잘려진 다리에서 새로운 불가사리가 탄생하는 것처럼, 따로 리더가 없어도 유기적으로 운영되는 분권형 조직이 이 시대에 적합하다고 말한다. 세계경제포럼(WEF)에서도 전 세계적으로 흩어져 있는 조직원의 자발적인 참여로 움직이는 '알카에다식 경영'에 주목하고 있다.

리더가 따로 없다는 점은 재즈연주와 매우 유사하다. 재즈밴드의 멤버 한 사람 한 사람이 자신들의 아이디어를 마음대로 발산할 수 있는 것은 알카에다 조직이 중앙통제식이 아닌 소그룹에 권한이 이양되어 있는 것과 같다. 일개 조직원의 접점에서 바로 그들 자신이 생각한 혁신적인 아이디어를 바로 실행하도록 권한을 주었다는 점이 9·11테러와 같은 아무도 예측하지 못할 사건을 일으킨 것이다.

앞으로 웹 2.0으로 대변되는 네트워크 경제의 최종 승리자는 리더가 없는 경영조직이 될 것으로 예상된다. 로드 벡스트롬은 명확한 조직체계나 리더가 없어도 공통된 이데올로기에 의해 운영되는 분권형 조직이라면 톱다운 방식의 중앙집권형 '거미 조직'보다 우세하다고 결론을 내리고 있다.

중앙집권형 거미 조직은 의견수렴도 어렵고 계획을 실행에 옮기는 것도 어렵다. 권한이 상부조직에 집중되어 있기 때문이다. 그러나 소그룹에 분권 이양된 불가사리 조직은 시장환경의 변화에 빨리 대처할 수 있다. 권한이 하부조직에 분산되어 있기 때문에 현장에서 바로 혁신적인 아이디어를 얻고 실행도 할 수 있는 장점이 있다.

상생을 추구한다

재즈연주에 있어서는 당신이 당신 옆자리에 앉은 기타 연주자나 색소폰 연주자보다 연주를 더 잘하는 것이 중요하지 않다. 그 안에서는 경쟁이 아니라 협업이 필요하다. 하나의 하모니를 만들어나간다는 측면에서 누가 누구보다 더 나은지 여부는 의미가 없기 때문이다. 재즈밴드가 만드는 최종 결과는 무대에서 듣는 관객들의 귀에 도달하는 순간의 음악이다. 따라서 다른 멤버의 연주가 모자라면 내가 그 빈 공간을 치고 들어가서 도와주어야 한다. 서로의 모자람을 채워가고 서로 반응하면서 만들어가는 음악이 바로 재즈이다.

"You complete me." (네가 나를 완성시켰어.)

톰 크루즈 주연의 〈제리 맥과이어〉에 나오는 유명한 대사 중 하나다. 제리(톰 크루즈)가 도로시(르네 젤위거)를 만남으로 인하여 비로소 스스로 완성되었다는 의미로 사랑을 고백하는 장면이다. 이 영화에서 제리와 도로시가 처음 사랑을 나눌 때도 재즈음악이 배경에 깔리는데, 재즈에서 이야기하는 상생의 의미는 바로 "You complete me"란 대사에 잘 함축되어 있다.

대립의 시대는 갔다. 지금까지 경쟁구도로서의 기업은 승자와 패자를 가르지만 협력과 협업은 모두를 승자로 만든다. 상생전략은 음양오행처럼 하나의 조화로운 생태계를 만들어가듯이 서로 부족한 것을 채워주고 보완해 주면서 기업은 물론 주변 산업의 이익을 함께 창출한다는 전략이다.

데본 리(Devon Lee)가 쓴 『콜래보 경제학(Collabonomics)』(흐름출판, 2008)을 보면 프레너미(Frenemy)란 용어를 등장시키고 있다. 이 단어는 Friend와 Enemy의 합성어로 친구인 동시에 적을 말한다. 지금 시대는 '협력' 이야말로 적극적인 방어이자 공격이라는 말이다. 그는 이제 협력이 필수가 되었으며 "협력을 하느냐 마느냐"가 아니라 "어떻게, 얼마나 영리하게 협력을 할 수 있느냐"에 성패가 달려 있다고 말하고 있다.

기업은 자연계의 생명체와는 달리 자신이 적자생존의 세계에 생존자가 되도록 스스로 환경을 조성할 수 있다. 예를 들면, 반도체업체인 인텔은 PC 제조업체도 아니면서 '넷북'이라는 새로운 형태의 소형 노트북 컴퓨터를 앞장서 홍보한다. 인텔이 넷북 전도사가 된 것은 PC 제조업체들이 이를 만들 때 사용하는 자사의 저(低)전력 중앙처리장치(CPU) 판매를 늘리기 위해서다. 인텔은 넷북이라는 제품을 내세워 '휴대용 PC'라는 제품 생태계를 자신에게 유리한 방향으로 만드는 전략으로 성공을 거두고 있다.

'1+99=200'이다. 무슨 이야기냐고? 상생이라는 것은 1인 나와 99인 상대방이 만나서 100만 채워지는 것이 아니다. 시너지효과를 내서 2~3배의 효과를 내게 해주는 것이다. 이것이 진정한 의미의 상생이다. 어떻게 하면 상대방이 잘될 수 있는지 연구하는 것이 오히려 나를 돕는 셈이다.

따라서 같이 음악을 만들어가는 재즈 연주자처럼 서로 상대방의 연주를 돋보이게 할 수 있는 Backing(백그라운드 음악)을 잘 연주하는 상생의 자세가 필요하다. 그것이 곧 내가 잘되는 길이기 때문이다.

오감으로 느끼는 현장 중심의 경영이다

재즈 연주자는 오로지 현장에서 만들어진다. 현장에서의 모든 체험들이 연주에 반영된다. 함께하는 다른 멤버들의 연주성향, 연주장소, 관객의 분위기, 직감, 그날의 컨디션 등 현장에서 오감을 통한 직접 체험을 바탕으로 단 한 번밖에 없는 그 순간의 재즈음악이 만들어진다.

오늘날 우리는 너무 통계학적이고 분석적으로 세상을 인식하려는 경향이 있다. 직접 거리로 나가 고객들과 만나고 발로 뛰면서 생생한 현장의 냄새를 오감으로 느끼며 지각하는 것보다 인터넷, 각종 통계자료 등에 근거한 시장분석을 하고 간접경험으로 세상을 파악하려고 한다. 그러나 혁신의 원천은 현장에서 직접 경험하며 얻은 직감 속에 있다. 논리적인 분석과 언어만을 통해서는 도저히 얻어낼 수 없다. 따라서 직접 경험으로 있는 그대로를 지각하는 것은 매우 중요하다. 왜냐하면 현장에서 직접 체험을 통해서 나의 오감에 따른 지각이 작동하게 되는데, 이때 비로소 매우 섬세하고 미묘한 변화까지도 놓치지 않고 경험할 수 있기 때문이다. 객관적인 데이터와 언어로 얻을 수 있는 정보는 획일적이고 다 고만고만하다.

이것으로는 고객과 진정한 교류를 하고, 시장의 살아있는 목소리를 결코 들을 수 없다. 시청각 외에 여러 감각을 총동원해서 고객들의 니즈와 욕구를 파악하기 위해 노력해야 한다. 현장을 유심히 관찰하고 고객에게 묻고 경청하는 일, 고객의 심리를 파악하는 일은 있는 그대로를 보려는 열린 마음이 있어야 가능하다. 가치 있는 지식창조는 이런 날것이 싱싱하게 담긴 현장을 오감을 통해 지각하면서부터 시작된다.

프로슈머다

재즈 바에서는 연주자가 중간에 객석으로 내려와서 테이블에 앉아 있는 손님과 칵테일을 마실 수도 있고, 앉아 있던 손님도 흥에 겨우면 무대로 올라가 즉석에서 함께 연주를 할 수 있다. 생산자가 소비자가 되고 소비자가 생산자인 이 시대의 대세인 프로슈머의 개념과도 통한다.

지금 시대는 이미 웹 2.0 커뮤니케이션을 기반으로 뉴스, 정보, 문화를 만들어가는 주체가 소비자들로 대체되고 있다. 이들은 스스로 새로운 정보, 지식을 만들어내고 유행, 트렌드를 선도해나가기 시작했다. 이 모든 것은 전 세계를 탄탄하게 지원하고 있는 각종 온라인 툴과 인터넷 인프라가 있기 때문에 가능하다. 사용자는 스스로 정보나 콘텐츠를 생산하고 공유하기 시작하였고 소비하는 것보다 생산과 공유에 더 많은 관심을 가지게 되었다. 그리고 마치 전 세계를 무대로 재즈를 연주하듯이 생산자로서 멜로디를 발산하기도 하고 소비자로서 멜로디를 들어주기도 한다.

1988년 4월 세계적인 완구업체인 레고가 디지털로봇 장난감인 '마인드 스톰(Mindstorms)'을 출시하자 제품을 산 고객들이 마인드 스톰의 센서와 모터, 제어장치 등을 분해하고 프로그램까지 마음대로 해킹했다. 그러나 회사 관계자들은 해킹 행위를 용인하여 고객들이 스스로 제품을 업그레이드 하도록 했다. 이것이 오히려 마인드 스톰의 가치를 더욱 올리는 계기가 되었다. 소스코드를 개방해 고객들도 얼마든지 생산자로서 참여하게 함으로써 폭넓은 네트워크를 형성하고 매출을 급증하게 만든 것이다.

LG전자가 만든 히트작 초콜릿폰, 뷰티폰 등과 같은 휴대폰들도 개발할 때 고객들과 개발에 관한 아이디어, 정보를 적극적으로 나눈 덕분에 폭넓은 사랑을 받은 것이다. 소비자가 상품개발부터 참여하도록 하여 스스로 생산자로서의 역할을 할 수 있게 하는 것이 이젠 대세가 되었다.

삶과 비즈니스를 예술작품으로 생각한다

오랜 세월동안 재즈를 연주해온 사람의 연주는 자신의 삶과 닮아 있다. 그의 음악 자체가 하나의 인생을 보여준다. 음악에 테마가 있고 끝이 있는 기승전결을 가지고 있듯이, 인생도 꿈이 있고 언젠가는 죽음이 기다리고 있는 희로애락이 엮인 스토리로 써내려 간다.

『하이컨셉의 시대가 온다』(토네이도, 2008)의 저자 스콧 매케인은 이야기 한다. "앞으로는 모든 비즈니스는 쇼 비즈니스가 된다." 모든 인식을 논리적, 이성적, 선형적으로 했던 패러다임이 감성적, 창조적, 비선형적으로 바뀌는 시대가 된다는 것이다. 고객은 더 이상 기능을 까다롭게 비교, 평가하거나 따지지 않는다. 소위 자신을 '필' 꽂히게 만드는 그 '무엇' 을 찾고 있다. 그것은 바로 '예술' 이다.

젊은이들은 1,000원짜리 김밥을 먹으면서도 커피는 책이나 노트북을 들고 '스타벅스' 에 가서 폼 나고 우아하게 마시길 원한다. 그 커피값이 비록 5,000원이 넘더라도 개의치 않는다. 여성들이 '명품' 에 꽂히는 수많은 이유가 있겠지만, 그 중 하나는 자신의 존재를 예술작품처럼 명품으로 만들고 싶은 욕구에 있을 것이다. 그 욕구를 매우 쉽고 간단하게 구현할 수 있다고 믿는 것이 그런 '예술'과 '희소가치'를 풍기는 물건을 사서 소유하는 것이다.

기업도 마찬가지다. 제품이 아니라 '문화'와 '뉴 라이프스타일'을 팔아야 하는 시대가 된 지 오래다. 그 시대의 중심에는 예술이 있다. 세상 모든 존재가 예술과 만날 때 새로운 가치로 태어날 수 있다. 삶과 비즈니스가 예술적 감성과 절묘하게 만난다면 새로운 가치를 창조할 뿐만 아니라 오히려 그것이 예술작품보다 훨씬 더 아름답고 감동을 줄지도 모른다.

𝄢 재즈 스타일은
스스로에게 의존하는 My way 찾기

모든 일이 예측대로 되는 것이 반드시 좋은 것만은 아니다. '인생지사 새옹지마' 라는 말처럼 세상과 인생에는 자신의 좁은 머리만으로는 감당할 수 없는 훨씬 더 크고 깊은 그 무엇인가가 존재하기 때문이다. 한 사람의 예측능력은 성장해오면서 터득한 한정된 지식과 경험에서 나오는 것이다. 따라서 불완전하고 편협할 수 있다. 지금 현실이 예측불가능하다는 것은 오히려 인생과 세상을 더 넓고 깊게 이해하며, 발전할 수 있는 길이 열렸다는 의미일 수도 있다.

살면서 불행하다고 느끼는 순간 중 하나가 기대대로 되지 않거나 예측이 어긋난 순간이다. 스스로 재능이 있다고 믿었는데 현실의 벽에 부딪혀 보니 사실은 그것이 아니었다든가, 확신하고 있었던 기회가 갑작스러운 외부 변화로 인하여 순식간에 박탈당할 때 등 수많은 경우가 있을 것이다.

그때 사람들은 흔히 좌절을 경험하면서 움츠려들기 시작한다. 그리고 이 불확실함과 예측불가능함에 대한 막연한 공포감과 불안감이 마음속에 자리잡게 된다. 이것은 도전적인 사고와 행동을 삶의 곳곳에서 가로막는다.

그러나 때로는 불확실한 상황 속에 인생 최고의 기회가 우연을 가장해서 올 수도 있다. 그런데 재미있는 것은 그런 기회는 보통 나의 예상을 깨면서 등장한다는 것이다. 애초에 기대한 대로는 되지 않았지만, 기대하지 않았던 곳에서 큰 기회가 오거나 해결의 실마리가 풀려지는 것을 간혹 경험할 수 있다. 따라서 기대대로 되지 않았다고 해서 너무 슬퍼할 필요 없고, 예측한 대로 되지 않았다고 해서 너무 노여워할 필요 없다. 오히려 지금의 불행이 먼 인생의 안목에서 보면 차라리 잘된 일일 수도 있고, 좋은 전환점이 될 수도 있다. 이처럼 불확실성은 다양한 가능성을 가진 기회가 될 수도 있다.

나는 내 인생을 나와 세상, 그리고 신이 함께 공동작품으로 써내려간다고 생각한다. 세상은 내 의지만으로 안 되고 그렇다고 세상의 흐름에 그냥 내 인생을 맡겨서도 안 되며, 무작정 신에게 매달려서도 안 된다. 나와 세상, 그리고 신이 각자 악기를 하나씩 들고 함께 재즈연주를 하듯 서로 밀고 끌어당기는 상호작용 속에서 내 인생의 고유한 빛깔이 빚어지는 것이다.

따라서 불확실하고 변화가 있다는 것은 내 인생이 나만의 색깔로 빚어지며 완성되어가는 과정으로 볼 수 있다.

모든 것이 확실하고 변화가 없다는 것은 회색빛 콘크리트 도로와 같다. 그 도로는 누군가가 이미 닦아 놓은 길이다. 이 길의 유일한 장점은 매끄럽게 다듬어진 상태로 인해 누구나 편하게 그 위를 빨리 달려갈 수 있다는 것이다. 그러나 그 길 위에서는 새로운 생명이 태어날 수 없고, 나만의 스타일이나 정체성을 찾기 힘들다. 단지 다른 사람보다 빨리 가는 것에 의미를 부여할 뿐이다. 반면, 불확실하고 변화가 있다는 것은 흙과 자갈이 있고 나무와 잡초도 있는 길이다. 새로운 생명이 탄생할 수 있고, 내 꿈과 목표에 따라 나만의 길이 만들어지기도 한다. 무작정 빨리 가는 것이 목적이 아닌 스스로의 템포를 가지고 있다. 스스로의 호흡에 맞고 리듬을 잘 탈 수 있는 박자와 템포를 가지고 자신의 길을 간다.

지금까지 우리들은 삶의 안팎으로 수많은 콘크리트, 아스팔트길을 곳곳에 깔아가며 먼저 가는 자가 승리자라는 경쟁구도로 스스로의 인생을 내몰아왔다. 그러나 그렇게 경쟁자를 물리치고 먼저 도달한 목적지가 더 이상 행복을 보장하지 못하고, '내가 웃는 게 웃는 게 아니야'라는 유행가 가사처럼 '이겨도 이긴 것 같지 않은' 떨떠름한 느낌은 왜일까?

잘 닦여진 길은 더 이상 행복으로 갈 수 있는 지름길이 아니다. 벼랑으로 뛰어드는 쥐떼들처럼 그 반대의 경우가 될 수도 있다. 이제 나만의 오솔길을 만들어가야 한다. 무작정 프레스토(presto, 매우 빠르게)로 연주하는 것이 아니라 내 인생에 맞는 템포로 연주해야 비로소 행복한 음악을 만들어낼 수 있는 것이다. 그리고 그것이 바로 재즈 스타일이 필요한 이유이다.

예측불가능한 상황에 대한 심한 거부감이 있고 변화를 두려워하는 사람일수록 자기 자신보다는 외부의 힘에 의존하거나 지원이 필요한 경우가 많다. 자기 내부의 힘을 굳게 믿고 스스로에게 의존하는 사람은 변화를 두려워하지 않는다.

재즈 스타일은 결국 My Way를 가는 것이다. 현재 트렌드나 세상이 강요하는 스타일을 무작정 추종하고 따라가는 것이 아니라 나에게 맞는 스타일을 찾는 것이다. 점점 예측불가능하게 급변하고 있는 세상 속에서 스스로에게 기대며 자신을 지탱하고 발전시켜나갈 수 있는 방법, 재즈 스타일을 좀 더 구체적으로 알아보자.

♩: 환상의 '안정'을 벗어나
재즈 스타일의 '안정'으로 진입하라

결론부터 이야기하면, 난 '안정'이란 환상에 불과하며,
더 나아가서 그 환상에 속지 말아야 한다고 생각한다.

결국 대학에서 기계과를 전공하게 된 나는 많은 대학 선배들을 만나게
되었다. 그때 접했던 선배들의 모습에서 내가 발견한 '안정'이란 모습은 한
마디로 "학점만 적당히 잘 받고 무난히 학교생활을 하면 국내 대기업은 골
라서 들어갈 수 있어"라는 것이었다. 지금이야 대기업 취직이 하늘의 별따
기처럼 어렵지만 당시에는 경제가 호황이었던 터라 유명대학의 인기학과
출신은 어렵지 않게 취업할 수 있었다. 취업이야 나중에 3, 4학년 때 조금
만 신경 쓰면 되니까 1, 2학년 때는 마음껏 놀라는 선배의 조언이 당시 나

는 하나도 기쁘지 않았다.

매일 당구 치고 술 마시고 미팅하며 선배들의 라이프스타일, 직업관 등을 그대로 답습하고 있는 동기들을 보면서 나는 같이 어울릴 수가 없었다. 왜냐하면 난 그런 '안정' 엔 조금도 관심이 없었기 때문이었다. 적당히 해도 취직이 보장된다는 그 말이 오히려 나에게는 족쇄를 채우려는 달콤한 미끼로 느껴졌다.

당시 남들이 보기에는 괜찮은 대학에 인기학과를 전공하는 대학생으로 그럴싸한 안정을 누리는 것처럼 보였을 것이다. 그러나 내 마음은 극도로 불안정한 상태에 있었다. 안정과 내 인생에 대한 의미를 세상에 떠넘겨버리고 내 꿈과 미래를 그런 '안정' 따위로 타협했다는 자책감으로 내 스스로가 증오스러워 견딜 수가 없었다. 그러나 '진정 내가 원하는 것, 좋아하는 것도 모르면서 무엇이 안정인가?' 라는 생각을 하면서도 선뜻 원하는 것을 행동으로 옮기기에는 그것이 무엇인지 뚜렷이 손에 잡히지 않았다.

고통보다 지루함을 못 견디는 나는 그런 매일의 삶이 정말 재미가 없었고 박제가 되어가는 듯한 느낌이 들었다. 나는 좌절된 꿈을 찾기 위해 무척 방황을 했다. 그러던 어느 날 창작에 대한 욕구는 나를 음악동아리로 이끌었고, 대리충족으로 음악을 접하다 2학년을 마치고 군대에 입대했다. 입대한 가장 큰 이유는 군대에 있는 동안 잘못 끼워진 첫 단추를 해결할 시간을 갖기 위해서였다.

군대에 있으면서 취사병, 공구병, 밴드부에 이르는 다양한 경험을 하게 되었다. 그동안 나에 대한 많은 생각을 하게 되었고 차츰 원하는 것에 가닥을 잡아나가기 시작했다. 그러면서 내 마음은 조금씩 안정을 찾아갔고 그 무렵 재즈를 알게 되었던 것 같다.

안정이라고 하면 쌍벽을 이루듯이 떠오르는 단어가 있다. 바로 '돈'과 '현실'이다. 수많은 꿈과 도전이 이 두 단어 앞에서 속절없이 무너지는 것을 너무나 많이 보았다. 그리고 이 두 단어로 모든 것을 해명하고 합리화시키는 것 또한 많이 보았다. 그러나 나는 안정이라는 현실적인 목표가 주는 경쟁이 결코 쉽다고 생각하지는 않는다.

예를 들어, 우리나라를 대표하는 대기업이 있다고 하자. 수많은 젊은이들이 들어가고 싶어서 안달한다. 그러나 입사와 동시에 나와 비슷한 생각, 경험 그리고 가려는 방향이 같은 수많은 사람들과 비슷한 환경 속에서 쌍코피 터지는 경쟁을 해야 한다. 왜냐하면, 비슷비슷한 조건과 경험의 사람들이 같은 방향을 향해서 뛰어가는 것처럼 이기기 힘든 경쟁은 없기 때문이다. 고만고만한 사람들이 모여서 경쟁을 하기에 더욱 치열하고 때론 비겁해지기도 한다. 나는 사라지고 경쟁만 남기도 한다.

새로운 안정의 기준이 필요하다. 앞으로의 시대에는 변화가 곧 안정이다. 고정되고 안착된 것은 불안정이다. 세상은 빠른 속도로 계속 변하고 있기 때문이다. 나는 그 안정의 기준을 재즈에서 찾는다. 재즈음악, 재즈 스타일, 재즈경영의 본질은 '변화 추구'에 있기 때문이다.

재즈 스타일에서의 안정

내 안정의 기준을 내가 선택한다

천편일률적으로 이야기하는 안정된 직장, 주택, 자동차 소유가 아니라 어떤 이는 귀농을 해서 많은 돈은 없더라도 자연을 벗하며 자유롭게 사는 것이 안정일 수가 있다. 일단, 내 안정의 기준을 내가 정하기 위해서는 자신의 인생관, 가치관, 철학 등 주체적인 판단기준이 있어야 한다. 그리고 자신의 존재에 대해 파악하기 위해선 다소 이기적이 되어야 한다.

어느 날 전설적인 영국의 팝스타 데이빗 보위는 영국 왕실로부터 그간의 공로를 인정받아 기사작위를 받게 되었는데 일언지하에 거절했다. 그 이유는 이렇다. "나는 누군가로부터, 특정 형식에 의해 내 음악을 검증받을 필요를 느끼지 않는 독립된 존재이다. 나는 내 자신을 위해 음악을 한다."

재즈 스타일의 '안정'이란, 무엇보다도 내 인생에 대한 스스로의 철학, 가치관이 단단히 서고 그것을 바탕으로 스스로 그 의미를 결정하는 것이다.

그리고 정의한 대로 성취감과 만족감이 충족될 때 진정한 안정을 느끼는 것이다.

해야 하는 것과 하고 싶은 것의 균형을 잘 조절한다

잘하는 것보다 하고 싶은 것을 하는 것이 더 안정되어 있다. 왜냐하면 잘하는 것에 초점을 맞추면 나보다 더 잘하는 사람이 얼마든지 많기 때문에 안정적이지 못하다. 나보다 더 싼 임금에 일도 더 많이 하고 더 잘하는 외국인이 있다면 나는 그 일을 평생 못할 수도 있다.

내가 하고 싶은 것은 그것을 잘하고 못하고를 떠나 평생 할 수 있는 일이다. 물론 현실적으로 내가 하고 싶은 일이 당장 돈을 벌기 어려울 수 있다. 그런 경우, 돈을 당장 벌 수 있는 일을 해가면서 하고 싶은 일과의 균형, 혹은 하고 싶은 일을 돈이 되는 새로운 각도로 접근해가면서 해결책을 모색해나가야 한다.

진정한 안정을 원한다면 불안정한 길로 떠나라

요즈음 젊은이들은 소위 안정적인 공무원이나 대기업에 입사하려고 한다. 그렇게 치열한 경쟁을 뚫고 대기업에 입사하게 되면 안정되게 월급을 꼬박꼬박 제공해주고 '갑'의 위치에서 많은 것을 누릴 수 있는 특혜가 주어지게 된다. 그러다 세월이 많이 흐른 어느 날, 대기업에서 구조조정을 하면서 투자 대비 능력으로 보았을 때 경제성이 떨어지는 사원들을 가차 없이 퇴출하기 시작한다. 중년을 넘긴 나이에 정글 속에서 생존법칙을 처음부터 다시 찾아나가야 하는 처지가 되어버린다. 안정된 삶을 살기 위해 했던 최선의 선택이 오히려 최악의 불안정한 삶으로 인도하는 꼴이 되어버리고 마는 것이다.

반면, 역으로 현실적이지 않고 안정과도 거리가 먼 길이 있다. 그 길을 선택하는 사람은 분명 극소수일 것이다. 그리고 그에게는 그 길에 대한 두려움을 넘어서는 '무엇'인가가 분명히 있을 것이다. 꿈에 대한 열정, 새로움에 대한 도전정신 등이 그것이다. 따라서 목표의식이 투철할 수밖에 없다. 처음 가는 길이다 보니 늘 긴장하며 깨어 있지 않으면 안 된다. 외부가 위험하고 불안정하기에 안정의 요소를 자신의 내부로부터 찾을 수밖에 없다. 자연히 자신의 내부가 단단해진다. 철학과 생각, 판단력이 올곧게 자리 잡기 시작한다.

안정되지 않은 길을 가라. 그 길을 가게 되면 자신만의 노하우가 생기게 될 것이다. 앞으로 개인은 다른 사람과 차별화된 그 무엇을 가지고 있어야 한다. 만약 낯선 길을 가게 되면 다른 사람들이 경험하지 못하는 자신만의 체험을 갖게 된다. 그 경험을 다른 이에게 관심을 불러일으킬 만한 내용이 되도록 재창조할 수 있다면 그것은 자신만의 강력한 무기가 되고, 경쟁상대 없이 오롯이 나의 길만 걸어가면 될 것이다.

스스로 위기를 만들어 기회를 창출하는 것, 지금껏 나의 인생여정에서 소중하게 깨달은 성공의 열쇠다.

세상의 소리가 아닌 내면의 목소리를 들어라

세상에는 스스로에게 소외된 사람들이 너무 많다. 자신의 내면에서 들리는 목소리보다 변덕투성이인 세상의 소리에 귀를 더 기울이고 휩쓸리는 경우가 많을 것이다. 안정이란 결코 밖으로부터 찾아오는 것이 아니다. 자기 내면의 저 안쪽 깊숙한 곳에서부터 다가오는 것이다.

군대에 있을 때와 휴학계를 1년 더 연장하고 가진 나와의 대화시간은 내 인생의 꿈과 목표를 다시 잡는 데 큰 역할을 했다. 더욱이 복학을 8개월 정도 남겨놓고 미국으로 어학연수를 간 6개월이란 시간은 한국을 벗어나 세상의 협박과 부모의 욕심이 제거된 환경에서 내면의 나와 철저하게 독대할 수 있었던 소중한 시간이었다. 그 시간 속에서 비로소 나는 진정 내가 원하는 것을 찾을 수 있었고 다시 내 인생의 목표를 재정비하고 머나먼 여행을 떠날 수 있는 용기와 에너지를 충전할 수 있었다.

스스로와 대화를 나누는 시간은 매우 중요하다. 마음 한쪽 깊은 구석에서 웅크리고 숨어 있는 자신을 발견하고 손을 내밀어 따스한 대화를 시도해봐야 한다.

감정의 변화와 상관없이 지속할 수 있는 행동력, 실천력을 갖춰라

누구나 다 열심히 한다. 차이를 발생시키는 것은 감정의 기복이 있을 때, 어떤 위기가 닥쳤을 때, 심지어 최악의 경우가 닥쳤을 때다. 그때 바로 허물어지는 사람이 있는 반면에 어떤 이는 아랑곳하지 않고 원래 해오던 대로 변함없는 행동을 지속적으로 한다.

이처럼 지속할 수 있는 행동력, 실천력을 가지고 있다는 것은 삶에 있어서 매우 큰 힘이 된다. 왜냐하면, 내 감정과는 별도로 내 행동과 실천에 의해서 내 인생은 세상과 접점을 가지고 있기 때문이다. 내 인생에 영향을 끼치는 것은 내 감정상태가 아닌 내 행동과 실천이다.

보통 자기관리라고 한다면 몸매와 외모관리를 많이 얘기하는데, 그 못지않게 중요한 것이 감정관리, 행동관리, 표정관리다. 나의 기복 있는 감정상태가 행동으로 옮겨지지 않도록 각별히 주의해야 할 것이다.

비교하지 말라, 당신 스스로 존재하라

진정한 안정은 나 자신을 있는 그대로 받아들이는 데서 나온다. 누구보다 더 뛰어나야 내 존재감을 부여받는 것이 아니다. 그것은 승자와 패자가 뚜렷이 갈리는 구시대적 발상이다.

그럼에도 불구하고 많은 사람들은 비교를 통해 자신이 아닌 다른 누군가가 되고 싶어한다. 진정한 자기 자신을 찾는 것을 두려워하고 있다. 스스로 지닌 차별적인 핵심요소는 방치해두고 그저 다른 사람들이 하는 대로 따라한다. 그런 식으로는 아무것도 이룰 수가 없다. 자신의 정체성으로 스스로 존재하지 않으면 강력한 에너지를 발생시킬 수 없기 때문이다.

세상은 파레토의 법칙에서 롱테일의 법칙으로 선회한 지 오래다. 그리고 그것은 블랙 스완으로 날아올랐다. 이제는 0.1%의 소수가 전 세계를 바꿀 수도 있는 시대에 살고 있다. 그 소수가 바로 당신이 될 수도 있다. 당신 고유의 색깔을 잘 유지하고 발전시킨다면 지금과 같은 롱테일의 시대에서는 반드시 언젠가 써먹을 때가 있다. 가장 안정되고 행복하게 사는 길은 '자기' 답게 사는 길이다.

항상 가슴 뛰게 만들어라

가슴이 뛰는 경우는 여러 가지가 있다. 기대에 대한 설렘으로 뛰는 경우, 절박한 위기의식을 느꼈을 경우, 사랑에 빠졌을 경우 등 가슴이 뛸 때 나는 비로소 살아있음을 느낀다. 그러나 안정된 환경은 결코 내 가슴을 뛰게 만들지 못한다.

　일에 대한 성취감으로 가슴이 뛰건, 사랑으로 가슴이 뛰건, 부당한 상황으로 인한 분노로 가슴이 뛰건, 무엇인가에 강력한 자극을 지속적으로 받고 있는 상태는 자신의 열정을 쏟을 수 있는 강력한 동기부여가 된다. 이것은 온갖 역경을 극복할 수 있는 자신감과 에너지를 불러온다.

Best One이 아니라 Only One, 나만의 영역을 개척하라

　남보다 더 큰 집, 더 많은 연봉, 더 비싼 외제차를 갖추어야 안정된 삶을 사는 것이 아니다. 그리고 늘 Best One이 되어야 한다는 압박감은 설령 최고 자리를 차지한다고 하더라도 수많은 2, 3인자가 1위의 자리를 노리고 도전하고 있는 이상 결코 편안하지 못하다. 그러나 나의 차별성이 확고하게 반영이 된 Only One의 영역이 있다면 그곳에서는 경쟁할 필요가 없다. 그것은 예술작품처럼 그것 하나만이 의미 있게 존재하기 때문이다. 세상의 빠른 변화와 동종업계의 무차별한 공격이 있다고 하더라도 자기 페이스대로 안정되게 자기 영역을 더욱 발전시켜나갈 수 있다.

0.2% 결핍의 상태를 유지하라

　안정이란 100%가 다 채워진 상태를 일컬음이 아니다. 완전함을 위해 노력하는 상태, 그것이 안정된 상태다. 그래서 약간은 불편한 상태, 부족한 결핍의 상태가 계속 지치지 않고 활동하게 만드는 열정을 불러일으키는 것이다. 스스로 100% 완벽하다고 인식하는 것을 경계해야 한다. 바로 그 순간부터 영민하게 깨어있던 야생의 생존본능이 둔감하게 되고, 그 다음에는 나락과 퇴보만 남았을 뿐이다. 0.2%의 결핍상태는 내 자신을 안주하지 않게 만들고 정진하게 만든다.

이제, 나는 당신에게 감히 제안한다. 모두가 인정하는 안전한 길을 선택하지 말고, 모두가 인정하지 않지만 내가 인정하는 재미있고 흥미진진한 모험의 길을 가라고.

진정한 안정됨이란 무엇보다도 내 인생에 대한 스스로의 철학, 주관이 단단히 서고 그것을 바탕으로 한 성취감과 만족감이 충족될 때 온다. 결국 안정이란 나의 잠재역량을 최대한 끌어내주고 스스로 자립할 수 있는 능력을 키워주는 환경이다. 따라서 역설적으로 나를 안주시키지 않고 고통과 좌절을 경험하게 하는 불안정함이 안정된 길이라는 말이 된다. 정말 안정된 삶을 살고 싶으면 불안정과 친숙하게 지내라. 즉, 안정과 불안정은 동전의 양면이다.

진정한 안정은 변화다. 재즈 스타일식 안정을 추구하라. 그러면 불안정과 불확실한 상황을 즐기는 방법을 알게 될 것이다.

𝄢: 수준 있는 질문이
수준 있는 인생을 만든다

정답을 찾기보다 먼저 제대로 질문을 하라

우리는 어렸을 때부터 질문을 하기보다는 정답을 맞추는 데 친숙한 환경 속에서 자란다. 대답할 질문과 문제는 이미 다 준비되어 있다. 어떤 문제가 나와도 당황하지 않고 다른 아이들보다 먼저 풀어내는 것이 중요하다. 그래서 그 시험을 효율적으로 잘 보기 위한 테크닉과 요령을 가르치는 학원이 번성한다. 모든 사교육의 맹점은 창의력을 개발하는 데 초점을 두기보다는 정해진 문제의 정답을 다른 사람보다 빨리 맞출 수 있는 점에 집중하는 데서 시작된다.

그러나 안타깝게도 긴 시간과 돈을 들여서 해온 공부가 세계무대에서는 그다지 효용가치가 없다. 바다 건너에 있는 마이클과 제인은 한국의 철이와 영희가 하는 공부 자체에 관심이 없는 것이다.

『오마이뉴스』에서 외국인 시민기자로서 일하는 독일인 마티아스 슈페히트 씨의 이야기는 귀담아 들을 만하다. 그는 한국이 "경쟁은 치열하지만 경쟁력은 없다"라고 말한다. 이 말은 한국이 세계 최고의 교육열을 갖고 있는 나라임을 무색하게 한다. 한마디로 쓸데없고 비효율적인 공부를 하고 있다는 이야기다.

한국 학생들은 공부에 대한 강력한 동기부여가 결여된 채 무작정 공부하는 경우가 많다. 그러다 보니 공부의 핵심을 놓치고 엉뚱한 것을 공부하거나 집중도가 한참 떨어진 상태로 공부하여 효과가 별로 없는 것이다. 영어, 중국어 공부를 한다면 왜 하는지, 내 꿈과 어떤 상관관계가 있는지 파악하여 동기부여를 먼저 해야 한다. 예를 들면, 어학을 위한 어학공부를 하는 학생이 너무 많다. 그래서 어학을 좀 구사한다고 해도 그것을 실전에 써먹을 수 있게 하려면 또다시 다른 공부를 해야 하는 것이다.

정답을 맞히는 것보다 더 중요한 것이 있다. 그것은 무슨 질문에 대답을 하느냐다. 어리석은 질문에 정답을 내려고 하는 것만큼 바보 같은 짓도 없다. 빨리 정답을 찾아내는 것보다 우선 질문이 적절한지를 먼저 판단하는 것이 훨씬 더 중요한 것이다. 잘못된 질문은 나의 수고를 헛고생으로 만들고 인생 자체를 헤매게 만들 수도 있다. 마티아스 슈페히트 씨가 지적한 것처럼 한국이 경쟁력이 없는 이유는 좋은 질문이 아닌 질문에 정답을 찾기 위해 너무 많은 시간과 에너지를 낭비했기 때문일 것이다.

클래식에서는 질문을 허용하지 않는다. 이미 만들어진 정답의 악보를 반복해서 연주할 뿐이다. 따라서 틀리면 안 된다. 그러나 재즈는 질문하는 음악이다. 난 무엇이든지 질문할 수 있고 상대방도 그 질문에 대한 어떤 대답이든 내게 할 수 있다. 내가 어떤 연주를 하느냐에 따라 상대의 연주가 달라진다. 이렇게 질문과 응답을 반복해가면서 재즈음악이 만들어진다. 따라서 좋은 음악을 연주하기 위해선 우선 내가 좋은 질문을 던져야 한다.

수준 있는 질문이 수준 있는 인생을 만든다. 우리가 던지는 질문이 어디에 초점을 맞추고 무엇을 생각하고 어떤 기분을 갖고 무엇을 해야 하는지를 결정한다. 질문은 우리의 상상을 초월하는 영향력을 발휘한다.

열려라 참깨

『알리바바와 40인의 도적』에 나오는 주문인 '열려라 참깨'를 잘 알고 있을 것이다. 도적들은 주문을 외워서 바위를 열려고 하지만 열리지 않는다. 살다 보면 내 인생 길목에 거대한 문이 버티고 서 있을 때가 종종 있다. 아무리 노력해도 이 문이 꿈쩍도 하지 않는 경우가 있다. 그 이유는 간단하다.

그 주문 자체가 잘못되어 있기 때문이다. 이때 주문이란 질문을 의미한다. 잘못된 질문에는 결코 정답이 나올 수 없다.

고등학교 때 주변에서 많은 사람들이 "남들이 인정하고 안정된 삶을 살려면 어떻게 해야 하지?"란 질문을 내게 던졌다. 난 그 질문에 강한 회의감을 가졌다. "왜 남들이 인정하는 안정된 삶을 살아야 하지? 내가 좋아하고 재미있는 삶을 살면 안 되나?" 그 당시 그런 생각을 했던 내가 무척 기특하게 여겨진다. 좋아하고 재미있는 삶이야말로 내게 있어서 '안정'된 삶이고 '남'들이 인정하기에 앞서 '내가' 인정하는 삶이기 때문이다. 지금 내 주변에 고등학생이 있다면 무엇보다 먼저 하는 질문이 있다.

"너는 무엇을 좋아해? 너를 미치게 만드는 게 뭐야?"

질문에는 매우 강력한 힘이 있다. 인생에 역경이 닥쳤을 때 적절한 질문을 자신에게 하는 것은 매우 중요하다. 질문이 제대로 되어야지 정확한 응답과 올바른 노력을 이끌어낼 수 있기 때문이다.

당신에게 있어 '열려라 참깨'와 같은 질문은 무엇인가? 그 질문을 보면 그 사람을 알 수가 있다. 나는 크게 나누어 3가지 그룹의 질문이 있다고 생각한다.

첫 번째는 나를 일깨워주는 질문이다

내 정체성을 파악하게 해주거나 사물에 대해 깨달음을 갖게 해주는 것과 같은 질문이다.

난 무엇을 진정으로 바라는가?

오늘 배운 것은 무엇인가?

나에게 있어서 행복이란 무엇인가?

사람과 사람 간의 관계란 무엇인가?

범위를 넓히면 무한정으로 많을 수 있겠으나 젊은이들은 우선 자신에 대해서 많은 질문을 던져야 할 것이다. 이 질문의 수준이 생각의 수준을 결정하고 내 인생의 방향과 내용을 결정한다. 만약, 현재의 내가 마음에 들지 않는다면 질문을 바꿔야 한다. 피상적인 질문이 아니라 문제의 본질에 다가서는 질문을 하자. 내 길을 찾게 해주는 질문, 나를 늘 깨어있게 하는 질문 리스트를 한번 만들어보자.

두 번째는 나를 자극시키는 질문이다

아무리 의욕적으로 일을 시작했어도 사람인 이상 어느 정도 기간이 지나면 나태해지거나 열정이 방전되는 경우가 있다. 그때 다시 정신을 차리게 하고 에너지를 충전시킬 수 있는 질문이다. 위기의식을 느끼게 하는 따끔한 질문, 의욕을 불어넣는 질문 등이 이에 해당된다.

과연 내가 최선을 다했는가?

또다시 이런 기회가 올까?

지금까지 내가 이룬 것이 무엇인가?

나중에 죽는 순간에 지금 일에 대해 후회하지 않을 자신이 있나?

인생에서 게을러지는 매 순간마다 정신이 번쩍 드는 강도 높은 질문을 장전해 놓자.

세 번째는 내게 힘을 주고 용기를 주는 질문이다

살다 보면 크게 좌절할 때가 있다. 외부의 원인으로 큰 충격이나 상처를 받을 수도 있고 혹은 늪과 같은 슬럼프에 빠질 수도 있다. 그럴 때는 격려를 해주고 용기를 주는 질문이 필요하다. 가슴을 뛰게 하는 질문, 벅찬 꿈을 꾸게 하는 질문 등과 같은 것이다.

나이는 숫자에 불과한 것 아닌가? (꿈을 꾸는 데 늦은 나이는 없다.)

나를 아끼고 사랑해주는 사람이 있지 않은가?

해 뜨기 직전이 가장 어두운 법이 아닐까?

고난과 역경의 시간도 인생보다는 짧지 않은가?

인생에 큰 힘을 주는 질문을 매일 하라. 사람들마다 자신에게 맞는 질문과 그 표현방식이 있다. 나에게 예리하기 꽂히고 특히 효력을 발휘할 수 있는 질문과 그 다양한 표현을 미리 만들고 정리해두어라.

이 3가지 그룹의 질문을 인생을 살아가며 상황과 때에 맞게 적절히 자신에게 던진다면, 수많은 기회의 바위들이 열릴 것이다. 이 질문리스트를 적어서 책상 앞이나 다이어리나 눈에 띄기 쉬운 곳에 두고 틈나는 대로 물어보라. 인생을 살아가면서 그때마다 필요한 질문과 그것에 대한 대답을 꾸준히 기록하고 행동으로 하나하나 실천해나간다면 어느새 내 인생은 내가 그리던 대로 이루어져 있을 것이다. 이것이 재즈 스타일의 하나, 자신을 깨어있게 하는 질문 활용법이다. 재즈경영의 실천방법 중 하나이기도 하므로 경영자가 되었을 때도 적극 활용하면 좋다.

𝄢 '예측불가능한 미래'를 요리하는 재즈 레시피

현대인에게 가장 스트레스를 주는 것 중 하나가 '예측불 가능한 미래'다. 과연 '예측불가능한 미래'란 암환자가 몸의 일부로 수용하고 살아가듯 인식할 수밖에 없는 암세포와 같은 존재일까?

세계 4대 진미로 일컬어지지만 코브라의 맹독 못지않은 독을 가진 요리가 있다. 바로 복어다. 맛도 좋고 간 기능 개선과 항암효과, 다이어트 기능에도 탁월하지만, 바로 이 독 때문에 복어요리자격증을 소지한 사람만이 다룰 수 있는 진귀한 음식이다. 독은 테트로톡신이라고 해서 독성이 청산가리의 1,000배 이상이다. 독을 잘 제거해서 먹으면 천하제일의 진미이지만, 잘못 먹으면 식후 30분 이내에 증상이 나타나 2시간 이내에 사망할 수도 있다.

'예측불가능한 미래'도 복어와 같지 않을까? 만약 이 '예측불가능한 미래'라는 물고기에서 '불안, 두려움'이라는 독을 제거하고 오동통하게 살이 오른 '미래'라는 속살을 맛있게 요리해 먹을 수 있다면 나의 생존능력과 체질을 매우 건강하게 만들어줄 수 있을 것이다. 자, 그럼 여러분에게 '예측불가능한 미래' 조리사자격증을 드리기 위한 귀한 레시피를 선사하겠다. 이것은 바로 '예측불가능한 미래'에 능동적으로 대응하는 방식, 재즈 스타일에서 영감을 얻어 태어난 레시피다. 이 까다로운 물고기를 마음대로 요리할 수 있는 재즈 레시피(Jazz Recipe)를 한번 배워보자.

1단계. 불확실한 세상에서 가장 확실한 것은 자기 자신이다

예측불가능한 세상을 탓하기에 앞서 예측불가능한 스스로의 능력, 준비상태, 마음가짐을 탓하라. 어차피 내가 제어할 수 없는 영역이라면 내버려두고 내가 컨트롤할 수 있는 내 영역권만이라도 확실하게 해두는 것이 효과적이다. 일어난 상황에 민첩하게 대응할 수 있는 준비된 능력, 성실한 자세, 일사불란하게 움직일 수 있게 세팅이 된 나의 시스템, 선명한 나의 정체성, 흔들리지 않는 단단한 마음가짐, 그것이 필요하다. 따라서 스스로에 대해 통제력이 있고 뚜렷한 주관과 안정된 정신세계를 갖고 있다면 변화무쌍한 세상에 지혜롭게 대처할 수 있다. 자, 그럼 그런 확실한 자신을 만들기 위해 알아야 할 가장 중요한 요소는 무엇일까? 나는 그것을 말뚝박기에 비유한다.

A라는 말뚝을 박고 B라는 말뚝을 또다시 박으면 방향성이 정해진다. 그러면 일단 움직일 수 있다. 이 두 개의 말뚝만 정확히 박으면 일단 움직일 수 있고 중간에 길을 놓쳐 방황하더라도 되돌아갈 수 있는 홈이 있고 가야 할 목적지가 있어 안정되어 있다.

나는 인생이 2개의 말뚝을 박고 연결해나가는 과정이라고 생각한다. 하나는 나라는 말뚝이고 다른 하나는 꿈이라는 말뚝이다. 우선, 나라는 말뚝을 박아야 한다. 내가 누군지 왜 태어났는지, 어떨 때 행복을 느끼는지 파악해서 A라는 말뚝을 가능한 깊고 단단하게 박아야 한다. 그 다음은 나의 꿈이라는 말뚝 B를 박는다. 이 말뚝 B를 어떤 이들은 성공이라고도 표현한다. A라는 말뚝을 정확하고 깊게 박으면 박을수록 B라는 말뚝은 찾기 쉽다. 이렇게 박은 말뚝 A와 말뚝 B에 의해서 방향성이 생긴다. 그러면 움직일 수 있게 되고 그것은 바로 내 인생의 방향이다.

일단 이 둘만 확실하다면 세상이 아무리 불확실하고 변화가 심하더라도 초점을 잃고 영원히 헤매는 불상사가 일어나지 않을 것이다. 결국 인생의 행복은 나라는 말뚝을 얼마나 정확히 내가 원하는 위치에 깊게 박느냐, 꿈이라는 말뚝을 어느 곳에 박느냐, 그리고 A란 말뚝에서 B란 말뚝까지 어떻게 갈 것이냐, 이 3가지에 따라 결정되는 것이다. 두 개의 말뚝의 위치를 먼저 찾아라.

2단계. 현재에 몰입하라

재즈연주는 휘발성이다. 일단 연주된 음악은 두 번 다시 같은 음악으로 연주되지 않는다. 따라서 재즈를 연주할 때 제일 중요한 순간은 지금 이 순간이다. 그것은 음악을 듣는 고객 또한 마찬가지다. 지금 듣는 음악과 똑같은 음악을 다시 라이브에서 들을 수 있는 가능성은 제로다.

재즈 연주자는 상대방의 연주를 들으며 반응하고 함께 음악을 만들어가는 이 순간 외에는 다른 것을 생각할 틈이 전혀 없다. 오로지 지금 발생하는 내 주변의 소리에 최대한 집중하고 가장 적합한 내 소리를 제때에 내는 것, 그것이 제일 중요하다.

어떤 이는 예측불가능한 미래를 예측하기 위해서 엄청난 노력을 하고 각종 계획과 일정을 치밀하게 짜기도 한다. 하지만, 살다 보면 머릿속에 그린 시나리오대로 일이 진행되는 경우는 드물다. 어쩌면 한 사람의 인생을 좌지우지하는 것은 거창한 계획이나 과정보다는 순간순간 벌어지는 예상치 못한 상황에 얼마나 현명한 판단을 즉각적으로 내릴 수 있느냐에 따른 것일지도 모른다. 그래서 어떻게 될지 모르는 '예측불가능한 미래'에 대해 장대하고 치밀한 계획을 세우는 것보다는 차라리 방향만 잃지 않는다면 현재에 집중하며 치열하게 사는 것이 더 중요할 수도 있다. 과거의 내가 마음에 들지 않고 내 미래를 바꾸고 싶다면 지금 현재에 몰입하라.

3단계. 가설의 힘을 활용하라

일을 잘한다고 평가를 받는 사람들은 다른 사람보다 해답을 제시하는 속도가 빠르다. 그들은 아직 충분한 자료가 수집되지 않은 단계에서 자기 나름대로의 해답을 생각해둔다. 이러한 임의의 해답이 바로 가설이다. 가설을 세우는 단계가 빠르면 빠를수록 업무가 원활하게 진행될 수 있다.

좀 더 구체적으로 말하면, 업무가 빠른 사람은 한정된 정보를 바탕으로 다른 사람보다 신속, 정확하게 문제점을 발견할 수 있고, 이를 통해 해결책을 도출할 수 있는 사고력을 갖추고 있는 사람들이다. 반면에 업무가 느린 사람들은 어떻게 해서든지 많은 정보를 수집하려 한다. 그들은 정보가 부족하면 의사결정을 내리기 힘들다고 생각한다.

가설이란 말 그대로 '가정의 설'이며, 컨설턴트의 세계에서는 '아직 증명되지는 않았으나 가장 정답에 가깝다고 생각되는 해답'이다. 해답이라고 해도 그것이 문제인 경우도 있고 해결책일 수도 있다. 비즈니스 세계는 학문의 세계와는 달리 문제가 무엇인지 처음부터 명확한 경우는 드물다. 오히려 문제부터 먼저 찾아내야 하는 경우가 더 많다.

보통 비즈니스 상황에서는 아무것도 실행하지 않는 것이 오히려 중대한 리스크가 되는 경우가 많다. 언제까지나 선택안을 넓혀나가는 정보수집만을 계속하여 의사결정의 타이밍을 늦출 수는 없다. 샅샅이 정보를 수집할 것이 아니라, 한정된 시간 안에 가설사고를 통해 최적의 의사결정을 내려야 한다. 자신 인생에 맞는 가설을 빨리 만들어서 그것을 하루라도 빨리 검증해나가는 것이 지혜로운 삶이다. 무엇이 다 준비가 되면 하겠다는 식의 사고는 타이밍을 놓치게 만든다. 당신의 삶에서든 비즈니스에서든 미리 앞당겨 가설을 세우는 습관을 들여라.

4단계. 대안을 만들어 놓아라

재즈를 잘 모르는 사람도 재즈라고 하면 '즉흥적으로 연주하는 음악'이란 정도는 알고 있다. 그런데 그 '즉흥연주'에 대한 오해가 종종 있다. 악보 없이 연주자들이 마술처럼 즉석에서 새로운 선율을 마구 만들어낼 수 있다고 생각하는 경우이다.

다양한 멜로디를 즉흥적으로 구사할 수 있으려면 수많은 좋은 멜로디를 조각조각 쪼개어 영어단어처럼 반복 연습을 해서 몸에 체화하는 과정이 필요하다. 상대 연주자가 예상치 못했던 멜로디를 연주해도 당황하지 않고 그에 대한 대답으로 플랜 B의 멜로디를 바로 내놓기 위해서다. 여기서 플랜 B란 한 가지 방안이 안 될 경우에 내놓을 수 있는 차선책을 의미한다.

결국, 재즈의 즉흥연주라는 것도 수많은 대안을 미리 만들어 놓은 것에 불과하다. 그리고 실제 연주할 때는 수많은 경험과 직관에 따라 그 중 하나를 제시하는 것이다. 가능한 많은 대안이 준비되어 있고 다양한 현장경험이 있으며 순간적으로 가장 적합한 대안을 선택할 수 있는 직관력은 좋은 재즈 연주자가 되기 위한 필요조건이다.

불확실한 미래에 대해서 예측할 수는 없지만, 내가 준비할 수 있는 대안이라면 단지 플랜 B뿐만 아니라 플랜 C, D, 더 나아가 플랜 Z까지 많이 만들어 보는 것이 좋다. 그 대안이 맞고 안 맞고를 떠나 여러 경우를 생각하고 대비하는 훈련이 되기 때문이다. 다양한 대안을 찾는 방법으로 '미래일기'를 써보는 것도 좋은 방법일 수 있다. '예측불가능한 미래'이긴 하지만 다양한 돌발상황에서 내가 준비했던 플랜 B가 자유자재로 나올 수 있다면 내가 원하는 방향으로 한 걸음씩 나아갈 수 있을 것이다.

5단계. 신뢰할 수 있는 친구, 사랑하는 가족을 만들어 놓아라
함께 재즈밴드를 구성해서 연주하는 멤버들은 한 배를 탄 것이나 다를 바 없다. 각자의 연주가 모여서 하나의 음악으로 완성이 되므로 내 연주는 나만의 연주가 아니요, 타 멤버의 연주도 그만의 연주가 아니다. 우리 모두의 음악이다. 따라서 매 순간 서로에 대해 반응하며 함께 그림을 그려나간다. 그가 빠지면 내가 들어가고 내가 부족한 부분은 그가 어느새 비집고 들어와서 채워준다.

예측불가능한 미래에 보험 못지않게 든든한 존재가 있다고 한다면 나를 진심으로 사랑하고 성공을 바라는 내 주변의 사람들이다. 그 사람은 가족이 될 수도 있고, 친구가 될 수도 있으며, 사업파트너가 될 수도 있다. 이들은 '예측불가능한 미래'라는 물고기에서 '불안, 두려움'이란 치명적인 독을 제거하는 데 최고의 효험을 발휘한다. 이들이 당신을 둘러싸게 하고 싶다면 당신이 먼저 그런 존재가 되어주어야 할 것이다.

6단계. 과정을 즐기는 마음을 가져라

미래에 대한 과도한 불안감은 현재 하고 있는 일의 과정을 즐길 수 없게 만든다. 과정이 좋아야 결과가 좋다. 미래에 대한 걱정으로 과정에 집중하지 못한다면 당연히 결과가 좋을 리 없다. 오히려 여유를 갖고 과정의 순간순간을 음미하고 즐기면서 보낼 때 미래도 밝을 수 있다.

인생은 여행과 같다. 여행을 떠날 때 무슨 일이 일어날지 다 예상하고 떠나기 어렵다. 그러니 일단 내 인생의 2개의 말뚝만 박으면 훌훌 떠나라. 꼭 필요한 것이 있다면 도중에서 구해질 것이고 중간 목적지를 헤매더라도 나중에 더 소중한 곳을 찾을 수도 있다.

말뚝박기를 단단히 해두었다면 웬만해서는 휘둘리지 않는다. 중간에 방황을 하더라도 결국에는 원래의 방향으로 되돌아오게 되어있다. 그런데 많은 사람들은 A(자기파악)를 정확히 박지 않은 채 빨리 B(성공, 꿈)에 도달하려고 한다. 그러나 나라는 말뚝 A를 정확히 박지 못하면 결코 꿈이라는 말뚝 B도 박기 어려울 뿐더러 B까지 가기도 힘들다. 기준점에서 헤매고 있는데 도착점에 빨리 도달할 수 있겠는가? 오히려 A로부터 B까지 가는 과정을 즐기는 마음이 필요하다. 결과의 음악이 아니라 과정의 음악인 재즈처럼 과정을 즐기는 법을 배울 수 있어야 한다.

7단계. 정보분석에 의존하지 말고 직관력을 키워라

논리적 분석에 너무 의존하게 되면 필요한 정보를 수집하고 분석하는 데 너무 많은 시간을 빼앗겨 어느새 기회를 놓치는 경우가 많다. 정보가 지나치게 많으면 의사결정이 지연된다.

논리적 분석은 '지식'을 창출할 수 있을지 모르겠으나 현장으로부터의 '지혜'는 만들어내지 못한다. 직접경험을 통해 느끼는 직관력은 현장에서 느끼는 풍부한 '지각'에 바탕을 두고 있다. 따라서 객관적인 데이터로는 비교할 수 없을 정도로 가치 있는 정보를 오감을 통해서 얻어낼 수 있다. 이는 언어를 통한 분석으로 인지하는 것이 아닌 상대의 입장에서 직접 느끼는 체험을 바탕으로 판단하기에 정확할 수 있다. 직관력을 키워라.

8단계. 결단력, 실행력을 키워라

삶에 있어서는 주어진 상황에서 자신의 판단을 믿고 결단을 내리는 용기가 필요하다. 이것이 결단력이다. 그리고 그 못지않게 실행으로 옮기는 추진력도 필요하다. 이것이 실행력이다.

천재라고 불리는 일본 장기의 최고수인 하부 요시하루는 그의 저서 『결단력』(국내 미번역)을 통해서 장기에 있어서 중요한 것은 결단력이라고 말한다. 장기를 둘 때 하나의 국면에 80여 수의 가능성이 있는데, 그 80여 수를 일일이 다 검증하는 것이 아니라 이것이 좋겠다고 생각이 드는 2~3수로 후보를 추려낸다고 한다. 그리고 그 세 가지를 두고 머릿속에 그린 장기판에서 시뮬레이션을 해보는 것이다. 이를 통해 그는 일본 장기의 최고수가 되었다.

파악할 수 있는 것은 미리 파악해두는 습관을 기르고, 그 외의 불투명한 상황하에서라도 의사결정을 과감히 내릴 수 있는 결단력과 빠르게 추진할 수 있는 실행력, 그것이 우리에겐 반드시 필요하다.

9단계. 즉흥력을 키워라

즉흥력은 바둑을 두는 것이 아니라 탁구를 치는 것과 같다. 핵심은 미리 계획하지 않는 '즉흥성'이다. 모든 상황과 과정을 구체적으로 치밀하게 계획을 짜서 통제하려고 하지 말고 매 순간 벌어지는 상황에 자신이 즉각적으로 맞추어나가는 훈련이 필요하다. 그렇다고 계획적이고 치밀한 준비가 필요 없다는 이야기는 아니다. 단지 과거의 지시하고 통제하는 고착화된 경영 스타일에서 벗어나 예측불가능한 미래에는 좀 더 유연하게 적응하고 진화할 수 있는 경영 스타일이 필요하다는 말이다.

불확실한 상황에서 유기적이고 민첩하게 대응할 수 있는 나 혹은 팀을 만들려고 한다면, 사전에 계획대로만 업무를 처리하거나 각자가 '특정' 업무를 하기 위한 업무 틀을 완벽하게 준비하는 것보다는, '어떤' 업무든 바로 처리할 수 있는 '자기 자신'을 준비하는 것이 더 중요하다. 앞으로의 시대는 모든 상황이나 조건이 내가 예상했던 대로만 이루어지지 않을 것이기 때문이다. 각종 돌발상황에서 한 치의 당황함이 없이 신속하게 대응할 수 있는 즉흥력이 반드시 필요하다.

10단계. 긍정적 필터링을 하라

외부에서 벌어지는 객관적인 사실은 내 사고방식과 의식에 따라 필터링되어 그 에너지가 전달된다. 따라서 동일한 사건이 어떤 이에게는 절망에 이르게 하는 폭탄과 같은 부정적인 에너지로 전달될 수 있고, 또 어떤 이에게는 새로운 기회를 주는 긍정적인 에너지로 전달될 수 있다.

갑자기 주어진 변화나 혼돈을 그대로 인식하는 것이 아니라 내가 원하는 방향으로 부드럽게 유도하고 최대한 활용할 수 있는 지혜가 필요하다. 설령, 예기치 않은 부정적인 상황이 닥친다고 해도 그 에너지를 오히려 내 발전에 긍정적인 작용을 할 수 있는 에너지의 형태로 변환시킬 수 있는 필터링을 하나씩 만들어보자.

𝄢 : 세계라는 바다에서 '해적'이 되자

지금은 무법천지의 시대다. 그런 시대마다 등장했던 것
이 있었다. 바로 해적이다. 해적이라고 하면 해골이 그려져 있는 무시무시
한 해적기, 망망대해를 향해 모험의 길을 떠나는 배, 카리스마가 넘치는 애
꾸눈 선장 등 어렸을 때 본 만화의 영향 때문인지 대체로 멋있는 모습이 각
인되어 있다.

해적은 역사 전반에 걸쳐서 존재해 왔는데, 한잉신&뤼팡의 『단숨에 읽
는 해적의 역사』(베이직북스, 2008)에 따르면, 대항해시대의 해적은 신대륙
의 발견에 커다란 밑거름이 될 정도로 맹활약했다고 한다. 그리고 기존의
계급제도를 거부하고, 자유와 평등, 의리를 중시하는 그들만의 체계화된 규

약과 행동강령은 프랑스 대혁명에도 영향을 끼쳤다고 하니 기존 사회를 바꾸는 혁신적 존재로서 손색이 없다.

예로부터 해적들이 모습을 드러내기 시작하면 그것은 뭔가 제대로 돌아가고 있지 않다는 조짐이었다. 그 옛날 그들이 해적이 된 이유는 다양했는데, 우선 배고픔과 생활고를 이기지 못한 사람들이 이 길을 택했다. 바다에 의지해 살던 선원과 어민은 생계가 어려워지면 노략질이나 밀수 등의 방법밖에 살길이 없었다는 뜻이다. 그리고 그 배경에는 무역업의 발달, 전쟁과 평화가 반복적으로 일어나면서 평화시기의 일자리 부족이 깔려 있었다. 보다 고차원적으로는 자유스런 생활을 꿈꾸는 젊은이들의 모험심도 해적의 길을 열었다고 한다.

곰곰이 요즘 시대상황을 관찰해보면, 대항해시대에 해적들이 출몰했던 시기의 환경과 너무나 흡사하다는 것을 알 수 있다. 단지 물리적으로 '진짜 바다'가 아닌 '온라인상의 바다'라는 차이가 있을 뿐, 청년실업자 문제, 감소하는 일자리, 세계화 전개, 무역업, 웹 2.0과 웹 3.0 등 위기와 새로운 기회가 공존했던 그 시대와 비슷한 점이 많다.

대항해시대의 주역은 포르투갈, 스페인, 네덜란드, 영국, 프랑스 등과 같은 유럽의 국가였다. 스페인은 아메리카 대륙의 아스텍 제국과 잉카 제국을 멸망시키고 원주민을 노예로 부려 광산을 개발하여 막대한 양의 값싼

은을 서유럽에 공급했다. 유럽은 아메리카로 본국인의 이주, 광산과 플랜테이션(plantation, 열대, 아열대에서 이루어지는 재식농업으로 서양인이 자본과 기술을 제공하고 원주민, 이주노동자의 값싼 노동력을 이용해서 단일경작을 하는 기업적인 농업경영을 말함)의 개발, 유통의 지배 등 경제적 지배방법으로 대서양을 둘러싼 세계의 자본주의 경제를 손아귀에 넣었다.

유럽의 여러 나라들은 아메리카로 인하여 막대한 부를 소유하게 되었으나 식민지의 원주민과 아프리카에서 끌려온 흑인들은 빈곤과 고통의 세월을 보내야 했다. 이 시대에 한국의 존재감이란 거의 제로였다. 한국은 지금까지 역사상 전 세계를 호령할 만한 기회를 가진 적이 단 한 번도 없었다. 그런데 드디어 한국에게 믿을 수 없을 만큼 좋은 기회가 온 것이다.

제2의 대항해시대

이제 제2의 대항해시대가 열렸다. 인터넷이라는 새로운 가상의 바다가 펼쳐진 것이다. 서유럽 국가가 패권을 차지했던 제1의 대항해 시대의 바다와는 상대가 되지 않을 정도로 끝을 모르는 무궁무진한 크기의 바다다.

그런데 세계 어느 민족보다 한국인이 이 바다 환경에서 뱃사람으로서의 자질을 타고났다. 디지털 시대에 안성맞춤인 한글, 세계 최상급에 속하는 인터넷 인프라, 스피디하고 정열적인 민족성 등 이 시대의 필수요건을 두루 갖추고 있다. 일본과 중국 사이에 끼여서 힘들 것이라는 과거의 '샌드위치론'이 점차 '역샌드위치론'으로 변하며 자신감이 생기고 있다.

'역샌드위치'란 코트라(kotra)의 조환익 사장이 2008년 11월에 참가했던 한 포럼에서 사용했던 용어로, 말 그대로 과거 '샌드위치'의 반대개념이다. 즉, 영원히 따라잡을 수 없을 것 같았던 일본 제품을 이제는 기술과 품질로 따라잡을 수 있고, 또한 영원히 경쟁이 안 될 것이라 여겼던 중국 제품의 저가 공세도 충분히 극복할 수 있다는 말이다.

실제 세계를 주름잡는 한국 제품이 적지 않다. 메모리 반도체, 가전제품, 휴대폰, 자동차, 조선, IT 분야 등 한국은 독보적인 경쟁력을 가지고 있고 한류라는 든든한 지원군마저 가지고 있다. 매일 전 세계를 무대로 개척되는 항로를 따라 옛날의 은, 설탕, 향신료 대신 이제는 한국의 문화콘텐츠, IT 신기술, 각종 제품 등이 빠른 속도로 퍼져가고 있다.

지금 시대의 해적은 기성체제의 독점을 분산시키고 비효율적인 시스템을 해체하며 새로운 시장도 만들어내고 심지어 대통령까지도 만들어내고 있다. 특히 인터넷이라는 마술은 이제 전 세계의 모든 사람들이 해적이 될 수 있는 무한정의 기회를 열어주었다.

예를 들어보자. 1999년 부산에서 설립된 벅스뮤직은 국내 최대 무료 스트리밍 서비스로 한창 때는 실명회원만 1,800만 명이 가입되어 있던 음악

사이트다. 사장은 박성훈 씨로, 전형적인 해적이라고 할 수 있다. 그는 대학 진학에 5번 도전해 모두 실패한 5수생이었다. 박 사장은 1997년 1월 인터넷 분야에 뛰어들기 전에 비디오 대여점, 커피숍, 대중음식점 프랜차이즈업, 25시 편의방 등 안 해본 것이 없을 정도로 파란만장한 인생을 살았다. 그러나 벅스뮤직을 설립하고 음반사들의 가처분 신청과 손해배상소송 등 진통을 겪었지만 유료화 전환에 성공해 결국 코스닥 상장이라는 쾌거를 이루어내었다. 그는 아직 정립되지 않았던 온라인 음악시장을 먼저 선점해 비록 불법이었지만 과도기의 혼란을 잘 이용했다. 결국 그는 온라인 음악시장에서 입지를 재빨리 굳히고 새로운 질서를 만들어내며 마침내 정부와 시장에서 합법성을 인정받았다.

그는 말한다. "대학 문턱에 가보지 못한 것 때문에 절망감에 자책하던 시절도 있었다. 하지만 오히려 가진 것, 믿을 것이 없어 세상을 제대로 배울 수 있었던 면도 있었다." 그리고 "공부는 못하지만 사업을 꿈꾸는 후배들이 있다면 시장 흐름을 잘 읽어내는 힘과 뚝심 같은 것도 성적 못지않게 중요하다고 말해주고 싶다"고 덧붙인다. 그의 사례는 이 시대 젊은이에게 시사하는 바가 크다.

단도직입적으로 말하면, 이 시대의 청년실업자, 소위 88세대들은 새로운 시대의 해적이 되어야 한다. 너무나 많은 젊은이들이 안정된 공무원이 되기 위해 도서관에 틀어박히고 대기업에 취직하기 위해 계속 학력만 높여 가는 현재의 상황은 정말 안타깝다. 무엇보다 그 시간과 열정이 아깝다. 폭발하는 인터넷의 성장과 글로벌화로 기회는 정말 무궁무진하게 널려 있는데도, 사고와 행동은 20년 전 우리 선배들이 했던 패턴과 별다른 차이가 없다. 지금 젊은이들 중에는 용맹한 해적이 되기보다는 고급요트에서 우아하게 파티를 즐기는 귀족이 되고 싶은 사람이 훨씬 더 많은 것 같다.

이래서는 안 된다. 젊은이들은 과감히 전 세계에 도전장을 내던져야 한다. 젊은 당신들은 축복받은 세대다. 저 옛날 노예선을 타고 아프리카에서 끌려온 흑인노예들을 생각해보라. 그들은 애초부터 모든 기회가 박탈된 매우 가없은 존재였다. 16세기에서 18세기에 걸쳐 3,000만 명에서 6,000만 명에 이르는 흑인이 아메리카 대륙으로 송출되었는데 짐짝처럼 취급되었던 열악한 환경 속에서 3분의 2가 항해 도중에 목숨을 잃고 바다 속에 던져졌다. 그들은 자신의 의지로 바다를 향해 모험할 기회도 가지지 못한 채 쓰레기처럼 바다에 버려졌다.

그런데 지금 당신은 어떤가? 정말 무한한 가능성을 갖고 있다. 앞으로 무엇이든지 할 수 있는 화려한 도구와 장비가 당신 손에 이미 쥐어져 있고, 세계를 날아다닐 마법의 양탄자 같은 인터넷 인프라도 발 밑에 깔려 있다. 모든 것이 자신이 하기 나름이다. 88세대가 또 많은 젊은이들이 세상에 대해

한탄을 하거나 무엇을 자신에게 해달라고 주장하는 것은 충분히 이해할 수 있다. 그리고 측은한 마음도 든다. 그러나 그런다고 결과적으로 그들에게 이득이 되는 것은 없을 것이다. 왜냐하면, 세상은 그들이 바라는 대로 변하거나 그들이 원하는 '뭔가'를 해줄지 '예측불가능'하기 때문이다. 세상의 선처에 의존하지 말고 '예측가능'한 스스로의 열정과 도전정신에 의지하라. 스스로 찾아나서고 만들고 창조해내라. 오히려 더 큰 기회가 올 것이다.

고정관념으로 이미 석회석처럼 굳어버린 기성세대의 사고방식, 삶의 방식에서 과감히 벗어나라. 세상에는 훨씬 멋지고 흥미진진하게 살아갈 수 있는 길들이 매우 많다. 모든 것은 당신에게 달려 있다! (It's all up to you guys!)

전 세계에서는 이미 기상천외한 해적들이 이곳저곳에서 튀어나오고 있다. 마치 해적방송을 하듯이 거의 제로비용으로 자신만의 채널을 확보하고 자신만의 콘텐츠를 전 세계로 향하여 발송하고 있다. 그리고 이들은 번뜩이는 상상력과 대담한 배짱으로 거대한 부가가치를 만들어내고 시장의 판도를 바꾸고 사회까지 혁신시키고 있다. 벅스뮤직을 만든 박성훈 사장, 구글을 만든 세르게이 브린, 래리 페이지 같은 해적을 보고 꿈을 키우고 있는 어린 해적들이 무슨 일을 저지를지 모른다. 앞으로 우리의 미래가 그들이 장난을 치듯 게임을 하듯 만들어낸 '무엇'에 의해 송두리째 바뀔지도 모를 일이다.

　그러니 청년들이여, 세계라는 바다에서 이젠 틀에 박힌 모범생이 아니라 해적이 되자. 그리고 자유롭게 세계를 무대로 마음껏 꿈을 펼치고 과감히 행동에 옮기자. 당신이라고 전 세계를 호령하는 멋진 주인공 중 하나가 되지 말란 법은 없다. 안정된 삶이 최고라는 사막의 신기루 같은 환상은 집어치우고 맹수가 우글거리는 정글 속으로 뛰어들어라. 밀림에서 스스로 꾸려나갈 수 있는 강력한 동기와 자생력을 얻게 될 것이다. 〈캐리비안의 해적〉에 나오는 조니 뎁이 분한 잭 스패로우처럼 번뜩이는 창의력과 자유분방한 재즈 스타일로 무장한 당신을 저 바다 한가운데에서 만나기를 바란다.

𝄢: '코리안 특급 해적'이 되려면

나는 이 시대가 요구하는 성공 DNA를 세계 어느 나라 젊은 이들보다 한국 젊은이들이 많이 가지고 있다고 생각한다. 이들이 글로벌 시대의 멋진 '코리안 특급 해적'이자 세상에 도전하는 혁신적인 삶의 재즈 스타일리스트가 되기 위해선 어떻게 해야 할까?

남들이 가지 않는 곳에 가려고 해야 한다

해적은 정규적인 삶을 버리고 새로운 개척자적인 삶을 찾는 사람이라고 볼 수 있다. 우선 익숙한 곳을 벗어나려는 노력을 해야 한다. 앞으로는 남들이 가지 않는 곳에 자신을 과감히 던질 수 있는 용기가 필요하다. 그곳에는 다양한 기회와 경쟁력의 원천이 숨겨져 있을 가능성이 높다.

아무도 하지 않은 일을 할 줄 알아야 한다

아무도 시도하지 않았던 일을 대차게 저지를 줄 아는 용기와 배짱이 필요하다. 사실, 지금의 한국 젊은이들은 안정된 삶을 추구한다는 이유로 선배의 길만 쫓으려는 경향이 너무 많다. 지금과 같이 끝없는 트랙경주를 하는 것은 누가 먼저 일을 해내느냐에 초점이 맞춰져 있다. 아무도 하지 않았던 일, 당신만이 할 수 있는 일을 해야 한다.

창의적인 역발상, 상상력, 편집의 고수가 되어야 한다

해적은 창조적 파괴자다. 기존의 룰을 대범하게 부숴버리고 역발상으로 접근할 수 있는 존재다. 그러니 해적의 겉만 닮으려 하지 말고 그런 면모를 닮아야 한다. 주의할 점은 파괴에만 머무르는 것이 아니라 그것을 다시 재조립하고 창조로 연결시킬 줄 알아야 한다는 것이다.

소셜 미디어와 온라인 툴에 익숙해야 한다

블로그, 트위터 등 소셜 미디어를 비롯한 각종 온라인 툴을 다루는 기술은 바다에서 항해하는 기술과 같다. 자유자재로 다룰 수 있도록 훈련해야 하고, 아울러 새로운 시대에 등장하는 첨단기술, 특히 온라인 커뮤니케이션 관련 신기술 동향에 대해 늘 관심을 갖고 있어야 한다. 새롭게 등장한 신기술 하나가 우리 생활을, 또 전 세계를 순식간에 뒤바꿔 놓을 수도 있다.

혼자 힘으로 도전하라!

앞으로는 개인화시대다. 개인에게 과분할 정도로 많은 도구가 주어졌다. 하나의 나라도 혼자서 건설할 수 있는 시대가 된 것이다. 수많은 혁신과 비즈니스 기회가 어느 한 사람의 창의적인 사고와 행위를 통해 출발하는 경우가 많다. 처음부터 부모, 선배, 친구에게 의존하지 말고 최대한 혼자 힘으로 도전해보라. 생각보다 많은 것을 할 수 있음에 놀랄 것이다.

스스로의 법, 원칙, 가치관을 만들어나간다

이미 완성되어 있는 선배들의 라이프스타일 세트, 사고방식 세트, 놀이 세트 등을 쉽게 쇼핑하듯 살아가지 말라. 자기라는 나라를 새롭게 건설해 나간다는 생각으로 스스로의 기준, 원칙, 삶의 방식 등을 만들어가라. 그것은 곧 재즈 스타일이기도 하다.

국적을 벗어나라

온라인이라는 바다에서는 국경이 없다. 따라서 내가 꼭 한국 내에서만 비즈니스를 하고 한국인으로서만 살아야 할 이유가 전혀 없다. 가령, 가상세계에서는 내 아바타가 일본인으로, 미국인으로, 중국인으로 얼마든지 살아갈 수 있다. 이것은 무한한 자극과 영감을 한국인인 내게 선사한다. 하나의 지식과 정보가 국경을 넘나들 때 기존의 것과 다른 환경을 만나면서 큰 가치를 만들어낼 수 있다. 다양한 나라의 라이프스타일과 내가 만남으로 인해 또 다른 나를 발견할 수가 있는 것이다.

틈새시장을 발견해서 수익을 창출하라

틈새와 수익의 크기는 상관없다. 지금은 롱테일 법칙으로 인해 그 작은 틈이 얼마든지 어마어마한 수익을 내는 시장으로 탈바꿈할 수가 있다. 그런 틈새시장에 도전해서 처음부터 끝까지 경험을 해볼 수 있다는 것 자체가 성공으로 이끄는 요인이 된다. 이것을 통해 당신이 앞으로 세상에서 포지셔닝할 자리와 당신만의 시장을 보는 안목이 길러진다.

전 세계에 나와 관심사가 비슷한 해적친구를 만들어라

나와는 가치관과 성향이 전혀 다른 한국인보다 오히려 나와 코드가 같은 외국인이 더 잘 통할 수가 있다. 이메일, 스카이프, 블로그, SNS(Social Network Service) 그 외 소셜 미디어 등을 잘 활용해 본인이 적극적으로 시도한다면 얼마든지 외국친구들을 만날 수 있다. 나와 꿈을 공유할 수 있고 취미가 같은 친구를 나라마다 심어놓는다면 앞으로 내 일을 하는 데 커다란 도움을 줄 것이다. 이를 위해 국제적인 자원봉사활동에 참여한다든가 국제 문화교류를 하는 단체에 지원해보는 것도 좋다.

어학과 경제공부를 하라

세계로 나가 다른 해적들과 소통하려면 당연히 언어가 가능해야 하고 비즈니스 감각과 실력까지 준비되어야 한다. 어학공부도 가능하면 2개 국어 이상은 하는 것이 좋다. 혹은 정말 접하기 어려운 외국어를 공부해서 차별화되는 것도 좋다. 그리고 경제에 대한 이해력이 있어야 세계의 흐름도 어느 정도 파악할 수 있고 내가 구체적으로 무엇을 할 수 있는지도 발견할 수 있다.

15~16세기 포르투갈인들과 에스파냐인들은 새로운 항로를 개척하기 위해 목숨을 걸고 바다에 도전했다. 당시 아프리카 서안을 따라 항로를 개척하는 데 왕복 2년이 넘게 걸리고 180명 중 60명만 살아 돌아올 정도로 위험한

길이었다. 그러나 그들은 포기하지 않고 줄기차게 바다가 제공하는 새로운 가능성을 위해 자기 인생을 던졌다. 이제 제2의 대항해시대가 왔다. 당신도 도전해볼 수 있다. 온라인세계란 바다에서는 최소한 당신의 목숨을 위태롭게 하지는 않는다. 무엇인들 시도하지 못할 것이 있겠는가? 상상력을 맘껏 발휘하고 과감하게 그 생각을 실천에 옮기며 자신만의 항해 길을 찾아나가자. 당신도 코리안 특급 해적이자 멋진 재즈 스타일리스트가 될 수 있다.

𝄢 확실히 버리고 확실히 얻는
   재즈와 같은 여행

삶은 새로움을 위한 여정인 동시에 하나씩 버려나가는 과정이다. 인생이 다채롭고 풍요로워지려면 적당한 때 버릴 줄 알아야 한다. 움켜쥘수록 오히려 내 것은 더 작아지고 버리면 버릴수록 내 것은 더 새로워지고 커진다. 여행을 떠날 때는 최대한 버리고 떠나야 한다. 가방을 챙길 때 필요할까를 조금이라도 고민하는 것이 있다면 그것은 두고 가는 것이 옳다. 여행하는 가운데 새로운 의미가 생기고 더 멋진 도구를 찾게 되며 예기치 않았던 깊은 깨달음이 다가오게 된다.

준비가 되어야만 여행을 떠나는 것은 아니다. 그냥 떠나는 것이다. 어디 우리가 준비된 상태로 태어났는가? 모든 여행에는 우선 떠나겠다는 과감한 결단이 필요하다. 쉽지 않은 일이다. 모든 선택은 기회비용이 따라오기 때문이다. 버리고 떠나면 비워진 공간은 여행하는 가운데 반드시 새로움으로 채워진다. 재즈와 같은 여행을 하려면 우선 버리고 떠날 줄 알아야 한다.

인생이 어떤 전환점에 왔을 때 제일 중요한 것은 버릴 줄 하는 용기다. 결정적으로 변화할 수 있는 기회가 찾아와도 많은 사람들이 그동안 쌓아왔던 것을 버리지 못해 그냥 그대로 만족하고 사는 경우가 대부분이다. 아니면 어정쩡하게 다리 한 쪽씩만 걸친 채로 살아가든가.

나는 원하던 전공이 좌절된 후 방황하다 대학 2학년 때 뒤늦게 음악동아리에 들어갔을 때만 해도 음악에 큰 뜻이 있던 것은 아니었다. 뭔가를 분출하고 싶다는 욕구를 강렬하게 가졌었고 막연히 음악을 통해 할 수 있지 않을까란 생각 때문이었다. 그러나 이것이 계기가 되어 군대에 있을 때도 밴드를 하게 되면서 어느새 내 마음 속에는 음악이라는 씨앗이 뿌려졌고 결국 재즈를 만나면서 발아하였다. 군대를 마치고 1년 더 연장휴학 끝에 대학 3학년으로 복학할 때는 음악을 하기로 결심했다. 그러다 운 좋게 그룹으로 앨범을 낼 기회를 잡았고 그 이듬해 데뷔하게 되었다.

그러나 앨범은 뜨지 못했다. 당시 엄청난 랩 열풍으로 말미암아 퓨전재즈라는 그때로서는 약간 낯선 음악을 했던 우리는 어필하지 못했다. 그 후 2집 앨범까지는 내고 싶었지만, 졸업 후에는 취직을 하였다. 취직을 한 이유는 당시 모 대기업에서 '양 경영에서 질 경영'으로의 개혁을 추진한다는 이유로 소위 7.4제(오전 7시 출근~오후 4시 퇴근)를 실시한다는 기사를 보았기 때문이었다. 물론, 오후 4시에 퇴근하고 나서 내 음악을 하려는 의도였다. 나의 꿈도 포기할 수 없었고 집안에서 장남으로서의 책임감도 무시할 수 없었기에 내린 차선책이었다.

그러나 나는 수원에 있는 공장의 엔지니어로 발령받았다. 현장과 가까이 있어야 하는 직책이었기에 출근은 오전 7시였으나 퇴근은 오후 8, 9시였고 더욱이 주말과 공휴일도 출근해야 하는 날이 더 많았다. 그때 집은 분당에 있었고 회사는 수원이었기에 대중교통으로 편도에만 2시간 30분이 소요되었다. 음악을 할 시간은 고사하고 잠잘 시간도 모자랐다. 결단을 내려야 했다. 이 상태로는 죽도 밥도 안 될 것 같았다. 마치 신이 나에게 "너의 정체성을 확실히 해라! 발 하나씩 걸치고 어정쩡하게 그러고 있지 말고!"라고 질타하는 것 같았다. 고민을 거듭해서 어렵게 내린 결단은 "음악을 제대로 한번 공부 해보자! 그리고 우리나라를 뜨자!"였다.

아주 파격적인 결단이었다. 제대로 음악적 준비가 안 된 상태에서 데뷔를 했기에 평생 음악을 하려면 기초부터 체계적으로 공부해야 할 필요성을 느꼈고, 특히 재즈를 본고장인 미국에 가서 정식으로 공부하고 싶었다. 그리고 한국에 있게 되면 받을 주변의 간섭으로부터 멀리 떠나고 싶었다. 무엇보다 가장 큰 이유는 지금이 내가 원하는 대로, 자유롭게 재즈처럼 살고 싶다는 소망을 시도할 수 있는 마지막 기회라는 것 때문이었다. 그러나 정작 돈이 없었고, 가고 싶은 음악학교는 미국에 있었는데 학비도 만만치 않았다. 고민 끝에 차선책으로 선택한 것이 일본이었다. 일본에서는 아르바이트도 많고 환율이 높아서 학비를 벌어서 공부할 수 있을 것 같았다. 대학 때 일본어를 꽤 공부해둔 것도 내 생각에 힘을 실었다.

예상했던 대로 주변에선 다들 나보고 미쳤다고 했다. 당시 내 나이가 벌써 27살이었고 유학 갈 돈은 회사에서 1년간 받은 월급과 퇴직금 포함해서 400만 원이 좀 안 되는 돈이 전부였다. 실로 엄청난 반대와 조소가 있었다. 뒤늦게 음악에 빠지더니 '안정'된 대기업을 때려치우고 딴따라 공부하러, 그것도 돈도 없는 주제에 외국 유학을 가겠다고 했으니 말이다. 그때 난 딱 2가지를 나에게 물었다.

'네가 정말 하고 싶은 것이 이것이 맞나?', '그리고 네가 나중에 마지막 눈을 감을 때 이 결단에 대해 후회하지 않을 자신이 있나?'

이 두 가지 대답은 물론 'Yes'였다. 이것저것 계산하고 따졌으면 떠나지 못했을 거다. 지금까지의 나, 그리고 나를 옭아매었던 그 모든 것들을 미련 없이 전부 버리기로 했다. 나는 홀로 그렇게 떠났다.

𝄢: 재즈의 바다처럼 글로벌한 인터넷 세상

    개울가에 살던 송사리가 하루는 일생일대의 큰 결심을 하게 되었다. 개울을 벗어나 강을 지나 바다에 가기로 한 것이다. 바다는 개울, 강과 비교할 수도 없는 곳이다. 수질 자체가 다르다. 개울의 수질에만 적응되어 있다가 갑자기 바닷물에 빠지면 잘못하면 죽을 수도 있다. 그러나 송사리는 바다로 향하는 강의 거친 물살에 몸을 던졌다.

    난 회사를 그만두고 일본으로 떠나기 전 혼자서 동해바다를 보러간 적이 있다. 내 일생 최대의 모험을 떠나기에 앞서 각오를 다지기 위해서였다. 당시 2월 말에 찾은 겨울바다는 매서운 바람과 비릿한 바다냄새로 나를 스산하게 맞이했다. 눈앞에 펼쳐진 푸른 빛 망망대해는 그야말로 나를 압도하고도 남았다.

"과연 나는 이 항해를 무사히 마치고 돌아올 수 있을까?"

불길한 생각이 살짝 고개를 내밀었다. 하지만 나는 과감히 무시하고 바다를 향해서 큰 소리로 외쳤다.

"난 이 항해를 멋지게 마치고 살아 돌아올 거야! 만약 실패하면 저 태평양 바다에 빠져 죽어버릴 거야!"

당시 나는 아주 비장한 각오를 마음속에 새기고 또 새겼다. 그때 바다는 세계, 글로벌이라는 이미지로 다가왔고 동시에 재즈의 이미지로도 다가왔다.

재즈는 바다다

클래식은 청정수와 같다. 처음 디자인된 물 그대로의 상태가 최상의 상태다. 한 방울이라도 다른 성질의 액체가 들어가는 순간, 더·이상 청정수라는 의미를 상실해버린다. 클래식도 작곡가의 의도가 제일 중요시되고 그대로 지켜져야 한다. 그것이 제일 훌륭한 클래식 음악이다. 원 작곡가가 아닌 다른 이가 맘대로 해석할 수 없다.

반면 재즈는 바다와 같다. 바다는 다 포용한다. 강물, 빗물, 오줌물, 똥물, 공장폐수에 이르기까지 온갖 액체를 다 포용해서 바다라는 자신의 의미를 만들어낸다. 재즈도 마찬가지다. 재즈라는 음악의 탄생 자체도 전 세계의 문화가 융합되어 만들어진 것이다. 아프리카의 리듬과 서양의 화성이 만나서 기본적인 토대가 만들어진 것 외에도, 재즈는 수많은 나라의 다양한 민속음악을 대립이나 비교의 구조가 아닌 자신의 몸으로 받아들여 체화시켜 버렸다. 재즈는 세계 어떤 음악과 만나도 재즈의 어법 안으로 끌어들일 수 있는 무궁무진한 포용력이 있다.

인터넷은 글로벌하다

인터넷은 광활한 바다와 같다. 세계 온갖 정보들이 선악, 동서양 등을 막론하고 혼재되어 있는 상태가 인터넷이다. 인터넷은 글로벌이다. 인터넷의 세상은 온갖 인종, 나라, 종교를 막론하고 전 세계가 뒤섞여 있다. 인터넷은 바다처럼 세상의 온갖 정보, 지식을 다 담아낸다. 그 속에는 좋은 정보도 있고 나쁜 정보도 있다. 바른 지식도 있고 왜곡되고 틀린 지식도 있다. 이 모든 것이 어우러져 인터넷이라는 바다를 구성한다.

우리는 이 광활한 인터넷의 바다에서 건강한 정보를 잘 건져내어 자신만의 콘텐츠로 재창조해내야 한다. 그런데 자신만의 콘텐츠를 만드는 과정이야말로 재즈연주 과정과 아주 흡사하다. 재즈는 여러 악기가 모여 같이 즉흥적으로 만들어가는 음악이다. 내 연주가 다른 멤버의 연주에 영향을 끼칠 수 있다. 내 연주를 듣고 그것에 어울리는 그들 자신의 연주를 즉흥적으로 만들어내기 때문이다. 그렇게 서로의 연주를 들어가며 유기적으로 함께 창조해나가는 음악이 바로 재즈다. 이처럼 인터넷에서 무대를 만들고 전 세계로부터 발신하는 여러 연주를 끌어 모으고 내 연주와 합쳐서 가장 이상적인 하모니를 연출해내는 것이 바로 인터넷 비즈니스다.

송사리와 상어

미국에 있는 일본식당에서 아르바이트를 하던 어느 날, 일본인 친구와 일본인, 일본사회의 특징에 대해 이야기를 하고 있었다. 그런데 갑자기 그가 이렇게 말했다.

"일본사회는 메다카샤카이(メダカ社會, 송사리 사회)라고 해. 앞에 한 마리가 획 방향을 틀어버리면 나머지 뒤따라오는 송사리 떼가 죄다 따라가거든. 일본사회도 이와 비슷해. 일본인도 혼자 결단해서 움직이는 것보다 떼로 한꺼번에 움직이는 것을 좋아하지."

그때 난 속으로 '그건 한국사회도 별반 다르지 않지'라고 생각했다.

송사리의 특징을 보면 주로 논 주변의 도랑이나 연못 등 비교적 수질이 낮고 잔잔한 물에서 서식한다. 외견상 가장 큰 특징은 입의 위치가 눈 위에 있다. 동물성 플랑크톤과 같이 주로 수면 위에 떠다니는 먹이를 먹기에 아주 적합하게 발달한 구조다. 그리고 물의 표층에 꼭 떼지어 다닌다.

생각해보면 꿈도 없고 목표의식도 없이 직장생활을 하는 사람은 송사리의 습성과 비슷한 점이 매우 많다. 한 달 주기로 주어지는 먹이를 받아먹고 그냥 논두렁 연못에서 떼지어 다니며 별생각 없이 위에서 이끄는 대로 이리저리 따라가는 모습이 송사리 떼와 다를 바가 없다.

그런데 지금 우리는 어디에 살고 있는가? 의식을 하든 못하든 우리는 이미 바다에 살고 있다. 난 강에 살고 있으니 괜찮다고 우겨도 강도 곧 바다로 흘러간다. 그렇다면 앞으로 전개될 시대에는 송사리가 아닌 어떤 어류가 적합할까? 이 넓은 바다에서 절대강자는 누구일까? 난 영화 〈죠스〉에 나오는 긴박한 현악기 소리가 귓가에 들리며, 날카로운 이빨을 가진 하얀 백상어가 떠오른다. 상어의 특징을 생각해보자. 고래는 포유류니까 제외시킨다면 상어는 물고기 중 가장 몸집이 크다. 굉장히 공격적인 성향이 있고 민첩하며 때로는 사람도 잡아먹는다.

송사리가 샐러리맨을 상징한다면 상어는 글로벌형 1인 기업가이다. 한계가 지어진 조그만 하천이 아니라 넓은 바다에서, 늘 아가미를 휘날리며 부지런히 다니면서 먹이를 찾는다. 각종 기회의 냄새가 먼 곳에서 아주 조금이라도 포착되면 사정없이 달려가 늘 준비되어 있는 날카로운 이빨로 물어뜯어 기회를 절대 놓치지 않는다. 그리고 여러 적들의 공격에도 단단하고 날카로운 방패비늘로 무장되어 있어 별로 상처받지 않는다.

이렇듯 생물은 환경에 맞게 몸의 구조가 진화되어간다. 송사리가 먹이를 사냥할 필요가 없이 수면 위의 플랑크톤을 먹기 좋게 입이 눈과 머리 위에 있는 것이나 상어의 비늘이 이빨로 탈바꿈한 것은 같은 진화의 과정이다. 사람도 마찬가지다. 내 몸을 개울에 노출하느냐 바다에 노출하느냐에 따라서 진화의 방향이 달라진다. 21세기는 이미 전 세계를 대상으로 한 약육강식의 바다로 변했고, 당연히 송사리 떼는 바다에 들어가기도 전에 죽는다. 노는 물 자체가 다르기 때문이다.

바닷물에 자신을 자꾸 노출시켜라

개울가에만 살게 되면 그 환경에 맞게 내 몸과 정신이 적응된다. 상어의 아가미가 턱으로 바뀌고 비늘이 날카로운 이빨로 진화되었듯이 바닷물에 노출하게 되면 내 몸과 정신도 그 환경에 맞게 진화되기 마련이다.

일단 온몸을 바다에 한번 던져보는 용기가 필요하다. 갑자기 바뀐 수질 때문에 내가 죽을까 걱정이 되기도 할 것이다. 죽어도 괜찮다. 아니 죽어야 한다. 죽는 것은 송사리가 죽는 것이기 때문이다. 바닷물에서 송사리는 결코 살 수가 없다. 바다에서 살아가려면 상어로, 고래로 다시 태어나야 한다. 기존의 내가 죽지 않으면 새로운 나는 태어날 수가 없다.

전 세계라는 바다에 나를 자꾸 노출시키면서 스스로 진화해나가라. 전쟁터와 같은 비릿한 바다냄새를 맡아가며 번뜩이는 상어의 야성을 개발하라.

송사리에서 벗어나 상어 되기(샐러리맨에서 탈출하여 글로벌형 1인 기업가 되기)

▶ 바닷물을 가까이 하라 - 글로벌 환경에 자신을 최대한 노출시켜라

모든 것은 환경에 맞게 진화되기 마련이다. 글로벌 환경에 접촉하는 기회를 의도적으로 만들어라. 인터넷을 활용하여 한국뿐만 아니라 세계 경제, 사회, 문화 등 트렌드와 동향을 접할 기회를 만들어라.

한국, 일본, 중국, 미국, 4개 국의 신문은 보는 것이 좋다. 그 이유는 시사정보를 업데이트하면서 그들의 관점과 국내 언론을 통해 얻는 한국적 관점 사이를 오가며 나만의 균형감각을 키울 수 있기 때문이다. 때에 따라서는 어제 읽었던 기사 내용을 오늘 우리나라의 주요 일간지에서 "며칠자『뉴욕타임스』에 따르면" 같은 유형의 기사로 다시 접하는 경우도 있다. 그럴 때면 해당『뉴욕타임스』기사를 해석하고 살을 붙이는 우리 언론의 시각을 통하여 글로벌 내 한국의 현주소를 볼 수 있다.

그리고 가능하다면 영어, 일어 등 해외 블로그를 만들거나 마이스페이스, 페이스북, 믹시 등 해외 소셜 네트워크에 접속하여 해외친구들과 커뮤니케이션을 하면 좋다. 자신이 만든 UCC를 유튜브에 올려보고 세계인의

반응을 살펴보는 것 또한 매우 좋은 방법이다.

▶ 예민한 청각과 후각을 키워라 - 기회를 선별하고 변화를 읽는 눈을 키워라

변화 속에는 항상 피 냄새가 스며 있다. 상어는 아주 옅은 피 냄새라도 맡으면 달려가서 먹이를 취한다. 따라서 각종 기회나 변화의 기미를 잡을 수 있는 안테나를 걸어놓고 조금이라도 기미가 보이면 달려갈 태세가 늘 갖추어져 있다.

세계 각국에서 들어오는 정보와 지식이 어떤 의미를 가지는지, 내게는 어떤 영향을 미치는지, 어떤 기회를 내게 줄 수 있는지 판단할 수 있는 눈을 갖고 있어야 한다. 상어가 아주 조그만 피 냄새에도 미친 듯이 달려가듯, 기회가 될 만한 아주 작은 단초라도 놓치지 않는 관찰력과 정보력을 키워야 한다.

▶ 대안의 이빨을 준비하라 - 대비책을 마련하라

상어 이빨은 한 줄이 아니라 여러 줄로 되어 있다. 상어 이빨은 비늘이 진화되어 만들어진 것이기 때문에 설령 지금 이빨이 못쓰게 되어도 바로 다음 이빨이 밀려서 올라온다. 사용 후 버려지는 이빨, 사용 중인 이빨, 준비 중인 이빨이 차례로 대기하고 있기 때문에 에스컬레이터식 이빨이라고도 한다. 만약, 삶의 무대를 전 세계로 넓히면 더욱 많은 인생의 변수와 복

병들이 도사리고 있어서 아차 하는 순간에 인생과 비즈니스 자체가 허물어질 수도 있다. 그래서 그럴 경우 유연하게 대처할 수 있는 플랜 B, C 등이 필요하다. 마치 상어 이빨이 계속 대기하고 있는 것처럼.

▶ 먹이를 찾아가라 - 기다리지 않고 찾아가는 능동적인 자세

상어는 송사리와는 달리 먹잇감을 기다리지 않는다. 전 세계 바다를 누비면서 먹잇감을 찾아서 다니고 있다. 수동적으로 기다리는 입장은 절대로 주체적인 패러다임을 만들어갈 수가 없다. 내가 칼자루를 쥐고 모든 상황을 이끌고 나가려면 우선 능동적인 자세와 과감한 행동으로 원하는 것을 구하기 위해 직접 찾아가는 자세가 필요하다. 한국 내에서만 먹잇감을 찾을 것이 아니라 전 세계를 다니면서 사냥을 해야 한다.

▶ 끊임없이 움직여라 - 부지런히 활동하라

상어는 부레가 없다. 잠시라도 지느러미를 흔들어대지 않으면 바다 밑으로 가라앉고 만다. 상어는 생존을 위해 쉴 때도, 잠을 잘 때도 끊임없이 헤엄쳐야 한다. 그러나 부레가 없는 대신 빠른 속도로 솟구쳐 올라가도 탈이 없다. 상어처럼 기민하게 끊임없이 움직이며 기회를 창출해내야 한다.

▶ 방패비늘로 몸을 감싸라 - 상처를 받지 않도록 자신을 방어하고 감정을 관리하라

상어의 상아질로 된 비늘은 단단하여 잘 상처를 받지 않는다. 이처럼 온 갖 역경과 어려움이 있더라도 흔들림 없이 이겨내야 한다. 사업을 해나가 다 보면, 상대방이나 세상의 오해나 고의적인 음해가 있을 수 있다. 그럴 때 마다 감정관리를 잘해서 해당 업무에 지장을 주지 않아야 한다. 비생산적 인 감정 분출로 에너지를 소모하지 않도록 긍정적으로 필터링 할 수 있는 방패비늘로 자신을 감싸라.

끈기, 근성을 배워라

상어는 한번 물면 웬만해서는 놓지 않는다. 그리고 사람까지도 잡아먹는 매우 거친 공격성을 가지고 있다. 이처럼 우리도 목표물을 발견하면 중도 에 포기하지 않고 끝까지 버텨내서 일을 완수하고야 마는 근성과 끈기를 배워야 한다. 성공을 이루어내지 못하는 많은 경우는 능력이 안 되서라기 보다는 역경과 고난을 버티지 못하고 스스로 미리 포기하기 때문이다.

일반적으로 자신이 전혀 가망이 없는 분야는 꽉 막힌 바보가 아닌 이상 뛰어들지 않을 것이다. 곰곰이 생각해보면 어느 정도 도전해볼 만하다고 판단했기에 저지른 일인 경우가 많다. 그렇다면 그때는 "될 때까지 한다"는 처방전만큼 효과가 확실한 해결책은 없다.

𝄢 : 세계라는 퍼즐 속에서
당신의 조각을 찾아라

세계는 넓고 당신의 자리는 꼭 한국만이 아닐 수도 있다. 한
국에서는 별 볼일 없는 당신일지도 모르지만, 세계 어느 나라에서는 당신
의 존재가 꼭 필요할 수도 있다. 세계에서 당신의 솔루션을 찾아라. 한국이
란 작은 우물을 벗어나 세계란 퍼즐을 알게 될 때 의외로 당신의 조각이 들
어갈 수 있는 자리가 많음을 알게 될 것이다.

일본에서의 각개전투

일본에 도착한 나는 무엇보다 우선 아르바이트를 구해야 했다. 3개월 동
안 버틸 수 있는 자금밖에 없었기에 절박한 심정이었다. 같은 일본어학교

에 다니던 한국사람들에게 부탁을 해놓았지만 아르바이트 자리가 구해지지 않았다. 한 달이 지나서야 가까스로 아르바이트 자리를 구할 수 있었다.

　내 계획은 1년 동안 아르바이트를 해서 학비를 마련한 후 그 다음 해에 음악학교에 진학하는 것이었다. 학비를 마련하기 위해서는 하루 2~3개 아르바이트는 해야 될 것 같았다. 그래서 새벽에는 청소, 오전의 일본어학교가 끝난 후엔 전단지 돌리기, 그리고 저녁시간에는 일본식당이나 술집에서 웨이터와 주방일을 하는 등 열심히 뛰어다녔다. 모든 일을 마치고 밤 12시에 집에 돌아올 때면 아주 파김치가 되어있었다. 하지만 하루하루가 재미있고 흥분되었던 시간이었다. 비록 몸으로 때우는 일뿐이고 내일이 어떻게 될지 모르는 불안감이 항상 있었지만, 외국에서 하는 체험이라 모든 것이 신선하게 다가왔고 내 인생에 있어서 새로운 공부의 재료가 되었다. 그리고 내일을 모르는 불안감이 오히려 오늘 최선을 다하게 하는 자극으로 작용했고 난 그 살얼음 같은 긴장감을 즐겼다.

　일본에 간 지 3개월이 지나 하루에 3개씩 하는 아르바이트도 어느 정도 몸에 적응되었을 무렵, 진학할 음악학교를 알아보기 시작했다. 그러나 난 다시 결단해야 했다. 원래 미국의 음악대학을 의식해서인지 마음에 드는 학교가 없었고 그나마 갈 만한 학교의 학비는 엄청 비싸서 가고자 했던 미국의 음대와 별 차이가 없었던 것이다.

"이럴 바에는 차라리 일본에서 학비를 마련해 미국에 가는 것이 좋지 않을까?" 결국 다시 목표를 미국의 음대로 바꾸고 계획을 수정하게 되었다. 한국에 전화를 해서 급히 토플 책을 보내달라고 해서 영어공부를 시작했다. 없는 시간을 쪼개가며 토플 준비를 했고 합격점을 무난히 받아 미국 대학에 점수를 보낼 수 있었다.

그런데 후에 막상 입학해서 보니 토플점수 없이 영어학원의 추천장만으로 유학을 온 친구들이 더 많았다. 음악대학이다 보니 영어에 대해서는 그다지 까다롭지 않았던 것이다. 나중에 그 사실을 알고 약간 허탈함을 느끼기도 했다. 그 외에 추천서와 같이 필요한 자료들은 일본인 친구들과 지인들이 도움을 주어서 해결할 수 있었다.

아무튼 일본에서 어느 정도의 학자금을 마련했고 미국의 음대로부터 합격증을 받게 되었다. 또한, 일본에 1년 동안 살면서 일본어도 자연스럽게 되었고 다양한 아르바이트를 경험하면서 일본인과 일본사회, 일본문화에 대한 이해도 깊어지게 되었다. 일본에서 보낸 1년은 나중에 미국에 가서도 엄청난 도움을 주는 보석과 같은 체험이었다.

미국에서 드디어 재즈와 만나다

미국에 도착한 나는 그해 6월에 음악대학에 입학하게 되었다. 드디어

8년이라는 세월의 기다림 끝에 원하는 것을 시작할 수 있는 출발점에 선 것이다. 그때 내 나이 29살이었다. 난 이름을 새로 지었다. 부모와 세상의 강요로 얼룩졌던 과거의 나와 결별하고 다시 태어난다는 의미에서였다. 내 이름은 준(JUN)이 되었다. 내 성이 전이기도 하지만, 그 표기를 'Jeon' 이 아닌 'Jun' 으로 바꾼 이유는 무엇보다 그토록 원하던 음악의 길로 접 어든 것이 6월(June)이었기 때문이다.

이후 약 1년 반 동안은 정말 꿈같은 시간을 보냈다. 음악에만 미쳐서 피 아노 연습실에서 살다시피 했다. 뒤늦게 배운 피아노를 열심히 쳐가며 재 즈 공부하는 것이 최대의 기쁨이었다. 연습실은 오전 8시에 열었는데, 나는 오전 7시쯤 미리 가서 기다리고 있다가 카운터에서 근무하는 직원이 출근 하자마자 연습실 키를 빌려서 항상 첫 번째로 연습실을 오픈했다.

피아노 앞에서 하루 평균 12시간을 앉아 있는 나날이 지속되었다. 손가 락 끝이 찢어지기가 다반사였다. 심지어 어떤 날은 열 개의 손가락 끝이 다 찢겨지기도 했다. 반창고 박스가 항상 책상 서랍 속에 있었고 늘 반창고를 손가락 끝에 붙이고 다녔다. 오랜 시간 동안 그 순간을 기다려온 만큼 피아 노 앞에 있는 기쁨은 말할 수 없이 컸지만 그 못지않게 스트레스도 많았다.

막상 재즈피아노를 배워 보니 재즈의 길은 험난하고 멀기만 했고, 나는 공대를 나와 제대로 음악을 배워본 적도 없는 29살의 늙은 학생에 불과했다. 너무나 한심한 내 실력에 연일 좌절감을 느꼈다. 어렸을 때부터 음악을 접해서 20대 초반의 나이에 이미 능수능란하게 재즈를 연주하는 친구들이 수두룩했고, 더군다나 이 학교는 전 세계로부터 재즈를 공부하겠다고 온 뮤지션들로 득실대는 곳이 아닌가. 학생들 중에는 이미 자기 나라에서 프로 뮤지션으로 몇 년씩 활동하다가 온 친구들도 많았다.

특히 일본인 친구들의 활약이 두드러졌는데, 학교에 입학한 지 얼마 안 되었을 때 연주하기가 만만치 않은 브레크 브라더스(Brecker Brothers)의 펑크재즈곡을 20대 초반인 그들이 세련되게 연주하는 공연을 봤다. 그야말로 충격이었다. 한국에서 TV나 공연장에서도 보기 힘든 연주실력을 그들에게서 보았던 것이다. 솔직히 당시 한국에서 유명하던 재즈 연주자들보다 몇 배는 잘하는 것처럼 느껴졌다.

29살의 늙은 학생은 그 후 학교에서 전 세계로부터 온 학생들의 수준급 공연을 볼 때마다 연습실에 틀어박혀 스케일 연습이나 하고 있는 자신이 한없이 초라해지는 것을 감내해야 했다.

𝄢 일본식당에서
재즈 스타일의 영감을 얻다

위기가 오다

좌절감과 기대감을 넘나드는 나날을 보내던 중 1년 반 만에 학비가 다 떨어져서 나는 다시 학교를 못 다닐 처지가 되었다. 불행 중 다행으로 한국 대학에서의 교양학점이 인정되고, 이 학교에 입학 후 부지런히 학점을 따 놓은 것이 있어서 운 좋게 다음 학기부터는 파트타임으로 수업을 들을 수 있게 되었다. 그것이 안 되었다면 학업을 포기해야 할 상황이었다. 이제 나는 앞으로 어떻게 할지 다시 새로운 전략을 짜야 했다.

일단 1년이 3학기이므로, 1년을 단위로 1학기는 우선 휴학계를 낸 후 풀타임으로 아르바이트를 하여 다음 2학기 분량의 학비를 마련해야 한다는 계산이 섰다. 그리고 나머지 2학기는 생활비를 버는 정도만 아르바이트를 하고 공부에 매진하는 것으로 계획을 잡았다. 이를 위해서는 돈을 많이 벌수 있고 가능하다면 안정적으로 계속 일할 수 있는 일자리가 필요했다. 나는 아르바이트를 구하기 위해 혈안이 되었다. 델리가게(음식 편의점), 전화카드 판매, 한국식당, 차이나타운의 중국식당 등 여러 일자리를 짧게는 1달이 안 되게 길게는 3달 동안 일했다. 하지만 시간당 페이 수준이 열악했고, 내가 학비를 마련할 수 있을 만큼의 시간마저 넉넉히 배정해주지 않았다. 복학을 해야 할 날짜는 다가오고, 돈은 준비가 안 되어 또 그렇게 가슴이 새까맣게 타들어가는 나날을 보내고 있었다.

그런데 어느 날 나와 절친한 사이었던 재즈 베이시스트인 가즈오가 나에게 연락해왔다. 가즈오는 나보다 한 살 위로 그 역시 잘 다니던 직장생활을 그만두고 재즈를 공부하러 미국으로 유학을 왔던 터였다. 그 친구도 원래는 컴퓨터 프로그래머였는데 뒤늦게 재즈에 빠져 회사 퇴근 후에 음악학원에 다니면서 준비하다가 결국 미국까지 날아오게 된 것이다. 나와 상황이 비슷해서 동병상련이랄까, 금세 친해질 수 있었다. 그와는 자주 만나고 서로의 고민도 털어놓는 사이가 되었다. 그는 내가 일자리를 찾고 있다는 것을 알고 있었다.

"준, 혹시 일하지 않을래?"

114

"정말? 어딘데?"

"내가 일하는 일본식당인데 지금 일할 사람이 필요해."

난 말이 떨어지기가 무섭게 "OK!"라고 외쳤다. 바로 면접날을 잡았고, 결국 그 일본식당에서 일할 수 있게 되었다. 내가 학비를 마련할 수 있을 만큼의 시간 동안 일할 수도 있었다. 이 식당은 내게 구세주였다.

ITTYO(잇쵸)가 내게 준 선물

ITTYO(잇쵸)는 내가 일했던 일본식당의 이름이다. '일조(一兆)'란 뜻으로 일본식 발음이 '잇쵸'다. 이 식당에 들어갈 당시는 학비와 생활비를 마련하려는 것이 주목적이었다. 그러나 시간이 지나면서 이 장소는 단지 학비를 버는 차원이 아닌 나에게 커다란 깨달음과 지혜를 안겨준 보물창고의 역할을 톡톡히 했다.

잇쵸는 학교 주변에 있었던 재패니즈 타운가에 위치하고 있었다. 밖은 미국이지만 일단 그 안에만 들어가면 영어가 아닌 일본어가 통용되고 일본문화를 접할 수 있는 하나의 작은 일본사회나 마찬가지였다. 그 안에는 일본식 생선가게, 비디오대여점, 옷가게, 화장품가게 등이 있었고 여러 일본식당이 모여 하나의 식당가를 연출하고 있었다. 잇쵸는 그 식당가의 제일 안쪽에 위치하고 있었다.

내가 일본에 있을 때는 도쿄에만 있어서 다양한 지방출신 사람들을 만날 기회가 없었지만, 잇쵸에는 일본 전 지방에서 온 유학생들이 많았던 관계로 전 지방 일본친구들을 한자리에서 모두 만날 수 있었다. 도쿄, 오사카, 교토, 나고야, 히로시마, 고베, 후쿠오카, 홋카이도 등 각 지방특색과 사투리를 배우는 등 그들의 지방문화를 하나씩 알아가는 것도 잇쵸에서 일하는 또 하나의 재미였다.

재즈 스타일의 영감을 얻다

내가 '잇쵸'라는 일본식당을 이야기하는 이유는 사실 재즈 스타일의 영감을 받은 것이 이 식당에서였기 때문이다. 잇쵸에서 일하는 학생들 중에는 우리 음대에 재학 중인 학생이 제일 많았다. 왜냐하면 잇쵸가 학교에서 지하철로 20분 정도의 거리였고 무엇보다 기존에 일하고 있던 멤버의 소개로 해서 일손을 찾는 경우가 많았기 때문이다. 재즈연주 전공자가 많았던 잇쵸이다 보니, 그들이 소개하는 새 멤버는 같은 재즈연주 전공자인 경우가 많았다. 잇쵸에는 낡은 오디오가 하나 있었는데 재즈 전공자가 많다 보니 일할 때 재즈음악을 주로 틀었다. 손님들도 우동이나 테리야끼를 먹으면서 듣는 재즈음악을 신선하게 생각했다.

특히 그날 일하는 멤버가 대부분 우리 학교 학생인 경우에는 자신이 좋아하는 재즈 아티스트의 CD를 가지고 와서 틀어놓고 일을 하곤 했다. 자연히 일하는 중간에 재즈나 아티스트 이야기를 하다 보면 함께 일하는 것이 마치 재즈연주를 같이 하고 있는 것처럼 느껴지기도 했다.

잇쵸에서는 나를 이곳에 소개해주었던 가즈오 외에도 에이지, 유타카, 가즈후미 등 같은 음대를 다니던 친한 친구들이 있었다. 학교에서 만나면 난 피아노, 가즈오는 베이스, 에이지는 기타, 유타카는 드럼, 이렇게 함께 재즈연주를 했다. 하지만 이 4명의 멤버가 우연히 같이 잇쵸에서 일하게 되는 날은 악기 대신에 칼, 국자, 프라이팬 등 주방기구가 손에 쥐어졌다. 더욱이 한창 손님이 밀어닥칠 때는 재즈연주에 몰입이라도 된 듯 우리 4명은 열심히 악기처럼 주방기구를 연주했다. 우리가 만든 요리를 먹고 맛있어하는 손님의 모습을 보면 마치 우리 음악을 듣고 감동받는 것처럼 느껴지기도 했다. 음악을 만들어가는 과정이나 요리를 만들어가는 과정이나 별 다를 바가 없었다.

그리고 각종 일본요리의 조리방법, 잇쵸 내부의 작업시스템, 멤버 간의 원활한 소통과 협업 등에 눈을 뜨게 되면서 재즈밴드처럼 일을 하는 재즈경영 시스템에 대한 영감과 아이디어가 생겨났다. 내가 잇쵸에서 얻은 것을 다음과 같다.

리더가 따로 없는 조직, 전 직원이 CEO

재미있는 것은 잇쵸의 정직원이 주인 1명밖에 없었다는 사실이다. 소위
이야기해서 1인 기업가 시스템이었다. 그 외에 일하는 멤버는 전원이 파트
타임제(Part-time), 즉 아르바이트였다. 그러나 업무의 철저한 매뉴얼화와
효율적인 업무시스템으로 인하여 주인이 없어도 일이 순조롭게 잘 돌아갔
다. 실제로 주인은 일주일에 이틀 그것도 오전에만 있었다. 특별한 사항이
없는 한 일하는 멤버들 안에서 모든 일을 처리해나갔다. 전 멤버가 CEO의
관점이 되어 일하고 함께 의논하고 문제점을 해결해나갔다.

업무의 세분화 & 모듈화

업무가 잘게 쪼개져서 마치 레고처럼 하나의 기능별로 잘 나뉘어져 있었
다. 잇쵸의 전체 업무가 아주 작은 업무의 모듈들의 결합으로 이루어지게
만들어 놓은 것이었다. 각종 상황에 따라 유기적으로 업무가 조립됨으로써
재즈경영에 대한 아이디어를 제공했다.

잘게 세분화(Segmentation)된 업무의 모듈들은 시간적, 공간적 에너지 낭
비를 최소화하고 효율적이면서 매우 스피디하게 일을 수행할 수 있게 했다.
또 이 세분화와 모듈화를 내 삶의 다양한 영역으로 확대함으로써 스스로에
게 많은 부분을 업그레이드할 수 있었고 큰 깨달음을 얻을 수 있었다.

전 직원이 멀티플레이어

잇쵸의 업무는 크게 세 가지로 나뉘어져 있었다.

1. 준비반 : 각종 야채, 고기 등 식재료를 씻고 다듬고 정리하는 역할이
   다. 조립에 앞서 필요한 부속품을 만들 듯이 각 식재료를 잘게 썰고
   다듬어 정리해 놓는 것이 주업무이다.

2. 조립반 : 종류별로 잘 나뉘어져 정리되어 있는 각종 식재료들을 주문
   요리에 맞게 조립하여 기본적인 요리의 틀을 만드는 단계이다.

3. 최종 완성반 : 기본적으로 틀이 갖추어진 요리에 소스를 넣고 요리에
   따른 마지막 재료를 얹어서 최종적으로 요리를 완성하는 단계이다.

처음 들어온 신입멤버는 준비반으로부터 시작하여 약 6개월이 지나면 조
립반으로, 그리고 다시 6개월 정도가 지나면 최종 완성반으로 가게 된다. 그
리고 다시 3~6개월이면 최종 요리사로서의 역량을 구비하게 된다. 따라서
1년 반 이상 장기적으로 일한 멤버들은 잇쵸의 일을 대부분 소화할 수 있게
되어 멀티플레이어가 된다. 그런 멤버들끼리 함께 일할 때는 서로의 역할을
다 꿰뚫고 있으므로 일의 속도도 빨랐고 업무의 효율성이 매우 높았다.

메모를 활용한 원활한 커뮤니케이션

잇쵸에서는 게시판에 수시로 각자가 전달하고 싶은 사항이나 일하면서

새롭게 발견한 노하우, 일하면서 주의해야 할 사항 등을 메모로 남겼다. 그리고 게시판 외에도 냉장고, 선반, 각종 박스, 식재료 등에도 전달하고자 하는 메세지, 정보, 지식 등을 메모로 적어 붙였다. 이 작은 습관은 다시 되묻거나 정보의 부정확한 전달로 인한 낭비를 없애서 아주 원활한 커뮤니케이션을 가능하게 해주었다.

돌발상황에 대한 즉각적인 대응력과 유기적인 협업

서로 간의 업무와 정보, 지식을 완벽하게 공유하고 있고 상대방의 업무도 다 파악하다 보니 각종 돌발상황에 대해서도 즉각적으로 대응할 수 있었다. 또한 일 자체도 모듈화 되어 있어 매우 융통성 있고 유기적이면서도 체계적인 업무가 가능했다.

낭비 제거와 정리정돈

잇쿄의 모든 업무시스템과 내부구조는 철저하게 낭비 제거의 관점에서 디자인되어 있었고 항상 깔끔하게 정리정돈되어 있었다. 이 상태는 무엇을 찾거나 기다리거나 다시 하거나 하는 쓸데없는 동작과 시간의 낭비를 없앴다. 고객이 와서 주문을 하고 요리를 만들고 서비스하는 그 모든 과정이 순조롭게 진행되었다.

현장에서 지식이 창조되는 공간

잇쵸는 미국 속에 위치한 재패니스 타운가에 있는 일본식당이었고 그 식당에서 일하는 나는 한국인이었다. 따라서 그 현장은 나로 하여금 실로 여러 개의 문화권을 동시에 경험하게 하는 독특한 기회를 제공했다. 나는 잇쵸에서 일하면서 미국적인 가치관, 일본적인 가치관, 그리고 한국적인 가치관이 거의 매일 충돌하는 것을 체험했다. 무엇보다 그곳은 미국 땅이었기에 제3자의 관점에서 한국과 일본의 차이, 장단점을 아주 객관적이고 냉정하게 관찰할 수 있는 기회를 가졌다.

그러던 어느 날, 잇쵸란 식당에 대한 내 인식이 확장되었다. 그리고 그것을 시간, 공간, 인간이라는 요소로 나누고 배치하는 것으로 새롭게 인식하게 되었다. 순간 머리가 뻥 뚫리는 느낌이 들었다. 이것을 깨달음이라고 하는 걸까? 그 이후 나는 미국, 일본, 그리고 한국이라는 각기 다른 가치관에서 시간, 공간, 인간의 역할과 그 의미에 대해서 차이점을 발견하려는 노력을 하게 되었다. 또한 그것을 극복해나가려는 과정을 통해서 자연스럽게 새로운 통찰력과 지식을 얻게 되었다.

잇쵸에서의 경험은 훗날 내 인생에 있어서 많은 영감과 인식전환의 기회를 주었다. 지금도 나는 이 작은 일본식당과의 만남이야말로 정말 예측하지 못했던 행운 중의 하나라고 생각하고 있다. 잇쵸에서 일하면서 얻은 깨달음, 함께 재즈연주를 하고 같이 일을 하는 멤버들과의 교류, 그리고 재즈에 대한 지식과 정보 등이 함께 어우러지면서 어느 날 미국 땅, 재패니즈 타운, 고객, 요리사, 재료, 주방도구 등 이 모든 것을 하나의 재즈 라이브무대로 인식하게 된 것이다. 그리고 모든 현상과 상황을 재즈적으로 볼 수 있는 시야가 움트기 시작했다. 재즈 스타일에 관해 최초의 영감을 받는 순간이었다. 나중에 이 영감은 내가 한국에 돌아와서 만나게 된 발달된 인터넷 인프라, 웹 2.0 & 3.0 시대 그리고 글로벌화란 시대적 요구와 만나면서 재즈경영이란 테마로 좀 더 구체적으로 발전하게 되었다.

이제, 재즈와 웹 2.0 & 3.0과의 연관성에 대해서 좀 더 살펴보자.

♪: 웹 2.0과 웹 3.0 사이에는 재즈가 있다

아직 웹 2.0이란 단어에 익숙하지 않은 사람이 많음에도 불구하고 이미 세계는 웹 2.0을 중심엔진으로 해서 미래를 향해 하이웨이를 쌩쌩 잘만 달려가고 있다. 산업화시대의 유물인 구식엔진을 탄 기성세대들이 아무리 빵빵거려도 웹 2.0 세단의 차를 탄 드라이버들은 눈 하나 깜짝하지 않고 연일 그들을 제치며 무서운 질주를 하고 있다.

웹 2.0은 이 시대의 흐름을 도도하게 주도해나가는 강력한 키워드다. 웹 3.0이라는 새로운 엔진을 달고 갓 출시를 한 신형차도 저 뒤에서 매서운 속도로 따라오고 있다. 곧 웹 2.0의 세단도 따라잡을 기세다.

지금 시대는 전 세계적으로 이메일, 메신저, 웹사이트, 블로그, 트위터 등을 통해서 커뮤니케이션이 실시간으로 이루어지며 정보를 주고받을 수 있다. 마치 지구를 무대로 전 세계인이 한바탕 재즈협연을 하고 있는 것과 같다.

재즈의 즉흥연주와 같이 인터넷을 통해 실시간으로 퍼지는 정보, 지식은 뉴비즈니스의 등장, 신제품, 새로운 트렌드의 확산에 큰 기여를 했다. 현재의 웹 2.0과 곧 도래할 웹 3.0 그리고 유비쿼터스 시대가 온다면 마치 전 세계인이 잼 세션(Jam Session, 여러 명이 함께 자유롭게 즉흥연주를 하는 것)과 같은 교류와 협업을 통해 변화의 속도는 예측할 수 없을 정도로 빨라질 것이다.

웹 2.0은 집단지성이다. 웹 2.0은 소유자나 독점자가 따로 없이 공유, 참여, 개방의 정신으로 이루어지는 인터넷환경을 말한다. 지금은 쌍방향 수평관계 속에서 혼자가 아닌 모두의 참여와 협업방식으로 진행해야 성공하는 시대다. 이미 숱한 글로벌 기업들이 웹 2.0 방식으로 급성장했고 바로 이 순간도 웹 2.0을 바탕으로 한 혁신이 진행되고 있다. 여기서 재미있는 것은 웹 2.0의 특징은 재즈와 아주 흡사하다는 점이다. 재즈 또한 집단지성의 음악이다. 재즈음악도 따로 리더가 주도하는 음악이 아니라 참가자 모두가 서로 리더겸 구성원이 되어 함께 만들어가는 음악이다.

웹 2.0에서는 집단지성을 활용해서 참가자로부터의 새로운 아이디어를 끌어내어 창조적 혁신을 해낸다. 웹 2.0 방식으로 성공한 기업의 예는 위키피디아, 구글, 아마존, 이베이 등 수없이 들 수 있다. 블로거, 프로슈머를 활용해서 소비자 집단으로부터 상품의 아이디어를 얻어 실제 히트상품을 만드는 경우도 비일비재하다. 마치 재즈밴드가 멤버들로부터 무수히 많은 멜로디의 아이디어들을 이끌어내고 질문과 대답의 연주를 서로 주고받으면서 총체적인 음악을 만들어나가는 것과 같다.

블로그는 하나의 악기에 해당된다. 블로그라는 악기로 포스팅이라는 멜로디를 연주한다. 세상에 나의 멜로디를 많이 뿌려놓아야 한다. 그 멜로디는 내가 작성한 포스팅, 사진, UCC,이메일 등이 될 수 있고 그 외에 내가 만들어낸 위젯과 같은 오픈소스가 될 수 있다. 구글에서 만든 Google Maps와 같은 오픈소스를 내 블로그에 끌어오거나 일기예보 서비스와 조합을 할 수도 있다. 그것을 매시 업(mash up)이라고 한다. 마치 다양한 악기의 멜로디가 만나 하나의 재즈음악이 태어나듯이 이렇게 많은 웹서비스를 합쳐서 하나의 새로운 웹서비스로 만들어낼 수 있고 내 업무와도 접목을 해서 효율성을 높이거나 새로운 사업모델도 만들어낼 수 있다.

웹 3.0 시대에는 그 범위가 더욱 넓혀질 전망이다. 유비쿼터스 시대가 열리게 되면서 등장하는 새로운 라이프스타일과 비즈니스는 놀라울 정도이다. 사람과 사물의 경계가 허물어지고 웹서버, PC, 모바일 등 각종 매체의 경계까지 사라지고 있는 것이다. 그야말로 나와 전 세계가 사람, 사물을 막론하고 총체적인 재즈연주를 할 수 있는 재즈생태계가 열리고 있다.

재즈도 경계를 허물어뜨리는 음악이다. 흑인과 백인, 지배자와 피지배자, 각종 음악적 장르의 차이, 민속음악 간의 차이 등 적대적이거나 이질적이었던 관계도 재즈란 플랫폼 안에서는 그 벽이 사라진다. 오히려 그 경계선에서 서로 영향을 주고받으며 새롭게 진화된다.

재즈의 황제 마일즈 데이비스는 흑인이면서 당시 줄리어드 음악원에서 클래식을 공부했다. 그리고 밤에는 재즈클럽에서 재즈를 연주했는데, 그로 인하여 쿨재즈, 퓨전재즈 등 새로운 재즈의 장르가 탄생했고 그것은 고스란히 재즈의 역사가 되었다. 그의 창조력의 원동력은 클래식과 재즈의 경계, 록과 재즈의 경계, 흑인과 백인의 경계 등 경계선을 허무는 것이었다.

웹 3.0 시대는 '시맨틱 웹(Semantic Web)'의 시대이다. 기존의 웹페이지는 사람만 이해할 수 있었지만 앞으로는 확장된 인터넷 언어인 XML 기술로 데이터와 기계도 읽을 수 있게 된다는 것이다. 웹 2.0의 화두였던 '집단지성'의 주체가 사람만이 아닌 '스마트한 웹'과 '인공지능 컴퓨터'로 대체할 수 있다는 말이다. 시맨틱 웹 환경이 더욱 발전하면 사람과 사물뿐만 아니라 사물과 사물 간에도 대화가 가능한 '유비쿼터스 시대'로의 진화 가능성도 있다. 유비쿼터스 시대는 사물과 장소가 센서와 무선 네트워크로 연결되어 비즈니스와 개인의 의사결정을 도와주는 'Real-World Web' 시대

126

가 된다. 즉, 모든 서비스의 중심이 개인이 되는 시대를 의미한다.

개인화 서비스의 절정은 스마트폰이 등장하면서 속도를 내기 시작했다. 스마트폰은 더 이상 전화기가 아니다. 유비쿼터스 시대에 하나의 단말기, 리모컨의 역할을 하게 되는 것이다. 스마트폰은 내가 세상과 연주하는 하나의 악기가 된다. 그러면 나라는 조각과 세상이 항상 협연이 일어나게 되는 것이다. 전에는 컴퓨터 앞에서만 인터넷을 통해 세상과 접할 수 있었다. 그러나 아이폰, 안드로이드와 같은 스마트폰의 등장으로 인터넷과 가까이 할 수 있는 시간이 늘어나게 되었다. 이동시간에도 나의 시간과 공간은 잘게 쪼개져서 스마트폰을 통해 세상과 재즈연주를 할 수 있다.

웹 3.0은 개인화가 주요 핵심이다. 물론, 아직 한국에서는 성공적인 웹 2.0 비즈니스모델이 별로 없다는 점에서 웹 3.0에 대해서 논의한다는 것이 섣부른 감도 있지만, 세계는 어느새 웹 3.0을 향하여 성큼 다가가서 미래를 준비하고 있다. 한국은 인터넷 인프라, 하드웨어적인 면에서는 세계 어느 나라에도 뒤지지 않으나 소프트웨어적인 관점, 즉 혁신적 사고, 상상력, 창의력 등의 부족에서 오는 전 사회적인 경직성이 발목을 잡고 있다. 재즈가 가지고 있는 특성을 잘 이해하고 재즈의 유연성, 즉흥성, 융합과 창조성을 우리 사회와 젊은이들에게 잘 도입한다면 웹 3.0 시대로 가는 길이 순조로울 것이다.

2장

Jazz Management

재즈 스타일에는
무엇이 필요한가

재즈 스타일을 구현하기 위해서 구체적으로 무엇이 필요할까? 이 장에서는 개인의 관점뿐만 아니라 한 조직, 또는 기업의 관점에서 바람직한 재즈 스타일식 접근방법에 대해서 다룬다. 재즈 스타일의 적용범위가 개인의 울타리에서 조직으로 확대될 경우, 경영의 관점이 더욱 중요시된다. 여기서는 그것을 '재즈경영(Jazz Management)'이라고 하자.

그러면 재즈 스타일식 경영에 필요한 핵심적인 요소는 무엇이 있으며 이 요소들이 하나의 조직, 기업의 관점에서 구체적으로 어떻게 구현될 수 있는지 사례를 들어가며 살펴보기로 한다.

𝄢 정체성을 파악하라!
나는 누구이며 무엇을 하고 싶은가

재즈 스타일은 나로부터 시작된다. 내가 세상의 중심이고 전 세계는 나를 중심으로 돌아간다는 인식에서 출발한다. 재즈연주를 할 때 제일 중요한 것은 내 느낌, 내 멜로디, 즉 나를 표현하는 것이다. 내가 주체가 되지 못한다면 재즈는 아무 의미를 가지지 못한다.

유엔미래포럼의 역사를 통한 미래예측을 보면 권력과 부의 척도가 농경시대에는 종교와 토지에, 산업시대에는 국가와 자본에, 정보화시대에는 기업과 접속에 있다고 한다. 그리고 앞으로 후기정보화시대라고 일컬어지는 의식기술시대에는 권력과 부의 척도가 개인과 존재(being)에 있다는 것이다.

앞으로는 개인이든 조직구성원이든 하나하나가 스스로의 아이덴티티

(정체성)에 대한 명쾌한 정의가 필요하다. 그래야만 일에 대한 진정한 몰입이 가능하고 불확실한 시대에 나를 잃어버리지 않는다. 획일적이고 다수의 개성과 자아가 함몰되어가는 조직체제는 앞으로 경쟁력을 발휘할 수 없다. 지식경영시대는 개인이 빛나는 시대이다. 예전에는 조직이 개인을 이용했지만 지금은 개인이 조직을 이용하는 시대가 되었다. 개인의 능력을 어떻게 발휘할 것인가?

마찬가지로 앞으로 웹 2.0 다음 주자로서 시맨틱 웹으로 설명되는 웹 3.0 시대에서 개인화가 제일 큰 화두이다. 모든 서비스가 나 개인을 위해 존재하고 나를 중심으로 제공이 된다는 상황에서 표현할 내가 없다는 것, 다른 이와 연결할 나의 정체성이 뚜렷이 정리되어 있지 않다는 것은 당혹스러운 일이다.

세상은 이렇게 변하고 있지만, 우리 주변에는 아직 웹 2.0조차 충분히 삶 속에 공유되지 못한 형태로 남아 있는 경우가 많다. 특히, 기업들은 웹 1.0의 인식차원에서 머물러 있는 경우가 대다수다. 그리고 회사에는 방관자가 너무나도 많다. 월급만 타면 된다는 식이다. 회사일이 신바람 나는 일이 되고 세계 최고의 것을 만들어내기 위해서는 필시 그 일은 자신이 좋아하는 일이어야 한다. 설령 좋아하지 않더라도 주체적으로 해석을 하고 내 존재 이유와 결합이 되어야 한다.

그래서 일을 하는 데 있어서 주체적 참여의식은 매우 중요하다. 왜냐하면 이 시대에는 일하는 직원 한 사람 한 사람의 지식창조력이 경쟁력의 핵심역할을 하기 때문이다. 그런 개인이 모여 한 조직의 경쟁력을 좌지우지하기에, 주체적으로 일에 임하지 못하고 방관자로서 있다는 것은 기업으로나 개인으로나 커다란 손실이다.

그 해결을 위한 근원적인 질문은 '내가 누구인가, 나는 무엇을 하고 싶은가' 이다. 개인과 기업은 이에 대한 명쾌한 나름대로의 답변을 가질 필요가 있다. 그것을 모르면 결코 자발적이고 주체적인 일의 참여가 이루어질 수 없다. 자신의 꿈과 결합이 되지 않은 일에서는 그저 자신에게 할당된 분량의 일만 열심히 할 뿐이다. 여기서는 결코 지식창조가 일어날 수 없고 혁신이 일어날 수 없다. 그래서 우선 기업의 관점에서는 '비전이 무엇인지, 목표와 사명이 무엇인지', 그리고 개인의 관점에서는 '자신의 꿈은 무엇인지, 무엇을 하고 싶은지' 와 같은 자신의 정체성을 먼저 선명하게 정의하는 것이 필요하다.

개인과 기업이 서로 원하는 바와 정체성이 뚜렷하면 그때서야 비로소 개체와 전체, 개인과 조직의 균형을 맞출 수 있다. 불확실한 시대에 가장 확실한 것은 자기 자신뿐이다. 자신의 정체성을 뚜렷이 하라.

𝄢 쪼개라 그리고 뿌려라
모듈화 & 오픈소스화

재즈연주는 수많은 멜로디와 리듬 조각의 결합이다. 재즈연주를 할 때 즉흥적으로 멜로디가 나오고, 할 때마다 계속 다른 패턴의 멜로디가 나올 수 있는 이유는 모듈화 되어 있는 음악사전이 체내에 저장되어 있기 때문이다. 잘게 쪼개어진 멜로디의 조각들을 잘 분류해서 정리해놓고 그것을 반복 연습하여 몸 자체가 습득한 결과다. 따라서 이것이 순간순간 상황에 따라 다양하게 재조립되고 구성되어 매번 다른 멜로디의 연주를 할 수 있는 것이다.

모듈화와 오픈소스는 재즈경영에서 매우 중요한 키워드다. 모듈(Module)이란 원래 그리스, 로마의 건축에서 각 부분의 길이의 단위와 그

비율이 이상적일 때를 가리키는 모듈러스(Modulus)가 어원이다. 그러나 근대에 들어와서는 건축재료나 부품의 표준화를 위해 자주 사용하는 재료나 부품의 표준치수를 모아 놓은 것을 모듈이라고 불렀다. 그 이후 산업과 사회 전반적인 분야에서 사용되었다. 부품을 표준 규격화하는 것을 모듈화(Modulization)한다고 하고, 모듈화 된 부품을 모듈이라고 한다.

지금은 그 의미와 적용범위가 확장되어 모듈화란 각각의 독립적인 부분들이 스스로 기능도 명확히 가지고 있으면서 다른 부분과 만나 수많은 용도를 창출해내는 것을 의미한다. 모듈화가 되어 있지 않으면 다른 부분과 만나기 어렵다. 정확한 역할성을 모르기 때문이다. 현대사회는 갈수록 세분화와 모듈화가 진행되고 있다. 모듈화의 장점은 다음과 같다.

① 하나의 모듈이 여러 가지 제품에 사용될 수 있다.

② 모듈의 옵션을 변경하여 여러 가지 제품 모델을 만들 수 있다.

③ 모듈 간의 조립으로 하나의 완성품을 빠른 속도로 만들 수 있다.

④ 문제 모듈만 교체하면 되므로 차후 유지보수비가 그다지 들지 않는다.

⑤ 중간에 업무수행자가 바뀌어도 후속작업을 쉽게 이어갈 수 있다.

⑥ 업무의 모듈화를 통해 중복되는 노력이나 충돌하는 업무를 극소화할 수 있다.

따라서 현대사회에서 모듈화라는 것은 일종의 커뮤니케이션이다. 모듈화가 잘 되어 있다는 말은 그만큼 교류와 결합을 하기가 좋은 상태에 있다는 말이기 때문이다. 여기에 더욱 불을 붙이게 한 개념이 오픈소스의 등장이다.

그 시작은 핀란드 헬싱키 대학에 재학 중이었던 리누스 토발즈라는 대학생의 호기심 때문이었다. 그는 중대형 컴퓨터에서 쓰이던 유료 운영체제 '유닉스'를 PC에서도 쓸 수 있는 운영체제에 관심을 가졌다. 그 후 2년간에 걸쳐 그 운영체제를 개발해서 자기이름 리누스(Linus)에 유닉스(Unix)를 결합해서 '리눅스'라고 이름 붙인 후, 인터넷을 통해 무료로 공개했다. 자기 용도에 맞게 누구나 개조할 수 있도록 허락했는데 이것이 세상에 엄청난 변화를 가져온 '오픈소스'의 등장이었다.

오픈소스란 소스코드를 무료로 공개하여 누구나 자기 목적에 맞게 가져다 개조할 수 있게 한 것을 말한다. 오픈소스식 사고방식은 IT업계 영역만이 아닌 전 사회에도 영향을 끼치고 있다. 이는 집단지성, 개방, 공유를 지향하는 웹 2.0의 정신과도 맞닿아 있다. 리누스 토발즈(Linus Torvalds)와 위키피디아의 창업주 지미 웨일즈는 말한다.

"미래에는 모든 것이 오픈소스가 될 것이다."

그러면 모듈화와 오픈소스를 잘 활용하여 성공한 모델을 살펴보자.

쪼개라 – 모듈화

세상은 이미 계속 잘게 분해되고 세분화되어 가고 있다. 가족이 핵가족을 지나 싱글족으로 급속도로 쪼개어지고 사회, 문화, 경제, 사업, 학문 등도 더욱 디테일하게 나뉘어지고 있다. 그러면 이 잘게 쪼개어진 조각들끼리 새로운 각도로 만나기 쉬우며 융합과 결합을 통해 기존에 없던 창조가 일어나게 된다. 이것은 재즈경영을 대표하는 특성 중 하나다. 나의 조각들이 세상과 자유스럽게 결합할 수 있도록 하는 것이 중요하다. 그 자체가 큰 기회가 될 수 있고 신개념의 비즈니스가 탄생할 수도 있다. 그래서 우선 내 자신도 분해해야 하고 세상도 분해해서 나뉜 조각으로 볼 줄 알아야 한다.

때로는 쪼개는 것 자체가 상품이 될 수도 있다. 세상의 용도에 맞게 잘 쪼개져 포장되어 있다면 누가 되었건 반드시 원하는 사람이 나타나기 마련이다. 그 예로 일본에서는 수산물 전문편의점이라는 것이 있다. 일본도 싱글족이 많아짐에 따라서 먹을거리를 쇼핑할 때 그다지 많은 양이 필요 없다. 바로 소량으로 간단히 해먹을 수 있는 1인 분량에 대한 수요가 급증했다. 이에 생선 한 마리를 다 사지 않고 한 토막만으로 구매할 수 있는 전문점이 생겨난 것이다. 당연히 소분화 판매로 소비자 편의가 좋아지고 신선도 유지에도 아주 효과적이다. 한국에서도 이를 벤치마킹한 수산물전문점이 오픈을 앞두고 있다. 과일, 두부, 야채 등에서도 충분히 반영하여 써먹을 수 있는 아이디어다.

지금은 일반화된 심야영화관도 개그맨 전유성이 제안한 아이디어로 시작되었는데, 그때까지 인식되지 않았던 심야시간을 쪼개어 활성화시킴으로써 기존에 없었던 새로운 시장이 열린 것이다. 그리고 일본여행 전문회사로 잘 알려진 여행박사도 주말에 항공편마다 남는 좌석 혹은 예약이 취소된 좌석, 예약 및 구매까지 했지만 탑승을 못하는 좌석 등 비어있던 시간대와 좌석공간을 모듈화 해서 유명한 도깨비관광이라는 대박상품을 만들어냈다.

이렇게 특별한 서비스의 제공 없이 시간과 공간만이라도 잘 분해해서 하나의 완결된 모듈형태로만 만들어 놓고 세상과 적절하게 접목시키면 그 자체로 높은 가치를 지니게 된다.

뿌려라 - 오픈소스화

쪼개서 결합하기 쉬운 모듈형태로 만들었으면 다음 단계는 뿌리는 것이다. 내가 만든 멜로디 조각들이 전 세계로 뿌려져 함께 협연할 멜로디를 찾는 것이다. 우리는 인터넷이란 아주 훌륭한 도구를 가지고 있다. 이렇게 온라인상에 자신의 조각, 자기 기업의 조각들을 오픈소스화하여 최대한 뿌려두면 어디에선가 반응이 오기 시작한다. 세상 어딘가에 있는 수많은 조각들과 연결이 되고 융합이 일어나면서 예기치 못했던 창조가 발생하게 된다.

소프트웨어에서 이런 오픈소스의 개념이 탄생하게 만든 것은 앞서 언급한 바와 같이 리누스 토발즈란 헬싱키의 대학생이 개발한 리눅스라는 OS 프로젝트를 통해서이다. 그리고 그 토대 위에서 마음껏 활개를 치며 세계적으로 우뚝 선 기업이 있다. 바로 구글이다.

구글은 오픈소스를 어떻게 활용하면 좋은지에 대한 좋은 모델이다. 대표적인 것이 구글의 검색광고와 애드센스로, 기존의 광고 유형을 바꾸어버렸다. 애드센스는 구글이 전 세계를 향해서 뿌리는 그들의 멜로디 조각이다. 이 멜로디와 어울리는 수많은 블로그에 삽입이 됨으로써 자연스럽게 구글을 광고하게 되고 돈도 벌게 된다. 애드센스는 새로운 부의 분배 메커니즘을 제시한다. 광고주의 입장에서는 별도의 유통을 거치지 않고도 직접적으로 구글을 통해서 전 세계 구석구석에 자신을 알리는 광고를 할 수 있게 되는 것이다.

기존의 배너광고는 많은 방문자 수를 확보하고 있는 포털사이트에서만 가능했다. 그러나 구글의 검색광고는 그렇지 못한 중소기업, 개인들도 광고주로 참여할 수 있는 기회를 줌으로써 그냥 버리는 공간이었던 엄청난 양의 작은 공간들을 광고영역으로 활용했다. 한마디로 롱테일 법칙의 진수를 보여주는 전략이라고 볼 수 있다. 이런 소상인의 광고주 참여는 광고와 노출, 매출의 분산을 가져오면서 대기업의 영역을 계속 잠식해 들어가고 있다. 구글은 이 애드센스 광고로 수익의 대부분을 벌어들인다.

이렇게 자신을 잘게 쪼개고 기능별로 나누어 뿌리는 재즈경영 전략에는 애드센스 외에도 구글맵과 같은 OpenAPI가 있다. OpenAPI는 구글이 2005년 6월 공개한 지도 검색 서비스로 세계의 어떤 개발자도 구글의 API를 자유롭게 활용할 수 있도록 오픈했다. OpenAPI는 불특정 다수의 개발자들을 끌어들여 지도와 관련된 서비스를 다양하게 개발하게 할 수 있다. 이렇게 하면 애초에 서비스를 만든 기업은 상상조차 하지 못했던 다양한 용도의 지도들이 만들어져 더욱 널리 이용될 수 있다. 실제로 이 구글맵을 활용한 여행전문 검색엔진으로 인기가 높은 한국의 윙버스(www.wingbus.com)의 지도나 심지어 자신이 섹스를 했던 날짜와 장소를 전 세계에 공개하는 다소 엽기적인 사이트(www.Ijustmadelove.com)까지 만들어졌다. 이렇게 구글은 공개한 수많은 OpenAPI를 이용해 다른 기업이 줄기차게 만들어내는 혼합(mash-up) 서비스로 손 하나 까딱거리지 않고 인터넷상의 지배력을 넓히고 있다.

구글의 CEO인 에릭 슈미트는 규모는 작아도 그 수는 엄청나게 많은 시장이 그들이 타깃으로 하고 있는 목표라고 이야기하고 있다. 많은 중소기업이나 개인들이 돈을 벌 수 있는 인프라를 만들고 모래알같이 많은 시장을 끌어모아 수익을 창출하겠다는 것이다. 이렇게 쪼개서 뿌리는 것, 서로 상이한 조각들이 엮이고 결합되어가면서 진화된다. 그 속에 기회가 숨어 있는 것이다. 구글은 오픈소스라는 큰 흐름을 아주 지혜롭게 활용하였기에 세계를 장악하는 지금의 초일류 기업이 되었다고 해도 과언이 아니다.

♪: 전 직원이 주체적으로 참여하도록 CEO로 키워라

Solo Player & Big Band Player

재즈는 혼자서도 연주할 수 있고 콤보 형태(5~6인), 오케스트라 형태로도 얼마든지 연주할 수 있다. 재즈밴드의 구성원들은 한 사람 한 사람이 주인공임과 동시에 서포터이기도 하다. 혼자서 무대를 장악해서 관객과 직접 대화할 수도 있지만, 필요 시에는 다른 멤버와 함께 호흡을 맞추며 환상적인 앙상블을 만들어낼 수도 있다.

'제왕적 CEO의 시대는 끝났다.'

2007년 1월 다보스포럼에서 전 세계를 이끄는 2,500여 명의 파워엘리트가 참석한 가운데 '앞으로 시대에 기업과 최고경영자(CEO)의 역할' 에 대한 열띤 토론 끝에 내린 결론이다. 이 포럼에 참석한 미국 소프트웨어업체 선가드 데이터시스템의 크리스토벌 콘데 CEO는 다음과 같이 말했다.

"사장이 종업원이나 사회와 상관없이 마음대로 전략을 결정할 수 있는 시대는 지나갔다. 대신 CEO는 종업원의 사기를 북돋아주고 종업원과 고객, 공급업자 등으로부터 광범위하게 아이디어를 수집하는 능력을 갖춰야 한다."

현재 전 세계는 경제적인 위기 속에서 개인화라는 치열한 세포분열이 진행되며 이들을 묶기 위한 통합화의 과정이 함께 일어나고 있다. 성공을 위해선 1인으로서 강한 개인화를 성취함과 동시에 네트워킹으로 탄탄히 연결해야 한다. 리더가 모든 것을 결정하는 시스템에서는 빠른 속도로 급변하고 있는 기업환경을 도저히 따라잡을 수가 없다. 그래서 기업 내에서는 전 사원을 CEO화 시키는 것이 중요하다. 모든 직원을 리더, CEO로 키워서 자발적이고 주체적인 참여를 이끌어내야 한다.

그런데 아직도 다수의 기업들은 정보를 위에서 아래로 오직 한 방향으로 보내는 데 익숙한 관리구조를 갖고 있다. 일선의 사원들과 작업노동자들이 제품, 서비스, 고객과 가장 많이 접촉하는 데도 불구하고, 그들의 아이디어, 의견의 반영도는 매우 미비한 편이다. 사원들이 현장에서 발견한 자신의 아이디어를 행동으로 옮기기 위해 2~3단계의 관리자를 거쳐야 한다면 결코 열정적이며 헌신적으로 일하지 않을 것이다.

앞서 언급한 전 직원의 CEO화는 아메바 경영과 유사한 면이 있다. 아메바 경영이란 일본형 권한위양의 모델로서, 교세라라고 하는 회사의 실질적인 창업자인 이나모리 가즈오(현 명예회장)에 의해서 만들어진 소집단 부문별 채산제도이다. 기업 안에 조직을 나누어 공정별이나 지역, 담당상품별로 10명 전후의 사람들로 이익을 관리하는 경영방법이다. 이들 소규모 조직들은 어떤 이유이든 현재의 조직이 나쁘다고 판단되면 바로 분열이나 통합, 혹은 리더의 교체 등이 이루어진다. 그리고 이들은 회사의 목표에 사원 전원이 참가하는 경영을 실현한다. 이를 통해서 자연스럽게 인재가 육성이 되고 회사체질이 강화된다.

이것은 마치 하나의 거대한 오케스트라를 나누어 다수의 콤보 형태(4~6인)의 재즈밴드로 만든 후, 경쟁력 있는 사운드가 나올 수 있게 이합집산을 계속하면서 조직변경을 해나가는 것과 같다. 채산방법도 쉽게 만들어 누구나 쉽게 CEO적 관점을 경험할 수 있게 만들었다.

그리고 일의 진행상 피드백의 타이밍이 매우 빠르다는 점도 동일한 점이다. 즉, 보통의 회사라면 매일의 실적을 피드백하지 않고 월별로 숫자를 집계하여 수주일 후에 현장에 전하는 것이 상식으로 되어 있는데, 아메바 경영에서는 매일 실적을 집계하여 다음 날에는 바로 피드백할 수 있게 한다. 이런 신속한 진행은 현장 사람들이 성과를 바로 볼 수 있게 해서 현장의 지혜를 모으기 쉽다. 동시에 최고경영자로서도 회사 전체의 모습을 실시간으로 파악할 수 있기 때문에 신속한 의사결정이 가능하게 된다.

또한, 재즈연주를 하는 데 있어서도 상대방의 연주에 대한 나의 피드백은 거의 동시에 이루어진다. 바로 재즈의 가장 큰 특징인 즉흥성 때문이다. 변하는 순간순간 상황에 따라 가장 알맞은 피드백을 내놓아야 한다. 그 타이밍이 늦다면 재즈 자체가 성립이 안 된다. 따라서 재즈경영이란 재즈연주를 할 때와 같이 현장과 경영자의 양쪽이 변화에 대하여 기민하게 반응하고 있으므로 다른 회사보다 훨씬 빠른 비즈니스 기회와 리스크 방지를 획득할 수 있게 되는 것이다. 족구를 하는 것과 비슷하다. 누구의 지시에 따라 하는 것이 아니다. 모두가 그 게임에 관한 한 CEO다. 내 판단으로 내가 직접 킥을 날릴지, 다른 사람에게 양보할지 결정하는 것이다. 그리고 이런 전 직원의 주체적인 참여는 리더가 없는 경영조직이라고 볼 수 있는데 불가사리 경영이라고 일컬어지기도 한다.

전직원의 CEO화는 그 다음 단계로 Switchable WeCEO/MeCEO의 방향으로 진화될 수 있다.

"프리에이전트 시대가 오고 있다."

『프리에이전트의 시대』(에코리브르, 2004)의 저자 다니엘 핑크는 거대기업인 코끼리와 프리에이전트인 생쥐들의 조합이 앞으로 전개될 경제의 모습이라고 했다. 실질적으로 미국의 경우 기업에 고용된 직장인과 프리에이전트라는 두 세계 간의 이동이 점점 더 자유로워지고 있다. 따라서 내가 만약 사원이더라도 특정 분야에서 CEO적 관점, 1인 기업가의 관점에서 준비를 해두고 있으면 직장생활을 하다가 프리에이전트로 나가서 일하고, 그러다가 또 조직으로 들어가는 것이 자유로워지는 시대가 가까이 왔다.

재즈 연주자는 프리에이전트나 1인 기업가로서 혼자 연주할 수도 있고, 콤보(5~6인)나 빅밴드(10~20명)의 멤버로서도 연주할 수 있다. 이처럼 다른 회사 안에서 일하거나 다른 1인 기업가, 중소기업, 대기업과 함께 협업할 수 있는 시대가 온 것이다.

지금이 아무리 개인화의 시대고 많은 서비스가 개인 중심으로 제공되어 있다고 하지만 혼자서 할 수 있는 일에는 한계가 있다. 가능하면 자신의 강점을 내세우고 나머지 부분은 주위의 동료, 파트너 그리고 아웃소싱에게 할당해서 서로 공동의 목표를 가지고 협업을 해나가는 것이 바람직하다. 각자가 갖고 있는 전문성을 주고받으면서 각자의 독창성이 조화롭게 융합된다면 생각보다 훨씬 큰 힘을 발휘할 수 있다.

그러므로 앞으로는 일방적인 명령과 지시로 움직이는 수직적 구조의 조직은 창조와 혁신을 이루어낼 수 없다. 각자가 CEO로서 중심이 되고 동시에 다른 사람과의 협업도 자유롭게 할 수 있어야 한다. 즉, M을 뒤집어놓으면 간단히 W로 바뀌는 것처럼, MeCEO와 WeCEO 이 둘 사이를 아주 쉽게 오가며 일할 수 있는 인재가 요구되는 시점이다.

　그런 면에서 가수 박진영은 좋은 예다. 자기 스스로가 일단 독립적인 아티스트다. 그의 음악이나 성공에 대한 찬반논란은 잠시 보류하더라도 일단 인정해줘야 할 것은, 그가 MeCEO/WeCEO를 유연하게 스위치하며 성공을 거듭하고 있다는 사실이다. 자신이 아티스트로서 공연도 하고 소속사 가수들의 앨범 프로듀스를 하고 있다. 심지어 원더걸스가 미국에 진출했을 때 원더걸스의 로드매니저 역할까지 했다. 그는 아예 원더걸스와 함께 투어버스를 타고 다니며 원더걸스를 대변해서 멤버들과 현지 공연관계자들과 대화하고 춤동작도 모니터해주고 무대 위에서는 의상 챙기는 일도 직접 했다. 원더걸스의 홍보 또한 직접 맡아서 공연이 끝나면 자신의 트위터에 곧바로 그날의 관객반응과 특이사항 등을 글로 팬들에게 알렸다. 국내 팬들은 박진영의 트위터를 통해 원더걸스가 미셸 오바마와 두 딸 앞에서 공연한 소식을 처음 접했다. 우리는 권위주의나 형식주의를 버리고, 한 회사의 CEO가 로드매니저도 할 수 있는 그의 모습에서 유연성의 의미를 생각해볼 수 있다.

♪: 창의적인 리믹스를 하라

재즈 스타일은 한 가지로 말할 수가 없다. 그 안에는 뉴올리언스 재즈, 비밥, 핫재즈, 쿨재즈, 모던재즈, 라틴재즈, 컨템퍼러리 재즈, 아방가르드 재즈 등 다양한 종류의 재즈가 있다. 그 이유는 재즈가 전 세계로 퍼져가면서 각국의 민속음악, 타 장르의 음악 등 이질적인 요소와의 융합을 마다하지 않았기 때문이다. 심지어 재즈는 한국의 사물놀이의 리듬도 흔쾌히 수용한다.

민속음악에서 출발해 현재 세계인이 즐기는 라틴음악으로 정착한 살사, 맘보. 그 음악이 탄생하게 된 배경도 뉴욕의 재즈 뮤지션이 쿠바의 민속음악이었던 손(Son)을 흡수하면서 서로 영향을 주고받아 오늘날의 살사, 맘보로 태어나게 되었다.

이처럼 재즈가 지금까지 혁신적으로 발전해온 이유는 리믹스(Remix)의 힘을 활용했기 때문이다. 리믹스는 매우 강력하고 창의적인 도구다. 아주 창의적으로 느껴지는 아이디어도 자세히 뜯어보면 사실 기존에 존재하던 개념에 새로 포장을 하거나 여러 군데에서 뽑아온 조각들을 새로운 방식으로 조합하여 그럴싸한 형태로 만들어낸 경우가 많다.

이렇게 재즈는 이질적인 것을 수용하고 융합을 통해 자기화하는 작업을 통해 발전했다. 앞으로는 융합, 컨버전스, 통섭의 시대이다. 문화와 경제가 만나고 인문학과 과학이 손을 잡으며, IT와 바이오 등이 결합되어가면서 폭발적인 창조력을 만들어내는 시대다. 거의 전 산업의 경계가 허물어지는 이때 우리는 재즈 스타일의 다양한 리믹스를 배워야 한다. 재즈가 탄생 이래 참 다양한 장르의 음악과 세계 도처의 많은 민속음악을 수용해서 지금과 같은 풍성한 재즈의 세계를 만들어내었듯이 우리도 다소 이질적인 문화와 생소한 분야에 대해서 개방적인 태도와 수용하려는 태도가 필요하다. 일단 그것이 선행되어야 융합을 통한 새로운 창조가 일어날 수 있다.

좋은 예로 도쿄 만에 자리 잡고 있는 새로운 차원의 테마파크 '디즈니 시(Disney Sea)'가 있다. '바다에 얽힌 신화와 전설'이란 테마로 만들어진 이 파크는 전 세계 디즈니 테마파크 중 일본에만 있다. 디즈니 시는 메인 테마를 뒷받침하는 7개의 서브 테마인 메디테러니언 하버(Mediterranean Harbor, 지중해 항구), 아메리칸 워터프런트(American Waterfront, 미국 부두), 포트 디스커버리(Port Discovery, 디스커버리 항구), 로스트리버 델타(LostRiver Delta, 로스트리버 삼각주), 머메이드 라군(Mermaid Lagoon, 인어 석호), 아라비안 코스트(Arabian Coast, 아라비아 연안), 미스테리어스 아일랜드(Mysterious Island, 신비의 섬)로 구성되어 있다.

'미스테리어스 아일랜드'는 그리스 신화에 등장하는 프로메테우스가 결박되었던 바위산과 프랑스 작가 쥘 베른의 소설 『해저 2만리』의 스토리를 리믹스했다. 프로메테우스 화산의 깊은 곳에 천재 과학자 네모 선장의 기지가 있다고 한 설정이 재미있다. 그리고 '머메이드 라군'은 디즈니 애니메이션인 〈인어공주〉의 평면적 장면을 입체적으로 구현했다. 이곳에는 해파리처럼 움직이는 놀이기구가 있고, 전체적인 조명이나 색채도 바다빛깔을 연출해서 마치 물속에서 노는 느낌을 가질 수 있다.

이렇게 디즈니 시는 세계 각국의 해안가와 과거, 미래의 세계를 리믹스함으로써 환상에 빠져들게 만든다. 독특한 탑승물을 타고 기괴한 건축물 사이를 건너면 마치 미지의 세계를 탐험하는 듯한 착각이 들 정도이다. 철저하게 남의 것인 '디즈니'란 원재료에다 다양한 소스를 창의적으로 리믹스함으로써 '자기 것'으로 재탄생시켰다.

리믹스로 만들어낸 또 다른 성공작으로 아이팟을 들 수 있다. 언론에서는 애플의 아이팟을 성공사례로써 각종 기사와 논평에서 도배하다시피 인용하고 있다. 아이팟 제품의 혁신과 창의성에 대해 칭찬하는 사람 또한 넘쳐흐른다. 그러나 사실 아이팟을 구성하고 있는 각 파트를 자세히 들여다보면 각각의 출처가 다 따로 있다. 이렇듯 아이팟의 기술은 독창적인 것이 없다. 출처가 분명한 다양한 부품을 효과적으로 리믹스 하고 제품의 기능과 고객의 라이프스타일까지 잘 엮어 연출함으로써 비로소 아이팟만의 고유성이 탄생한 것이다. 그리고 스티브 잡스 특유의 절제된 세련미를 가지면서도 화려한 프레젠테이션이 첨가되어 인기는 더욱 높아졌다.

세분화와 리믹스라는 코드를 잘 도입해보면 기존의 사업에서도 새로운 수익모델 창출이 가능하다. 보통 한식집의 경우 10시에 문을 열어 10시에 끝난다. 그러나 시간대를 주간, 야간으로 쪼개고 조명과 블라인더로 색다른 분위기를 연출함에 따라 호프집을 추가할 수도 있다. 그리고 싱글족의 증가로 혼자 4인 테이블을 차지하는 낭비를 제거하기 위해 벽을 바라보는 테이블을 사이드로 만들거나 벽에서 서랍식으로 테이블이 나오게 하는 아이디어도 생각해볼 수 있다. 이렇게 매장 업종을 리믹스 하고 주간, 야간의 분위기를 연출한다면 매장을 24시간 운영하는 것도 가능하다.

이렇게 리믹스는 이미 존재하는 것을 가져와 당신만의 시각으로 재해석해서 새로운 것을 만들어내는 것을 말한다. 여기서 새로운 것이란 기존에 없던 것이 하늘에서 뚝 떨어지는 것이 아니라 기존의 조각들을 나의 방식대로 재배열, 재배치, 재조립하는 것이다. 이러한 리믹스는 무한한 가능성을 우리에게 제시해줄 수 있다.

물론 전 세계에서는 산업, 예술 전 분야에 걸쳐 표절 관련 소송이 끊이지 않고 우리 가요계 또한 표절문제로 늘 몸살을 앓아왔다. 리믹스에 대하여 크리에이터와 관련 있는 직업을 가진 사람이라면 표절과 창조의 경계선에서 줄 타는 입장의 간사함을 이해할 수 있을 것이다. 어찌보면 컨버전스, 융합, 리믹스가 다반사인 현대 사회에서 얼마나 교묘하게 들키지 않고 베끼느냐가 성공과 출세를 결정짓는 중요한 요소인지도 모른다. 그러나 분명한 것은 앞으로 새로움을 창조해내는 데 강력한 드라이브를 걸어줄 수 있는 존재가 리믹스라는 것이다. 덧붙여 말하면, 창조적인 아이디어는 지식을 독식하는 것이 아니라 자꾸 꺼내놓아야 진화한다.

𝄢 불확실성에 대비하라

재즈는 불확실한 상황에서 만들어지는 음악이다. 함께하는 멤버의 연주에서부터 그날 무대의 환경, 관객의 분위기까지 다양한 요소가 연주에 영향을 미친다. 그것은 예상할 수 없다.

따라서 어떤 연주가 될지 예측하려는 것보다 각종 변수에 따라 내가 대응할 수 있는 대안을 가능한 많이 만들어두는 것이 더 효과적이다. 그러나 더욱 중요한 것은 만들어질 음악을 예측하기보다는 내가 주도적으로 음악을 만들어가는 것이다.

진화론에 입각한 대안 만들기

미국의 저명한 과학사학자 마이클 셔머 씨는 저서 『왜 다윈이 중요한가』에서 "우리는 다윈의 시대에 살고 있다"고 규정했다. 그는 "진화론은 오늘날 일반론적인 문화에 널리 퍼져 영향을 끼치고 있다"며 "지성계의 거두 다윈, 마르크스, 프로이트 중에서 유일하게 다윈만이 오늘까지 건재하다"고 평가했다. 뉴욕타임스의 칼럼니스트 데이비드 브룩스 씨도 '다윈의 시대'라는 글에서 "진화론의 논리로 보면 왜 사람들이 경쟁하는지, 집단을 이루는지, 사랑에 빠지는지 모두 이해할 수 있다"고 말했다. 두 사람의 평가처럼 다윈의 진화론은 생물학 분야의 '옛 이론'에 머물지 않는다. 철학, 경제학, 정치학, 사회학, 심리학, 의학 등 다른 학문 분야로 영역을 넓혀가며 '진화'와 '분화'를 계속하고 있다.

– 『동아일보』, 「진화하는 진화론」(2010. 1. 2)

요즘 기업경영 전략에 큰 영향을 끼치며 진화론이 새롭게 등장했다.

진화론에서는 기업이 시장의 변화를 예측해 경쟁우위를 확보하는 일이 생각보다 중요하지 않고, 가능하지도 않다는 점을 인식시켰다. 그보다는 다양한 대안을 마련해두고 상황에 따라 진화해나갈 수 있도록 하는 것이 바람직하다는 결론이다. 이 점에서 진화론은 재즈경영과 일치되는 면이 있다.

미래의 불확실성을 두려워하거나 예측하려고 하기보다는 다양한 대안을 준비해두고 상황에 따라 유연하게 대처하며 오히려 그런 불확실한 요소를 새로운 창조의 기회로 삼는다는 것이다.

좋은 예로 삼성전자를 들 수 있다. 삼성전자가 미래 통신시장을 선점하기 위해 추진하는 차세대 기술 표준화를 보게 되면 이 전략을 충실히 따르고 있다.

> 삼성은 국제표준화 기구인 '국제전기전자기술자협회(IEEE) 802.16' 분과를 주도하며 우리 기술인 '와이브로(미국명 와이맥스)'를 4세대(4G) 통신 국제 표준으로 만들었다. 그러나 삼성은 와이브로의 경쟁기술인 '롱텀에볼루션(LTE)'의 표준화에도 적극 참여하고 있다. 이들의 경쟁 표준화 그룹인 '3GPP2'에서도 핵심 멤버 자리를 차지했다. 삼성은 시장이 세 개의 표준 가운데 하나를 선택하더라도 그 과정을 탐색하며 쉽게 적응할 수 있는 시스템을 갖춘 셈이다.
>
> – 『동아일보』, 「글로벌 IT의 진화 이끄는 삼성, LG」(2010. 2. 9)

이를 통해 삼성전자는 차세대 통신시장에서 핀란드의 노키아, 스웨덴의 에릭손, 미국의 애플 등 경쟁사보다 적자생존할 가능성을 높였다.

그리고 대안을 마련한다는 것은 다양성 관리와 일맥상통하는 면이 있다.

이 다양성 관리의 측면에서 큰 성과를 보여주고 있는 LG전자는 가전제품, 휴대폰 등에서 세계 초일류기업으로 발돋움하고 있는데, 그 이유는 국내 기업의 최대 문제점 중 하나인 순혈주의를 극복한 것과 밀접한 연관이 있다. 현재 LG전자의 외국인 임직원 비율은 국내 다른 대기업보다 매우 높다. 왜냐하면 조직구성원이 대상 시장의 모집단 특성과 유사할수록 해당 고객과 시장의 특성을 보다 정확히 이해할 수 있기 때문이다.

예를 들면, 중동, 북아프리카 등 이슬람 문화권에 특화해서 만든 '메카폰 2'가 그것이다. 이 휴대폰에는 이슬람 성지인 메카 방향이 표시되며, 총 114장의 코란을 음성과 문자로 동시에 제공한다. 그리고 하루 5번 기도시간을 알람으로 알려주며, 이슬람력이 내장되어 있는 등 다양한 무슬림 특화기능이 탑재되어 있다. 휴대폰 벨소리의 경우도 현지화하여 인도나 중남미 경우처럼 길거리에서 소음이 심하거나, 러시아, 우즈벡와 같이 날씨가 추운 지역에서는 두꺼운 의복 때문에 주머니 속의 휴대폰 벨소리가 안 들리는 것을 감안하여 일반 기준보다 높은 음량을 적용했다.

가전제품을 보면 세계 최대 용량인 15kg급 드럼세탁기를 출시하여 미국 드럼세탁기 시장에서 시장 점유율 23%로 단번에 1위의 자리를 꿰찼다. 대형을 선호하는 미국 소비자의 취향을 충족시켜준 까닭이다. 인도네시아의 경우는 닭고기가 식생활에 중요한 위치를 차지하는 데 비해 비위생적인 도축환경 등으로 조류독감이 걸리기 매우 쉬운 상황에 처해 있었다. LG전자는 이를 즉각 반영하여 AI(Avian Influenza) 바이러스를 퇴치시켜주는 살균 기능의 에어컨을 출시하여 큰 호응을 얻었다.

실제로 이런 다양성 관리 정책을 앞서 도입하여 실행해온 IBM에서는 다양성 관리를 사업성 향상과 연계하는 프로그램을 적용하여 큰 성과를 거두고 있다. 전 세계 170여 개국에서 다양한 인종과 민족을 대상으로 사업을 하는 IBM은 현지의 우수 인재들이 피부색과 국적에 관계없이 업무에 집중할 수 있는 환경과 정책을 실시하고 있다.

이처럼 그 회사의 임원과 직원이 다양한 국가의 민족으로 구성되어 있다는 말은 그만큼 전 세계로부터 발생하는 예측불허의 상황에서 다양한 대안을 마련하고 준비할 수 있다는 것을 의미한다.

예측할 수 없다면 만들어라

보통 예측을 전혀 할 수 없는 상황에 봉착하는 경우가 있다. 그리고 기존의 시장분석을 바탕으로 예측가능하다 하더라도 별 의미가 없는 경우도 있다. 왜냐하면 시장을 논리분석해서 도출하는 전략은 경쟁사를 비롯한 다른 기업이 하더라도 대개 비슷비슷하기 때문이다. 예측할 수 없으면 스스로의 이념을 실천에 옮기고 성공과 실패의 경험을 통해 기준을 만들어가는 것도 하나의 방법이다. 스스로 룰과 표준을 만들어 자기에게 유리한 환경을 만들어가는 것이다. 물론, 실천에 옮기다가 실패할 수도 있다. 기대치대로 가지 않을 수도 있다. 그러나 새로운 창조는 성공과 실패의 반복 속에서 탄생된다.

오사카에 가이요도라는 피규어 제작업체가 있다. 보통 50만 개를 넘으면 히트로 간주하는 이 업계에서 그들이 만든 세계전차박물관 시리즈는 350만 개, 1950~60년대 일본풍물을 재현한 '타임슬립 구리코'는 시리즈 출하량 1,200만 개로 폭발적인 매출을 기록했다. 창업자이며 사장인 미야와키 오사무 씨는 자신을 돈키호테에 비교하면서 일본 최초의 플라스틱 모델 작품전, 업계 최초의 기관지 발행 등 자신의 이념대로 수많은 아이디어를 짜내고 실천해왔다. 그들은 쇼쿠완을 만들어옴으로써 입지를 구축했다. 쇼쿠완이란 과자를 사면 덤으로 넣어주는 모형을 말한다. 그 중에서 후루타제과에서 나온 '초코에그'는 '쇼쿠완 붐'이라는 사회적인 현상까지 만들어냈다. 발매한 지 3년 동안의 누계가 1억 1,000만 개에 달한다.

그들은 누구나 예측할 수 있는 '건담, 포켓몬스터' 등과 같은 인기캐릭터를 선택하지 않았다. 오히려 '절대 팔리지 않는 것'으로 생각하고 있었던 '동물 시리즈'를 기획했다. 이들의 타깃층은 평범한 아이들이 아니라 동물이나 곤충 시리즈를 좋아하는 10% 안팎의 고객층을 겨냥했다. 그러나 이 '일본 동물 컬렉션'은 발매되자마자 폭발적인 히트를 기록했다. 그리고 계속해서 전차, 공룡, 물고기, 요괴 등 새로운 세계를 개척해나갔다. 이들은 의뢰업체가 가지고 온 기획을 따라서 만들지 않았다. 시장분석에 따른 것은 누구나 다 생각할 수 있는 것이었기 때문이다. 오히려 가이요도 집단은 그들만의 독특한 방법을 고집해서 지금까지 본 적이 없던 것을 만들어냈다.

일본의 유명항공사 ANA(All Nippon Airways)에서는 지난 2005년에 창립 초기부터 현재까지 객실 승무원들의 유니폼을 주제로 만든 피규어를 판매한 적이 있다. 이것을 구입하려는 사람들 때문에 각 공항마다 긴 줄이 늘어서고 통신판매하는 웹서버가 다운되는 등 큰 파장을 일으킨 적이 있다. 그리고 2008년에 다시 등장한 이 피규어는 편의점 체인인 로손(Lawson)에서 500㎖짜리 음료수를 두개 사면 덤으로 한 개씩 딸려 나온다. 1955년부터 2005년까지 1대부터 9대까지의 유니폼을 입은 피규어를 다 모으기 위해서 음료수를 많이 마셔야 하지만 음료수 두 개가 300엔(약 3,900원)이 안 되는 가격이므로 큰 부담이 가지 않는다. 이처럼 항공사의 유니폼과 같은 새로운 아이템을 개척하고 스스로 시장을 만드는 가이요도를 보면서 시사점을 얻는 바 크다.

예측할 수 없다고 해서 사건이 대중없이 일어나는 대로 방치하지 말고 의도적으로 구체적인 사건이 일어나도록 계획하고 실천하는 것은 불확실성을 대비하는 또 하나의 해결책이다.

적극적인 행동 없이 미래를 예측하고 운명적인 기회가 오기를 기다리는 사람들이 너무 많다. 미래를 예측한다는 것과 기회가 그저 오기를 기다리는 것은 점술집에 가서 점보는 것과 같다. 미래를 예측할 수 없다면 미래를 만들고 기회를 만들어라. 내가 미래를 만들어간다는 의미는 남들이 생각하는 방식의 성공이 아닌 내가 지향하는 방식의 성공을 만들어간다는 의미다. 자신이 설계한 게임에서는 쉽사리 패배자가 되지 않는 법이다. 내 미래를 나에게 유리하게 설계해나갈 수 있으므로 성공할 가능성도 당연히 높아진다.

𝄢 절대가치, 절대긍정, 절대행동을 추구하라

재즈에서는 재즈 장르에 따라 또 재주 연주자에 따라 경쟁의 구도로 파악하지 않는다. 즉, 라틴재즈보다 쿨재즈가 더 우월하다고 할 수 없고, 재즈 연주자도 자기 나름대로의 연주세계 그 자체를 평가받는다. 다른 재즈 연주자와의 상대 비교로 가치를 결정하지 않고 자기만의 개성, 특색을 발전시켜 가치 그 자체를 만들어나간다.

절대가치

재즈에서는 상대가치보다는 절대가치를 추구한다. 상대가치란 경쟁심을 유발한다. 상대방과의 경쟁에서 이겨야지만 비로소 가치를 인정받기 때문이다. 상대가치를 추구하는 한 본질에는 도달할 수 없으며 그저 남을 쫓아가는 데 불과하다. 그리고 이겼다 해도 이긴 시점에서 그 가치가 사라져버릴 가능성이 있다. 그러나 절대가치란 자기 본연의 가치를 추구하는 것이다. 상대방과의 상대비교가 아닌 자신들의 관점이나 생각을 소중하게 여기는 것이다.

절대가치를 만드는 데 전형을 보여준 기업이 스타벅스다. 전문가들은 금융위기로 인한 불경기로 스타벅스도 내리막길을 걸을 것이라고 예상했다. 그러나 스타벅스는 미국 내에서만 676개에 달하는 매장을 폐점하는 등 대대적인 재정비에 나섰고 결과적으로 성공했다. 매장을 찾는 고객이 다시 늘어난 것이다. 성공의 가장 큰 이유는 스타벅스엔 특유의 절대가치를 지닌 문화코드가 있기 때문이다.

하워드 슐츠 최고경영자(CEO)는 지난 1987년 설립자로부터 인수한 후 '커피가 아닌 문화를 팔겠다'고 선언했다. 그리고 그의 선언은 현실이 되었고 이제는 커피를 마시기 위해 스타벅스에 가는 사람은 많지 않다. 대부분은 스타벅스에 가기 위해 커피를 마신다. 스타벅스는 에스프레소 커피 시장의 표준을 만들었고, 이제는 스타벅스 커피가 없는 미국인들의 삶은 상상하기 어려울 정도라는 절대가치를 만들어낸 것이다.

따라서 자신만의 독특한 색깔을 뿜어낼 수 있는 절대가치를 만들어야 한다. 여기에 문화예술 코드를 활용하는 것은 도움이 될 수 있다. 문화예술 분야에서의 존재가치는 더 잘하는 것보다 나만이 할 수 있는 것을 하는 것에서 나오기 때문이다.

절대긍정

재즈 스타일은 절대긍정한다. 때론 실수하고 실패해도 주눅 들지 않고 지속적으로 긍정적인 마인드를 유지하는 것이 필요하다. 그래야 계속 도전할 수 있기 때문이다. 실수를 해도 앞으로 정진하는 자세가 필요하다. 현재 상황이 최악이더라도 절대긍정하는 마음은 희미하지만 희망의 빛줄기가 어디엔가 있음을 믿게 해주고 포기하지 않게 해준다.

최근의 심리학 연구 결과에 따르면 환경이 인간의 삶과 행복에 미치는 영향은 10%에 불과하다고 한다. 나머지는 스스로의 마음가짐에서 나온다는 것이다. 짐 캐리가 주연한 영화 〈예스맨〉은 노(NO)라는 말을 달고 살던 매사에 부정적인 남자(짐 캐리)가 '인생역전 자립 프로그램'에 가입해 긍정적인 삶을 살기로 결심한 후, 모든 일에 예스(YES)라는 말을 남발하면서 벌어지는 일들을 담은 코미디 영화이다.

짐 캐리 역시 하루 한 개의 햄버거로 끼니를 때우고 집도 없이 중고차에서 잠을 자는 혹독한 시련을 절대긍정의 마음으로 극복하고 성공한 헐리우드 스타이다. 가난했던 시절 스스로에게 가짜 '1,000만 달러' 수표를 지급하고, 5년 후 마침내 〈배트맨〉의 영화출연료로 실제 1,000만 달러를 받았다는 이야기는 유명하다. 그는 "삶에 있어서 'Yes'라고 해서 후회했던 적보다 'No'라고 해서 후회한 적이 더 많았을 것이다"라고 하면서 긍정의 마인드를 강조했다.

〈예스맨〉은 이야기한다. "No라고 말하면 아무 일도 생기지 않는다." 사실, 우리가 성공하지 못하는 이유는 혹독한 시련이나 어쩔 수 없는 환경 때문이 아니라 그것을 탓하며 스스로 포기해버리기 때문이다. 어떠한 어려움이 있더라도 "Yes"라고 말하는 순간부터 스스로에게 다시 기회를 주는 것이며 "No"라고 말하지 않는 이상 언젠가는 꿈을 이룰 수 있다.

절대행동

재즈는 몸의 음악이다. 반드시 행동이 우선한다. 머릿속에서의 판단만으로 연주하는 것이 아닌 몸으로 또 오감으로 상대의 음악을 듣고 관객의 반응을 체험하면서 자신의 연주를 만들어나간다. 머릿속에서 온갖 예측과 분석을 하기보단 먼저 시도를 해봐야 한다. 해나가다 보면 시행착오를 거치면서 길이 생긴다. 물론, 절대행동에는 당연히 실패도 동반된다. 세상에는 100% 성공도 없고 100% 실패도 없다. 현장에서 행동이 따르지 않고 예측만 하고 논리적이고 과학적인 분석만 하다 보면 남는 것은 없다.

톰 피터스는 『톰 피터스의 미래를 경영하라』(21세기북스, 2005)에서 다음과 같이 말한다.

"상품이나 서비스를 '어제보다 조금 더 낫게' 만들려고 애쓴 자들은? 미안한 말이지만 그들의 운명은 죽음뿐이다. '땜장이'가 성공하기에는 너무 많은 일이 너무도 빨리 일어나고 있다. 오직 열심히 행동하는 자, 세상을 바꿀 수 있을 정도로 정신 나간 행동을 서슴지 않는 자만이 살아남는다. 물론 모험가들은 대부분 불길에 휩싸여 목숨을 잃을 것이다. 그러나 불길을 뚫고 나오는 소수의 모험가가 우리를 진정한 재창조의 시대로 이끌 것이다."

직접 현장에서 몸을 부딪치는 절대행동으로 작은 성공과 실패를 반복해도 절대긍정의 마인드를 갖고 자신만의 절대가치를 만들어가는 것이 재즈 스타일이다.

♪: 현장에서 지식을 창조하고 즐겨라

　　재즈는 **생생한** 현장의 음악이다. 클래식처럼 악보를 보고 몇백 년 전에 죽은 원작자의 의도를 살려내는 음악이 아니다. 지금 이 순간 현장에서 상대 연주자의 숨소리, 고객들의 눈빛, 테이블에 놓인 향긋한 와인의 향기 등이 음악적 영감이 되어 연주에 고스란히 반영이 된다. 연주자 자신이 내뿜는 지적, 감성적, 영적 에너지와 현장에서 오감으로 느끼는 기(氣)가 치열하게 교배를 하는 선순환구조를 통해서 만들어지는 음악이 바로 재즈다.

　　일본에서 이노베이션의 대명사로 통하는 혼다 소이치로는 학력과 파벌을 무시하고 이론이 아닌 현장 경험을 중시했다. 그는 삼현주의(三現主義)

라는 것을 만들었는데 현장, 현물, 현실이 그것이다. 지난 30년 동안 국내에 공장을 짓지 않았던 혼다는 일본 내 인건비가 대단히 비쌈에도 불구하고 연산 20만 대의 완성차 공장을 사이타마에 신설하기로 했다. 그 이유는 단지 경기가 좋아져서 일본 제조업이 국내 회귀하는 것이 아니라 저연비, 고출력의 신형 승용차, 하이브리드 승용차 등을 생산하는 과정에서 고도화시킨 생산기술을 세계 각지의 공장에 전파하겠다는 것이었다. 즉, 최첨단 생산기술이 태어나는 현장을 일본에 두겠다는 뜻이다.

현장에서의 직접경험이 왜 중요한가?

직접체험을 통해서만 우리의 '지각'이 움직이기 때문이다. 이는 상대의 입장에서 그 상황을 지켜보는 행위이다. 언어만이 아닌 오감을 통하여 상대의 입장을 느끼는 것이다. 그러므로 지각은 매우 미묘하고 섬세한 변화조차도 직감할 수 있어서 무의식상태에서도 풍부한 정보량을 얻어낼 수 있다. 객관적인 데이터로는 비교할 수 없을 정도로 가치 있는 지식들을 현장에서의 경험을 통해 얻을 수 있다.

도요타에서도 '현지현물주의'라 하여 현장의 의견이나 견해, 관점, 사고방식을 매우 중요하게 생각한다. '현지현물'은 도요타의 행동원리 자체이고 '현지현물'을 실천하지 않으면 도요타 생산방식은 성립하지 않는다. 창업자인 도요다 기이치로는 주야를 불문하고 공장을 돌아다니며 현장 근로

자들에게 끊임없이 말을 걸었고, 무슨 일이 생기면 자신이 실제로 해보이기까지 했다. 현재 도요타의 기능공이 받는 급료는 일본의 제조업체 중에서도 압도적으로 많은데, 도요타에서의 현장은 지혜의 보고이며 '무형자산'이라고 생각하고 있기 때문이다.

현재 한국의 실정은 사장이 현장을 잘 파악하고 있거나 현장의 근로자들이 스스로를 지식창조자로서 인식하고 있는 경우가 많지 않다. 현장경험을 하는 것보다 오피스 안에서 각종 논리적인 분석과 추측을 통해 일을 전개하고 있다면, 그것은 탁상공론에 불과할 수 있다. 실질적인 현장에서의 설비투자나 관심보다는 쉽게 돈을 벌 수 있는 업종 전환까지 생각하는 경우도 적지 않다.

연구만 한다고 해서 경쟁력 있는 기술이 탄생하지 않는다. 그 기술은 연구가 생산현장과 결합할 때 비로소 경쟁력을 낳는다. 따라서 혼다에서 자국 내에 공장을 지으려는 이유도 이 둘을 융합하는 용광로를 만들기 위함이었다. 심지어 혼다는 생산과 연구를 융합하기 위해 연구소의 톱을 생산책임자로, 생산책임자를 연구소의 톱으로 맞바꾸는 파격적인 인사이동까지 단행했다. 혼다의 지혜를 배워야 할 때다.

일을 즐겨라 - Have Fun & Enjoy

재즈연주는 재미있다. 재즈 연주자에게는 일이기도 하고 놀이기도 한다. 듣는 것도 즐겁고 연주하는 것도 즐겁다. 재즈 바에 가면 재즈를 연주하다가도 객석으로 내려와 손님과 함께 와인을 마시며 대화를 나누는 것도 쉽게 볼 수 있고, 반대로 손님이 무대로 올라가 자신의 연주솜씨를 뽐내기도 한다. 재즈연주는 무대 안팎에서 자유롭게 일어난다.

'카시오페아'라는 일본의 퓨전재즈 그룹이 있다. 이 그룹의 드러머는 아키라 짐보라고 하는 천재적인 뮤지션인데 현존하는 세계 드러머 중 2위로 꼽힐 정도다. 그의 연주를 보면 팔다리가 완전히 4등분 되어서 각각이 서로 다른 리듬을 동시에 연주할 정도로 정교한 테크닉을 구사하는 드러머다.

이 그룹이 2002년에 내한공연을 했을 때 나는 통역코디네이터로 참가하여, 한일 스태프 간의 통역과 카시오페아의 언론 인터뷰 통역을 하면서 그들과 이야기할 기회를 가진 적이 있다. 공연이 성공리에 끝난 뒤 뒤풀이에 가서 한식을 먹으면서 카시오페아 멤버와 대화를 나누고 사인도 받았다. 그때 아키라 짐보는 특히 내가 좋아했던 뮤지션이라서 대화를 많이 나누었는데 그에게 질문을 했다. "그렇게 드럼을 잘 칠 수 있는 비결이 뭐죠" 그는 한순간의 망설임도 없이 "드럼을 즐기는 마음"이라고 했다.

우선 내가 즐겁고 재미를 느끼지 못하면 관객도 즐거움을 느낄 수 없다. 이처럼 자기 일을 즐기는 마음은 그 분야의 최고들이 가지고 있는 기본자세다. 일반적으로 사람들은 일이 생계수단에 필요한 것으로 재미가 없고 힘들다는 인식을 가지고 있다. 그리고 일과 놀이, 예술과 비즈니스, 의미와 성공, 즐거움과 이익 등 서로 다른 가치들을 조화시키는 데 익숙하지 않다.

스콧 피츠제럴드는 그의 저서 『파탄(The Crack-up)』(작가의 미완성 유작. 파탄, 붕괴, 추락 등으로 해석할 수 있음.)에서 "두 가지 대립적 생각을 동시에 다루면서도 제대로 사고할 수 있는 능력이 최고 수준의 지성을 말해주는 징표"라고 말했다. 그러나 현재 개인과 기업은 그런 지적 능력이 특별한 경우에만 발휘되는 것이 아니라 대립적 구조를 오히려 기회로 삼고 이원적인 관점이나 변증법적인 관계로 인식함으로써 발전적인 진화를 시도한다. 특히 요즘 요구되는 것은 일을 놀이처럼 즐기거나 일과 놀이의 균형을 맞추는 것이다. 열심히 하는 사람은 즐기는 사람을 절대 당해낼 수 없다.

롤스로이스 이래로 영국 최대의 브랜드로 평가되는 버진 그룹의 괴짜 CEO 리처드 브랜슨 이야기를 해보자. 그의 도전정신, 모험, 창조력에 매료되어 전 세계에 추종자와 팬들로 넘친다. 그는 뉴욕 타임스스퀘어에 설치된 '버진 모바일' 광고판에 누드로 등장하기도 하고, 폭포에서 번지점프를 하며, 콜라 홍보를 위해 탱크를 몰고 타임스스퀘어에 나타나기도 한다. 이런 즐거움과 재미라는 코드를 활용해서 브랜슨 자신을 최고의 마케팅 수단으로 만들었고 효과는 기대 이상이었다. 버진 그룹이 거느리고 있는 250여 개의 계열사는 바로 이렇게 형성된 브랜드가치를 팔아서 얻게 된 것이다. 즉, 즐거움과 도전정신을 앞세워 버진 그룹의 브랜드가치를 상승시켜놓고 여러 회사에 이 브랜드 사용권과 경영전략을 수립해주는 대신으로 그 회사 주식을 제공받는 일종의 브랜드 벤처캐피털업체라고 할 수 있다.

그가 정의하는 버진 그룹은 "즐거운 삶이란 가치를 파는 회사"다. 버진 항공사가 탄생하게 된 단초를 제공해준 것도 휴가를 통해서였다. 그의 여자친구와 함께 휴가를 떠나 다른 곳으로 이동하려 했을 때 비행기가 취소되는 상황이 벌어졌다. 그때 많은 승객들이 항공편을 못 구해 안달하는 모습을 보고 브랜슨은 2,000달러에 비행기 한 대를 전세 내었다. 그리고 칠판을 빌려 즉석에서 "버진 항공사, 푸에르토리코행 편도 비행 39달러"라고 썼는데 많은 사람들이 표를 구입했다. 그는 본전을 뽑고 작은 수입까지 얻었다. 이것이 버진 항공사의 시작이다.

그 후 그는 숱한 반대를 무릅쓰고 비행기 1대로 항공사를 시작했다. 차별화된 서비스로 버진아틀랜틱 항공은 각종 상을 휩쓸었고 결국 영국 제2의 항공사로 성장했다. 그는 여행의 즐거움 속에 사업의 기회를 발견했고 바로 실행에 옮겼다. 그는 말한다.

"재미가 없어질 때가 바로 떠나야 할 때다. 불행하게 살기에는 인생이 너무 짧다."

그가 목숨을 건 열기구 세계여행을 앞두고 있을 때 혹시 만일에 있을 사태를 대비하여 자녀들에게 쓴 편지에는 다음과 같이 써 있었다.

"최선을 다해 살아라, 그리고 삶의 모든 순간을 즐겨라."

♩: 삶과 비즈니스를
예술로 인식하라

　나는 보스턴에서 학교를 졸업하고 1년이 채 안 되는 기간 동안 뉴욕에서 머문 적이 있다. 늦게 유학을 떠난 이후 하루라도 빨리 한국에 돌아와 자리를 잡아야 한다는 통념에도 불구하고 굳이 뉴욕행을 고집한 이유가 있다. 지금은 미국의 금융위기로 그 의미가 퇴색한 감이 있으나, 당시 나에게는 '왜 뉴욕이 세계적으로 경제와 문화면에서 강력한 주도권을 갖고 트렌드를 리드하여 새로움을 창조하고 있느냐'에 대한 의문이 있었다. 내 눈으로 그 현황을 확인하고 싶었고 내 나름대로 원인도 분석해보고 싶었다.

　그래서 맨하튼에 있는 일본계 명품백화점에 취직하여 낮에는 영업을 하고, 저녁시간과 주말에는 스튜디오, 재즈 바, 박물관, 대학 도서관, 파티장소 등 가리지 않고 뉴욕 구석구석을 누볐다. 그때 내가 느꼈던 것은 '예술'이라는 코드였다. 더 정확히 말한다면 비즈니스와 예술이 아주 절묘하게 리믹스 되어 있다고나 할까? 뉴욕 어디를 가나 '예술'이라는 소스를 잘 활용하여 다양한 소재를 맛있게 요리하여 팔아먹고 있었다.

예술의 거리로 유명한 소호는 내가 좋아했던 장소 중 하나였다. 그런데 이곳이 1960년대에만 해도 허름하고 우중충한 공장지대였다고 한다. 처음에는 가난한 예술가들이 저렴한 임대료 때문에 이 소호에 모여들었는데, 그러다 차츰 갤러리가 하나 둘씩 등장하게 되고 마침내 미국의 현대예술을 대표하는 지역으로 다시 태어난 것이다. 그리고 갤러리와 예술가를 보러온 부자들이 몰리면서 고급 레스토랑과 명품숍들이 생기게 되었고, 이로 인해 경제가 활성화되었다고 한다. 바로 예술이 돈을 끌어오고 다시 이 돈이 예술을 성장시키는 선순환구조를 만들게 된 것이다.

이처럼 뉴욕은 앞으로 세계를 리드하는 도시로 태어나기 위해서는 문화가 중요함을 알았고, 과감하고 전략적으로 예술을 활용함으로써 대성공을 거두었다. 뉴욕은 경제와 예술이 아주 균형 있게 섞여 있는 하나의 멋진 예술작품과 같았다. 뉴욕이 나에게 일깨워 준 것은 삶과 비즈니스를 인식할 때 예술의 소재로 바라다보는 관점이 필요하다는 것이었다. 자신을 예술가로, 비즈니스 업무를 예술작품으로, 고객을 관객으로 바라보게 되면 세상은 새로운 각도에서 다시 태어나게 되고, 우리의 일터는 공연무대가 된다. 돈 냄새 풍기는 공간이 예술의 향기가 배어나오는 공간으로 바뀌게 된다. 단지 물건을 팔아먹기 위해서 혈안이 된 세일즈맨은 절대 고객의 마음을 살 수 없다. 영업 자체를 예술로서 인식하게 되면 그 세일즈맨은 자신의 상상력과 감성을 총동원하여 고객을 감동시키려고 할 것이다.

비즈니스에 예술적 상상력과 감성을 활용한다면 놀라운 부가가치를 창조할 수 있다. 보통 경영자들은 자신이 고용한 인적자원으로부터 지불한 급료 이상의 것을 뽑아내기를 원한다. 하지만 그들 대부분은 직원들의 효용가치를 꼼꼼하게 수치로 관리하며 경제적 자원만으로 만족하는 경우가 많다. 직원들 각자가 가지고 있는 상상력, 정서, 주관적 경험 등과 같은 예술적 자원은 무시하는 경우가 태반이다.

재즈경영에서는 업무를 마치 음악을 만들어 나가듯이 임하고, 업무 파트너와는 동료연주자와 함께 연주를 하듯 서로 협력하고 호흡을 맞춘다. 그럴 때 비로소 감추어져 있던 전 직원들의 상상력, 예술적 감수성 그리고 각자의 다양한 경험을 일터에 끌어다 쓸 수 있는 것이다.

당신이 무슨 일을 하든지 모든 업무는 '예술' 이라고 생각하라. 그리고 당신과 직원들은 그 '예술' 을 만드는 '예술가' 라고 생각하라. 그 순간부터 잠재되어 있던 창의적 아이디어와 뜨거운 열정이 고개를 들게 될 것이요, 무엇보다 내 삶을 예술작품이라고 인식하는 순간부터 오늘 하루가 그냥 무미건조하게 흘러가도록 내버려두지는 않을 것이다. 그것이 재즈 스타일이다.

𝄢 즉흥력을 키워라

재즈연주의 진가는 역시 즉흥적 반응력에서 나온다. 연주를 하다 보면 수시로 상황이 새롭게 전개된다. 내 연주는 상대의 연주를 듣자마자 반사적으로 튀어나올 수 있도록 훈련되어 있어야 한다. 그것도 그 하모니가 어우러지는 찰나적 순간에 가장 잘 어울리는 내 음을 내놓아야 한다. 지금처럼 예측불허한 미래를 살아가는 기업과 개인은 온갖 돌출 상황에서 적합한 대응을 할 수 있는 즉흥력이 매우 중요하다. 타이밍이 관건이기 때문이다. 아무리 좋은 해법도 그 순간을 놓치면 그 효력이 사라진다. 그러면 즉흥력을 키우기 위한 방법에는 무엇이 있을까? 우선, 여기서는 조직의 관점에서 즉흥력을 키우는 방법에 대해서 알아보자.

비전, 원칙, 미션 공유

회사의 CEO부터 직원에 이르기까지 하나의 일체된 비전, 원칙을 공유하고 있는 회사가 얼마나 될까? 회사 비전의 문구를 마치 이발소에 걸려 있는 대통령 얼굴처럼, 아니면 중고등학생 시절 교실에 걸려 있던 급훈처럼 느끼는 사람이 많다. 중소기업인 경우에는 심지어 CEO조차도 제대로 된 비전과 원칙 없이 오락가락하기도 한다. 그런 분위기에서는 절대로 재즈경영의 즉흥력이 발휘될 수 없다.

구글을 보자. 구글의 원칙을 나타내는 문구는 "악해지지 말자(Don't be evil)"이다. 철저히 고객의 관점에서 업무를 수행하겠다는 뜻이다. 당시 사업 초기에는 검색에 광고를 붙이는 것은 당연한 일이었다. 그러나 구글의 원칙인 '고객에 대한 집중'을 고려했을 때 배너광고가 고객에게 최고의 검색을 제공하는 데 방해물이 된다고 생각해서 광고를 없앴다. 그래서 페이지 뜨는 시간이 최소화된 스피디한 검색품질을 성취할 수 있었고, 애드센스와 같은 고객과 서로 이익을 나눌 수 있는 고객지향의 수익모델까지 내놓아서 대성공을 거두었다. 이 모든 것은 원칙, 비전에 따른 것이었다.

중요한 것은 구글의 직원은 비전과 미션을 모두 공유하고 있다는 것이다. 모두 자신의 비전이라고 생각하고 있다는 것은 무슨 일이 발생했을 때 전 직원이 일사불란하게 같은 방향으로 대처해나갈 수 있다는 것을 의미한다. 구글 전 직원이 함께 재즈연주를 하고 있다고 봐도 된다.

삶의 원칙, 비전 세워봐야 부질없다고 생각하는 사람들이 많다. 상황에 따라 적당히 맞춰서 해나가면 되지 않느냐고 생각하는 사람도 많다. 하지만, 그 '원칙'은 결정적인 순간, 위기의 순간 그 찰나에 가장 큰 효력을 발휘한다. 원칙이 있기 때문에 빠른 판단을 내릴 수 있고 비전이 있기 때문에 순간적 판단에 따라 과감히 행동으로 밀어붙일 수가 있다. 그곳에서 재즈 경영의 즉흥력이 시작된다.

정보 공유

기업에서 다양한 직원들이 한 몸처럼 그런 변화에 즉각적으로 대응할 수 있으려면 우선 서로 정보공유가 되어 있어야 한다. 그곳에서 일사불란한 대처능력이 생긴다.

일본기업 중에서 '하테나'라는 인터넷벤처기업이 있다. 이 기업에서는 전략 회의, 새로운 아이디어, 매일매일 이뤄지는 상담에서 업무보고에 이르기까지 거의 모든 정보를 블로그에서 오픈하여 모든 사원이 같은 시간대에 모든 정보를 공유한다. 그래서 누군가 문제점을 제시하게 되면 집단지성의 힘이 동원되어 해결되는 데까지 걸리는 시간이 단축된다.

이메일로 선택한 사람에게만 내용을 전달하는 것과 같이 폐쇄적인 조직에서는 즉흥력이 발휘될 수 없다. 이렇게 되면 반복적인 내용의 커뮤니케이션이 일어나고, 함께 프로젝트를 진행한다면 다시 해당 부서가 모여서 정보공유를 위한 시간이 필요하다는 등 낭비가 많다. 그러나 정보를 공유하게 되면 상상을 초월하는 문제해결 능력과 스피드를 얻을 수 있다.

자체경쟁 유발

경쟁적 구도가 되어 있을 때 즉흥력이 발휘될 수 있다. 구글은 앞에서 언급한 정보공유에 대한 중요성뿐만 아니라 자발적인 경쟁적 구도의 힘을 굳게 믿고 있다.

일단 구글의 정규직 사원이 되면 구글 내에서 일어나는 모든 일을 자세히 알 수 있다. 다른 나라에 있는 구글 직원의 매주 업무와 그의 분기당 달성목표까지 파악할 수 있다. 심지어 지금 현재 어느 회의실에서 어떤 목적으로 누구와 미팅을 하고 있는지도 알 수 있다. 프로젝트 역시 외부에 의한 통제가 아닌 자발적으로 선택해서 업무완결까지 갈 수 있는 프로세스를 가지고 있다. 먼저 직원이 각자 일하고 싶은 프로젝트를 찾아서 가입 후 해당 프로젝트의 일정부분에 대한 업무를 할당받아 진행하면 된다.

만약 자신이 새롭게 프로젝트 아이디어를 제시하고 싶은 경우에는 '아이디어마켓'에 올리면 된다. 일정 수 이상의 다른 직원으로부터 좋은 아이디어라고 동의를 얻게 되면 그때부터 '20% 프로젝트'가 된다. 이 20%라는 것은 업무시간의 20%만 써서 일을 한다는 뜻이다. 이 프로젝트를 3명 정도의 소규모그룹이 진행하는 데 서비스 기능설계, 프로그램 개발, 테스트를 거쳐 실제 시장에 서비스를 제공할 때까지 진행하다가 어느 정도 성과를 거두고 더 큰 자원이 필요하다고 판단되면 임원에게 보고하고 정식 프로젝트로 승격되는 절차를 밟는다. 그러면 비로소 '80% 프로젝트'가 되는 것이다.

구글이 놀이터를 방불케 하는 쾌적하고 이상적인 업무환경을 제공하는 대신, 사내에서는 이렇게 자발적인 치열한 경쟁을 유도한다. 하지만 이 소규모그룹이 서로 경계를 해서 자기정보를 독점하는 것이 아니라 100% 전 직원에게 오픈해서 수많은 재즈밴드끼리 협연을 하듯 서로의 정보를 공유하고 선의의 경쟁을 하게 되는 것이다.

이렇게 전 직원이 투명하게 모든 정보를 공유하고 자발적인 경쟁체제를 유지하고 있으므로 서로의 아이디어에 대한 빠른 전개를 도울 수 있고 어떤 위기상황이 벌어지더라도 집단지성이 발휘되어 즉각적으로 대처해나갈 수 있다. 불확실한 미래를 대처해야 하는 기업의 입장에서 이런 완전한 정보공유와 자발적인 경쟁체제 유지는 즉흥력을 키우는 데 매우 중요한 요소로 보인다.

우선순위의 기준 준비 (노아의 방주에 무엇을 실을 것인가?)

재즈 즉흥연주를 할 때 상대의 연주에 따라 내가 내놓을 수 있는 몇 가지 멜로디패턴 중에서 하나를 재빨리 내놓을 수 있는 것은 우선순위가 정리되어 있기 때문이다. 물론, 그 우선순위의 기준은 상황에 따라 유기적으로 변한다. 하지만 큰 분류에 따라 '노아의 배에 무엇을 태울 것인지' 평소에 우선순위를 정확히 파악해놓고 있어야 한다. 돌발적으로 발생하는 온갖 상황 속에서 무엇을 선택하고 무엇을 버릴 것인지 그 중요도에 따른 우선순위의 기준을 정해놓아야 빠르게 대처할 수 있다.

기업의 존폐를 결정할 수 있는 핵심요소가 무엇인지를 사전에 파악해두고, 또 그것을 상황에 따라 유기적으로 변화해나갈 수 있도록 촉각을 곤두세우고 있어야 한다.

그 다음 중요한 것은 과감히 버리는 훈련이다. 노아가 대홍수가 들이닥치기 전에 무엇을 싣고 무엇을 버려야 할지 과감한 판단을 내리지 못하고 우물쭈물했다면 그나마 다음 기회를 노려볼 수 있는 회생의 찬스를 놓쳐버렸을 것이다. 삼성이 소니를 누르고 세계 초일류기업이 될 수 있었던 핵심원인은 바로 불확실한 상황 속에서의 빠른 판단과 과감한 행동력이었다.

𝄢: 무대를 만들고 고객을 참여시켜라

무대를 만들어라

재즈경영자에게 있어서 또 하나의 중요한 역할은 무대에서의 감동이 극에 달할 수 있게 개인, 기업, 기관, 고객, 그 외 외부환경 등 무대를 이루는 각 요소의 관계를 디자인하여 연출할 수 있는 능력이다. 특히, 고객과의 사이에 무대를 창조하는 것이 매우 중요하다. 고객과의 사이에 공감대를 형성하는 무대, 그들에게 제품이 아니라 그 무대의 감동을 파는 것이다.

좋은 예는 애플의 아이팟이다. 애플이 MP3 플레이어 사업에 참여하기 전까지만 해도 MP3 플레이어는 그저 오디오제품 중 하나였다. 한국의 아이리버도 한때는 마이크로소프트의 빌 게이츠에게 칭찬을 받긴 했지만, 디자인이 참신한 음악을 듣기 위한 MP3 플레이어에 불과했다.

그런데 스티브 잡스에게 보인 것은 MP3 플레이어가 고객과 만나는 접점의 무대였다. 그는 애플의 개발자, 마케터와 함께 제품을 개발하기 전에 고객의 스토리를 만들어보았다. MP3 플레이어 고객들이 어떤 방법으로 노래를 다운받고 어떻게 사용하고 전파하는지 그 무대를 그려보았다. 그리고 그것을 최대한 반영해서 고객지향의 스토리텔링을 만들었고 이를 토대로 제품을 만들었다. 단지 음악을 듣는 기기를 판 것이 아니라 제품과 고객이 만나는 무대를 멋지게 디자인해서 판 것이다. 디지털에 익숙한 일부 젊은 이들이 찾는 음악기기에 불과했던 MP3 플레이어가 지금은 어린이에서부터 60대에 이르기까지 친숙한 기기가 되었다.

애플이 만든 아이팟의 기술은 한국에서도 충분히 가능한 것이었다. 고정관념을 깨는 기획력, 상상력, 고객지향의 스토리텔링과 무대 구현에서 진 것이다. 그것은 아이폰, 아이패드 그리고 앞으로 등장할 아이TV에 이르기까지 애플이 공통적으로 건드리고 있는 한국의 아킬레스건이 되고 있다.

또 다른 무대 창조의 예를 들면, 1994년에 전국 각지의 유명 라면 브랜드를 한자리에 모아 '세계 최초의 식도락단지(Food Amusement Park)'로 개장한 신요코하마 라면박물관(www.raumen.co.jp)이 있다. 지금도 라면가게 앞에 명물을 찾아 줄지어 늘어선 행렬이 끊이지 않고, 방문객 수도 연간

150만 명으로 개장 당시와 같은 수준을 유지하고 있다

　이와요카 요지 관장이 주위의 반대를 무릅쓰고 라면박물관 개관을 이루어내기까지 최초의 구상으로부터 5년이 걸렸다. 개인주의적인 추세로 점차 인간관계가 냉랭해지고 외로움에 지쳐가는 현대인에게 자신의 어릴 적 기억을 되살려 1950년대의 온기가 남아 있는 공간을 무대로 연출하는 것이 원래의 목표였다. 그리고 따스한 온정을 느낄 수 있는 가상의 마을, 가상의 주민이 사는 무대를 구현하고자 하는 과정 속에 전국 라면 브랜드 상점가의 아이디어가 더해진 것이다. 다시 말해서 물건을 파는 개념이 아닌 무대를 파는 개념으로 시작되었다는 말이다. 창구에서 300엔짜리 입장권을 사고 지하의 허름한 계단을 지나면 갑자기 1958년의 공간이 나타나 방문객은 타임머신을 타고 과거로 날아간 듯 착각을 일으키게 된다. 시각은 저녁 무렵, 입장객이 하루의 일과를 마치고 자기 동네로 돌아온다는 시나리오로 마치 영화처럼 연출했다. 천장에 그려져 있는 하늘은 황혼에 붉게 물들어 있는 색으로 계속 바뀌어 사실감을 고조시킨다.

　1950년대 분위기의 목조아파트, 동네목욕탕, 주산학원에서부터 영화관, 제과점, 미용실, 레스토랑에 심지어 널려 있는 세탁물에 이르기까지 그 시절 일본에서 유년을 보낸 사람에게 추억을 느끼게 해줄 뿐만 아니라 외국인에게도 이색적인 볼거리를 제공한다. 이 풍경을 보느라 시간가는 줄도

모르고 각양각색의 라면 브랜드점에서 줄지어 순서를 기다리게 된다. 요코하마 라면박물관은 전국의 명물라면만을 파는 것이 아니라 아련한 어린 시절의 따뜻한 추억을 팔아서 대성공을 거두었다.

재즈경영에서는 이렇게 고객과의 관계를 만들어 무대를 형성하고 공감대를 끌어냄으로써 제품이 아니라 그 무대에서의 감동을 세일즈하고 있는 것이다.

고객을 참여시켜라

재즈경영에 있어서 나와 고객을 이원화로 보는 것이 아니라 나 자신도 고객의 일원으로 보고 고객에게도 생산자의 관점을 유입시킨다. 고객을 함께 참여시킴으로써 시장을 더 크게 만들고 고객으로부터 창조를 위한 아이디어를 얻는다.

매년마다 네바다 사막에서 벌어지는 축제가 있다. 1986년 래리 하비(Larry Harvey)가 샌프란시스코의 베이커비치에서 8피트 크기의 나무인간을 불태우는 퍼포먼스에서 시작된 '버닝맨 축제'로 현재 세계적인 규모의 독립문화축제가 되었다. 2009년에도 8월 31일부터 9월 7일까지 성황리에 이루어졌는데 주제는 진화(Evolution)였다. 참여하는 예술가들의 기상천외한 작품들이 사막 한가운데 펼쳐지는데, 트레일러를 잘라서 애벌레로 만든

작품을 선보이기도 하고 궁전, 거대한 철근거미, 대형 매머드 사륜차도 등장한다. 이 기간 동안에 자유롭고 혁진적인 예술작품 전시와 함께 전 세계로부터 몰려든 사람들과 소통을 통해 나 자신을 발견해나간다. 1999년에는 구글의 창업자인 래리와 세르게이가 직원들과 함께 축제에 참석하여 비상업화를 추구하는 구글의 기업철학을 세우는 데 아이디어를 얻었다고 한다.

이 축제의 특징은 규칙이 거의 없다. 자기 마음대로 스스로를 표현할 수 있다. 전투복을 입고 오든 나체로 다니든 상관없다. 따로 치안을 유지하는 경찰이 없으므로 서로가 감시자 역할을 하면서 자신과 주변사람들을 보호해야 하는 책임의식을 가지게 된다. 또한, 상업성을 완전히 배제하여 돈이 거의 들지 않는다. 생존을 위해 배우는 것은 돈이 아니라 서로에 대한 의지, 격려, 팀워크를 유지하는 매너를 배우는 것이다. 현대 물질문명을 벗어나 옛날 자급자족의 시대를 체험하는 것이다. 그리고 공동체 정신이 있다. 참여자들은 각자 공동체에 무엇인가를 기여하기 위해 노력한다.

기발한 예술작품을 만들거나 먹을 것을 나누기도 한다. 이처럼 버닝맨축제는 일상으로부터 벗어나 사막 한가운데에 하나의 가상 소도시 속에서 참여자를 주인공으로 만들어준다. 이렇게 고객을 적극적으로 참여시킴으로써 이 축제에 그들이 번뜩이는 창의성, 다양한 발상, 공동체 기여 등을 자발적으로 발휘하는 장을 연출하고 있다.

3장

Jazznomics

재즈 스타일을
삶과 비즈니스에 도입하라

재즈 스타일로 자신을 완성하는 것은 혼자 힘으로 되지 않는다. 나와 세계가 함께 결합되어 재즈의 즉흥 연주와 같이 즉각적으로 탄생하는 수많은 상생구조의 생태계 속에서 내가 다시 태어날 때 비로소 재즈 스타일로 완성된다. 그런 개인과 기업, 단체, 기관, 고객 등이 어우러진 생태계에서는 문화, 경제, 사회적으로 수많은 창조와 혁신이 일어나게 된다. 그것을 여기서는 재즈노믹스(Jazznomics)라 부르기로 한다.

𝄢 : 재즈노믹스에서
나를 쓰이기 쉬운 조각으로 만들기

과거에 상품은 품질 자체만으로 평가를 받았으나 지금은 상품을 사용하면서 얻는 경험과 서비스 등이 포함되어 종합적으로 평가받는다. 부가가치가 높은 상품일수록 전체 가치에서 새로운 경험과 서비스가 차지하는 비중이 크다.

이 상품이 고객에게 주는 핵심 가치는 상품을 사용함으로써 선택받은 사람이라는 일종의 소속감을 느끼게 해준다는 것이다. 애플은 아이팟, 아이폰을 사용하는 사람들에게 시대를 선도하는 일종의 'i(아이)종족' 그룹에 일원인 것 같은 느낌을 심어준다. 이런 경험과 가치관이 녹아들어간 상품을 만들려면 기업이 일방적으로 이해한 고객의 요구를 상품에 반영하고, 고객은 단순히 그 상품을 소비하는 식으로는 안 된다.

생산과 소비 간의 쌍방향 커뮤니케이션이 지속적으로 일어나면서 한 기업의 제품이 고객의 삶 속으로 들어가고 다시 다양한 고객으로부터 새로운 경험이 탄생되어 다른 소비자와 공유하고 유통하면서 생태계가 만들어진다. 자연 생태계와 마찬가지로 기업 생태계 역시 일단 안정화되면 외부의 충격에 의해 쉽사리 변형되거나 붕괴되지 않는다. 그리고 그 생태계를 구성하는 요소들의 재생산과 선순환구조에 의해 생태계 자체가 더욱 풍성하고 다양해진다.

21세기의 비즈니스 환경은 기업과 고객이 공동으로 가치를 창출하고 협력업체, 각종 기관 등 그 외 외부요소와 상호작용을 통해 지식창조와 혁신이 일어나는 시대로 변화하고 있다. 개인의 관점에서 보는 삶의 환경도 마찬가지다. 이 생태계 속에서 나의 존재가 정의되고 성장하게 된다. 이것이 바로 재즈 스타일로 자신이 만들어지는 과정이다.

재즈노믹스라는 생태계는 나와 세상이 만나 조화로운 협연을 하도록 종합적으로 디자인되어야 한다. 그렇게 재즈노믹스를 실천하는 데 있어서 가장 먼저 선행되어야 할 중요한 단계는 나란 조각과 세상의 무수한 조각들이 필요에 따라 즉각적으로 조립하기 쉬운 상태로 만드는 것이다. 세상이 나라는 존재특성을 잘 파악하고 있어야 하고 나 역시 세상의 조각의 특성을 잘 파악하고 있어야 한다. 그래야 서로 연결을 할 수 있기 때문이다.

연결이 일어나는 방법에는 두 가지가 있다. 내가 먼저 세상의 조각에다 연결을 시도하는 것이고, 두 번째는 나는 가만히 있어도 세상의 조각들이 자발적으로 나에게 연결을 걸어오는 것이다. 이 두 가지 활동이 일어나기 쉬운 상태로 만드는 것이 중요하다. 따라서 세상의 조각들이 나에게 연결을 걸어온다는 것은 나라는 조각의 역할성이 세상에게 뚜렷이 각인되어 있다는 말이다. 즉, 그런 상태가 되도록 만드는 작업이 필요한데, 그 작업이 모듈화와 오픈소스화이다.

나라는 존재가 세상에서 꼭 필요로 하는 요소를 가지고 있다면 내가 나서지 않아도 나를 모셔가려고 할 것이다. 재즈음악은 소유의 음악이 아니다. 존재(being)의 음악이다. 그리고 접속의 음악이다. 스스로의 존재를 확인하고 서로 접속하는 그 순간에 가치를 발생한다. 내가 가져다 쓰기 좋은 형태를 하고 있을 때 나의 조각과 세상의 조각들은 활발한 연결과 결합, 재조립이 일어나면서 재즈노믹스라는 생태계가 형성되기 시작한다.

자, 그럼 나를 쓰이기 쉬운 조각으로 만들기 위해서 필요한 과정은 어떤 것이 있을까? 크게 나누어 다음과 같은 10단계 과정이 필요하다.

1. 정체성 확립과 자기세계 구축

우선 나를 아는 것이 중요하다. 불확실한 시대일수록 자신에 대해 선명하게 파악하고 있어야 세상과 접속하기 쉽다. 나는 누구인가, 무엇을 하고 싶은가, 나의 키워드는 무엇인가, 내 능력은 구체적으로 무엇인가. 이것을 먼저 정확히 파악하는 것이 재즈 스타일의 시작이다.

▶ 자신과 독대할 수 있는 고독의 시간을 가져라

나와의 대화시간이 필요하다. 이 시간은 당연히 고독할 수밖에 없다. 오로지 먹고 살기 위해 땅을 기어다니는 애벌레가 하늘을 나는 날개를 갖기 위해서는 번데기 허물 속에서 기나긴 고독의 시간들을 감내해야 한다. 그래야만 비로소 하늘을 나는 기쁨과 감동을 맛볼 수 있다. 주변과 비교한 상대가치를 통해서 나를 인식하려고 하거나 타인를 따라하는 모방으로만 스스로를 가꾸려는 사람은 결코 자신을 장악할 수 없다.

▶ 현실을 벗어나 상상의 힘을 활용하라

이젠 현실주의자가 아닌 이상주의자, 상상의 힘을 잘 활용하는 자가 승리하는 시대다. 엄청난 과학기술의 발달과 인터넷, 가상공간의 구현은 상상을 더 이상 상상 속에서만 머물지 않게 한다. 현실에 기반을 둔 판단과 방향은 대개 비슷비슷하다. 자기 정체성을 만들어가고 세상이 나라는 존재를 뚜렷이 인식할 수 있는 차별성을 확보하려면 상상력의 힘을 발휘해보라. 타인과는 전혀 다른 나만의 독특한 세계를 구현하기가 그리 어렵지 않음을 알게 될 것이다.

▶ 지식에서 지혜의 영역으로 진입해라

진정한 자기 세계가 있다는 이야기는 지식을 잔뜩 안고 있다는 뜻이 아니다. 그 수많은 지식의 터널을 지나 그것을 한마디로 압축할 수 있는 지혜를 갖고 있다는 뜻이다. 자신만의 깨달음이 있는 자가 진정한 자기 세계를 갖고 있는 자다. 절대 고독 속에서 반복을 통하면 깨달음이 이루어진다. 내가 좋아하는 일, 중요하다고 생각하는 일을 반복해서 하라. 반복은 나를 깨달음으로 인도하는 어렵고도 가장 쉬운 방법이다.

2. 꿈, 뚜렷한 목표의식, 열정 확립

세상이 나란 존재를 인지하고 쓰고자 할 때 가장 중요하게 생각하는 것은 나의 꿈과 목표, 그리고 열정이다. 설령 현재의 내가 바라는 기준에 턱없이 모자라는 실력이 있더라도 괜찮다. 중요한 것은 앞으로 곧 실현할 자신의 명확한 꿈의 설정과 이를 달성하기 위한 단계적인 목표를 세우고 뜨거운 열정으로 실천해나가는 것이다.

그렇게 한다면 세상은 반드시 그것에 대해 반응을 보여주게 되어 있다. 그러면 다른 사람이 나를 볼 때 저 사람은 무슨 일을 하려고 하는 사람이구나 하고 인지하게 된다. 그러면 그 사람의 머릿속에는 내 꿈과 목표의 설정대로 나의 기능성, 역할성이 자리를 잡게 되고 어떤 상황에서 그런 역할이 필요할 때 나를 떠오르게 되는 것이다. 그리고 실제 그런 용도로 쓰일 가능성이 많다. 내 능력이 처음에는 어설프고 모자란다 할지라도 그런 역할로 계속 불리고 그렇게 쓰이다 보면 내가 노력하려는 강력한 동기부여가 된다. 그러면 계속 발전하게 되고 자연스럽게 트레이닝이 되어서 점차 프로로서의 면모를 갖추어나가는 것이다.

3. 키워드와 홍보 문구(메시지) 만들기

꿈과 목표를 나타내는 키워드와 문구를 미리 정제된 형태로 만들어두는 것이 효과적이다. 그것을 지속적으로 반복해서 사람들에게, 또는 세상에 공표함으로써 내 정체성을 그들의 머릿속에 각인시키게 된다. 그 이유는 그들이 그런 존재가 필요할 때 바로 내가 연상되게 만들기 위함이다.

나를 나타내는 키워드는 우선 하나로 시작하는 것이 좋다. 여러 개를 동시에 알리면 효과가 떨어진다. 사람들은 1개에 결부시켜 1개밖에 기억하지

196

못하기 때문이다. 최대의 단순화가 최고의 임팩트를 낳는다. 이 키워드를 명함에도 넣고 동네방네 떠들고 다녀라. 중요한 것은 꿈에서부터 키워드, 홍보 문구에 이르기까지 일관성 있는 메시지를 유지해야 하는 것이다.

또 한 가지의 장점은 키워드를 만들면 관련 정보를 포착할 수 있는 안테나를 세우는 것과 같은 효과가 있다. 안테나가 있으면 내가 정보를 찾으러 다니지 않아도 마치 자석처럼 그 키워드에 맞는 다양한 정보들이 나에게 모이게 된다.

그럼 실천의 단계로서 나의 비전, 꿈, 목표, 키워드를 명확한 문구로 표현한다. 눈으로 보이지 않으면 관리할 수 없다. '꿈 > 비전 > 목표 > 키워드'의 순서로 '내 꿈은 무엇이다', '내 비전은 무엇이다'를 체계적으로 일관성이 있고 단순명쾌하게 표현하는 것이 좋다. 그리고 벽에 붙이고 수첩에도 붙여서 늘 눈앞에 보일 수 있도록 하는 것이 매우 중요하다.

4. 실전능력을 기능별로 잘 쪼개기

그 다음 단계는 나의 능력이다. 실전능력에는 외국어능력, 협상력, 사교력, 기획력 등 수많은 능력이 있을 것이다. 이런 능력을 딱 부러지게 바로 쓸 수 있게끔 익혀놓아야 한다. 그래야 세상이 창조를 위한 조립에 앞서 나란 모듈을 인식할 때 "저 모듈은 저런 능력이 있지, 그러면 어디에 써먹을 수 있을까?" 하고 생각을 하게 된다. 이 실전능력을 만들 때는 수단 만들기에 집중하는 것이 아닌 그 수단을 활용하여 철저히 목적까지 도달하는 능력임을 잊지 말아야 한다.

외국어능력이라고 한다면, 단지 토익시험, JPT시험을 몇 점 이상 받는다든지 독해, 청취, 회화실력을 상급으로 만들어야 한다는 개념의 능력이 아니다. 그 외국어를 사용해서 특정 목적을 달성할 때까지의 능력을 말한다. 독해, 청취, 회화실력뿐만이 아닌 인간미, 친화력, 감각, 자기철학, 가치관, 전문지식 등의 영역까지 포함되는 것이다.

중요한 것은 세상이 나를 끌어다 쓰기 쉬운 형태로 나의 능력을 잘 모듈화 시켜 두어야 한다는 점이다. 그러기 위해선 현재 시장상황, 트렌드와 나의 실질적인 능력을 잘 관찰하여 고객관점에서 나의 능력을 잘 분해하여 제공할 수 있는 형태로 만들어놓아야 한다. 직장을 찾지 못한 실업자 수가 매우 많음에도 불구하고 정작 기업에서는 쓸 만한 인재가 없다고 난리다. 어학실력도 그런대로, 마케팅, 영업능력도 그럭저럭 등 어정쩡한 능력을 가진 사람이 너무 많은 것이 현실이다.

다 잘하려고 하다가 어느 것 하나 제대로 써먹지 못하는 능력의 소유자가 되는 것을 경계해야 한다. 오히려 세상이 나에게 요구하는 것은 딱 부러지게 해낼 수 있는 단 하나의 능력, 기술일 수가 있다. 이것을 명확히 찾아내어 아주 명료하고 선명하게 그 능력을 닦아놓는 모듈화 작업이 반드시 필요하다. 그러기 위해서 '내가 잘할 수 있는 능력이 무엇인지? 그 능력이 어떤 형태로 쓰이는지? 현재의 내 능력은 바로 현장에서 써먹을 수 있는 상태인지?' 등을 자세히 관찰하고 꼼꼼하게 진단할 필요가 있다.

앞서 문서화한 내 꿈과 목표를 달성하기 위해 필요한 능력을 세분화하여 체크리스트를 만들어라. 그리고 향상도를 점검해나가면서 실전능력으로까지 관리해나가야 한다. 능력 세분화의 예를 들면, 외국어능력, 영업능력, 협상력, 컴퓨터 활용능력, 소셜 미디어 툴 활용능력 등이 있다.

5. 이미지 트레이닝

내가 되고자 하는 자신의 이미지를 만들고 계속해서 상상하라. 앞으로 실현할 성공한 자기 자신의 선명한 이미지다. 자기 스스로가 갖고 있는 이미지, 타인이 나에 대해서 갖고 있는 이미지 자체가 하나의 모듈이라고 볼 수 있다. 그러면 상대방은 자신의 머릿속에서 나란 존재의 모듈을 그 이미지의 역할로 인지하고 이것저것 조립해나간다. 나 스스로도 자체가 그런 이미지 트레이닝이 되어 있으면 나의 사고, 무의식적인 말, 행동 등이 그 이미지에 맞게 세팅이 되어간다. 그것이 바로 꿈, 목표가 서서히 현실로 실현되는 과정인 것이다.

그러면 상대방은 나를 볼 때 그 이미지로 인지를 하게 된다. 그러면 자연스럽게 그 이미지에 따른 나의 포지셔닝이 자리를 잡게 되고 또 그렇게 쓰여질 가능성이 많다. 그리고 결국엔 내가 꿈꾸던 이미지대로 내가 서서히 만들어지기 시작하는 것이다.

2008년 베이징올림픽에 세계신기록을 달성하며 금메달을 거머쥔 장미란 선수도 이미지 트레이닝의 힘을 명상을 통해 적극 활용했다고 한다. 눈을 감고 자신이 경기에 참가해서 금메달을 따기까지의 장면을 마치 영화를 찍듯이 구체적으로 그려온 것이다. 결국 그녀는 자신이 상상한 대로 올림픽에서 우승을 차지했다. 당신의 조각과 세상의 조각이 만나 뭔가가 이루어지는 장면을 강렬하게 매일매일 이미지에 그려라.

6. 온라인상에 나의 대변자를 만들어라 (캐릭터, 아바타, 웹사이트, 블로그 등)

나란 존재를 캐릭터화해도 좋다. 이것은 나를 브랜드화하는 데 아주 효과적인 수단이다. 나를 기억시키는 데 아주 그만이기 때문이다. 특히 온라인상에 나의 아바타를 구현해 놓으면 내가 자고 있는 동안이라도 전 세계를 다니면서 나를 알릴 수 있고 나 대신 일도 해줄 수 있다. 여기서 아바타란 사이버공간에서 나의 역할을 대신할 수 있는 캐릭터를 말한다. 아바타는 현실세계와 가상세계를 연결해주며 나라는 조각을 전 세계에 무한대로 퍼뜨려주는 데 결정적인 기여를 할 수 있다.

그리고 나의 직업이나 전문 분야를 잘 정리해 놓은 웹사이트나 지속적으로 지식, 정보 등을 업그레이드 해나가는 블로그도 온라인상에서 나를 쓰이기 쉬운 조각으로 만드는 데 탁월한 공헌을 한다. 캐릭터, 아바타, 웹사이트, 블로그 등을 만들 때는 내 꿈, 비전, 목표 그리고 키워드를 기본으로 두고 그것과 어울리게 만들 필요가 있다. 가령 색깔, 형태, 이미지 등 하나의 일관성 있는 메시지가 캐릭터, 아바타, 웹사이트, 블로그 등을 두루 통해서 나타나게 되면 이것은 매우 강력한 마케팅효과를 갖는다. 나를 세상에서 쓰이기 쉬운 조각으로 만들고 퍼뜨리는 데 이 방법만큼 유용한 것도 없다. 이렇게 온라인상의 대변자를 여럿 만들고 잘 관리해놓으면 영화 〈전우치〉에서 전우치가 여러 장의 부적으로 자신의 분신을 만들어 적과 대적하듯이, 온라인상에서 나를 대신해 아주 많은 일을 할 수가 있다.

7. 인성, 신뢰도

인성, 신뢰도도 매우 중요한 요소가 된다. 역시 인간으로 기본이 되어 있는 자세는 매우 중요하다. 아무리 능력이 특출하다고 해도 기본적인 인성과 신뢰성이 바탕에 깔려 있지 않으면 세상으로부터 쓰이기가 쉽지 않다. 반짝이고 특별한 능력보다는 오히려 신뢰할 만하다는 것이 훨씬 중요한 능력이 될 수 있는 까닭이다. 인간성이 좋고 신뢰할 수 있다는 인정을 받게 되면 능력이 좀 부족해도 다른 사람이나 조직이 보충을 해줄 수 있기 때문에 오히려 더 잘 쓰일 수가 있다.

8. 사회적 책임, 사회환원적 활동

기업도 그렇지만 개인도 사회환원적인 요소를 가질 필요가 있다. 사회적 책임이나 자원봉사를 하는 역할을 포함해서 나의 삶을 디자인한다면 내 스스로도 긍정적인 에너지를 얻을 수 있고, 세상으로부터 선택을 받을 기회도 늘어나게 된다. 세상이 나란 조각을 쓰면 전체 사회에 대한 긍정적인 영향을 미친다는 것을 안다면 당연히 더 많이 활용하려고 할 것이다. 특히, 나란 조각이 전 세계로 나아가서 글로벌한 모듈로 쓰이기 위해서는 이런 범인류적 차원에서의 봉사, 사회적 책임이라는 코드는 매우 가치 있으면서도 유용하다.

9. 시간의 세분화 & 모듈화

이상의 8가지 사항이 갖춰지게 되면 나의 시간대를 잘게 나누어 그 특성에 맞게 모듈화를 해놓는다. 그러면 나와 교류를 하거나 협업을 원하는 상대방이 자신에게 맞는 내 시간모듈을 선택해서 나에게 접촉해옴으로써 즉각적인 교류나 보다 효율적인 협력이 일어날 수 있다.

예를 들면, 내가 매주 화요일 저녁 7~9시에는 자기경영 관련 포럼을 주최하고, 격주 목요일 저녁 7~9시에는 온라인 비즈니스 교류모임을 주최하고, 매달 셋째 토요일 오전 9~12시에는 라이온스 클럽 회원들과 자원봉사를 한다고 하자. 그러면 각 시간대 모듈의 특성에 맞는 환경이 조성되고 그 코드에 맞는 사람들이 모이게 된다. 그러면 나의 모듈과 다양한 상대방의 모듈이 접촉하면서 다양한 결합을 시도하게 된다.

시간의 세분화 & 모듈화는 ①내 일생을 꿈에 다가가는 단계에 맞게 구간별로 나누는 경우 ②오늘 하루 동안 내가 소유하는 시간대를 나누는 경우가 있다. 크게 분류해서 이 두 가지 상황에 따라 이루어진다. 그러면 내가 살아 있는 동안 소유하는 시간을 잘게 분해하여 각각의 역할성을 분명히 인지하는 기회를 가지게 된다.

그러다 보면 아직 모듈화가 안 된(기능성이나 의미부여가 없이 그냥 소비되는) 시간이 있다. 그 자투리나 낭비되는 시간들을 찾아서 그 정체성을 부여하여 모듈화를 하나씩 시켜나간다. 그래서 나의 잘게 분해된 시간조각들은 각기 용도에 맞게 모듈화 되어 더 많은 세상의 모듈들과 결합할 수 있는 기회를 얻을 수 있다. 그 시간모듈이 온라인 세계로 승천하게 되면 세계 곳곳의 조각들과 교배할 수 있게 될지도 모른다. 그러면 내 하루 24시간은 하루만의 시간이 아닐 수 있고 내 삶도 한 가지 스타일이 아닌 멀티 라이프스타일도 충분히 현실화 될 수 있다.

10. 공간의 세분화 & 모듈화

길게는 지난 과거와 현재 그리고 미래, 짧게는 오늘 하루를 돌이켜보면 다양한 공간을 오가면서 내 삶을 영위하고 있음을 깨닫게 된다. 그리고 그 공간도 특성에 따라 분해해보면 각각 여러 가지 의미로 모듈화 된다는 것을 알 수 있다. 나의 공간 모듈도 세상의 다른 모듈(시간, 공간, 능력, 아이템 등)과 만나 결합함으로써 새로운 창조가 일어나게 되거나 시너지효과를 볼 수 있다.

이 공간의 세분화 & 모듈화도 ①내 인생을 살면서 내 삶이 이루어지는 몇 개의 영역으로 나누는 경우 ②그중 한 공간을 다시 몇 개의 공간으로 나누는 경우가 있다. 예를 들어, 나의 공간은 집과 일터, 그 외의 공간으로 크게 나눌 수 있다. 그중 내 집을 작업실, 사랑방, 서재, 응접실, 부엌 등으로 나눌 수 있고, 내 작업실 내부도 그 특성에 따라 몇 개로 나눌 수 있는데, 작업대(책상), 저장고(책장, 캐비닛) 등으로 더 세분화해서 모듈화 할 수 있다. 자신이 하루 동안 접하는 공간모듈에 대한 명확한 인식도 나의 비즈니스나 업무능률을 높일 뿐만 아니라 세상의 다른 모듈과의 교배를 유도해서 새로운 기회를 만들 수도 있다.

만약 비즈니스를 하는 사무실, 작업실, 영업점 등을 용도에 맞게 공간을 나누어 모듈화 해놓으면 업무효율이 높아지고 심지어는 새로운 비즈니스가 이루어질 수도 있다. 왜냐하면 그 공간을 표준화에 맞게 크기, 위치, 기능성 등을 갖춰 놓는 것으로 인해 그것을 이용하려는 더 많은 사람, 세상과의 결합을 이끌어낼 수 있기 때문이다.

시간과 공간의 모듈화를 통해서 비즈니스에 성공한 기업으로 토즈를 들 수 있다. 토즈는 회의실, 세미나실, 최근에는 비즈니스 오피스까지 대여해주는 일을 신사업으로 하고 있는 회사로 급성장했다. 토즈는 기존에 없었던 개념의 사업모델로서 한정된 시간과 공간을 쪼개서 하나의 모듈로 만들어 고객들에게 상품으로 제공하고 있다. 필요한 시간만큼 필요한 공간을 쓰고 싶어하는 고객들의 수요를 잘 읽어내어 필요한 모듈을 만들어 제공함으로써 수익을 창출했다. 적당한 공간에서 회의, 세미나, 비즈니스 업무 등을 자신이 필요할 때만 쓰기를 원했던 사람들에게 그런 시간, 공간적 수요를 충족해주는 모듈과 더불어 음료, 각종 PT도구 등 맞춤서비스도 제공함으로써 새로운 비즈니스 기회를 성공적으로 안착시켰다.

이처럼 내가 속해 있는 공간을 분해하여 각각의 역할성과 의미를 부여해보자. 아직 인식되지 않은 비어 있는 공간이나 자투리 공간이 찾아지면 그 정체성과 기능성을 만들어나간다. 여기서는 물리적 공간뿐만 아니라 온라인상의 가상공간도 포함이 된다. 예를 들면, 웹상의 공간 즉, 웹사이트, 블로그, 카페, 웹하드, 세컨드라이프 등 가상의 그 공간을 세분화, 모듈화 해서 대여해주고 돈을 벌 수도 있다. 따라서 공간을 잘 나누어 모듈화 시키는 것 자체도 비즈니스가 될 수 있으며 세상의 모듈과 만나면서 더욱 큰 기회와 다양한 가치를 창조할 수도 있다.

𝄢 : 세상을 쓰기 쉬운 조각으로 나누기

나 자신을 나누어서 조각으로 만들었다면, 이제 다음 단계는 세상을 나누어 내가 쓸 수 있도록 하는 것이다. 재즈 스타일은 필히 글로벌 마인드를 기본으로 가지고 간다. 특히 인터넷환경에서 빛을 발하는 재즈 스타일이 온라인상에서 국적을 나누는 것은 의미가 없기 때문이다. 그냥 하나의 온라인 세계만이 존재할 뿐이다.

내가 크리에이터의 입장에서 나와 세상을 디자인하려면 우선 세상을 내가 쓸 수 있는 조각으로 나누어 볼 줄 아는 안목이 필요하다. 나를 조각으로 나누고 세상 역시 조각으로 나누어 모듈화 하려는 이유는 링크를 하거나 리믹스를 하기 위함이다. 잘 나누는 것은 매우 중요하다. 나뉜 조각들이 나름의 독립적 기능을 제대로 해내지 못하면 연결이나 리믹스를 하는 재료로 사용할 수가 없기 때문이다.

일반적으로 사람들은 세계를 인식할 때 경제가 안 좋고 정치상황이 어떻고 하는 식으로 단선적으로 받아들이는 경우가 많다. 그것은 그저 방관자의 입장에서 남의 얘기를 듣는 것과 크게 다를 바가 없고 무엇보다 이에 대응하는 강력한 내 행동을 유발시키지 못한다. 이것이 실질적으로 버스비, 휘발유 값 등 물가가 오르든지 내가 소속된 회사의 구조조정이라든지 나와의 연관성이 표출되어야 비로소 세계의 변화를 인식하는 것이다. 즉, 세계에서 일어나는 변화의 조각들이 어떻게 내 삶에 영향을 미치는 접점까지 오게 되는지 인과관계의 사슬을 따라갈 수 있어야 한다.

그리고 내가 쓸 수 있는 세상이 되려면 우선 잘게 썰어서 내가 구체적으로 인식하고 쓸 수 있는 작은 모듈형태로 나눌 수 있어야 한다. 그것은 하나의 지식, 정보일 수가 있고 물건일 수도 있으며 사람일 수도 있다. 예를 들어, 10년 전만 해도 한국인이나 중국인이 일본의 환율이 높다는 것을 이용해서 도일하여 아르바이트해서 목돈을 마련하는 경우가 종종 있었다. 그 돈으로 학비를 마련하거나 중국인의 경우에는 모국에 집까지 마련하는 경우도 있었다. 이는 한국과 일본, 중국과 일본의 환율 차이라는 사실을 이용한 것이다.

이렇게 아주 작은 틈새를 노려라. 세계와 나를 연결해나갈 때 세계를 너무 큰 범위로 인지하게 되면 처음부터 엄두가 안 난다. 나와 제휴를 할 수 있는 세계의 아주 작은 조각을 찾아라. 처음부터 세계라는 거물과 바로 손을 잡기는 힘들다. 일단 잘게 쪼개서 내가 쓸 수 있고 통제할 수 있는 조각으로 만들고 그들과 조립해서 새로운 가치를 만들어내라.

만약, 미국의 IT산업과 제휴를 하고자 한다면 우선 미국의 수많은 IT회사 중 하나를 고르고, 그 회사에서 내가 접촉할 담당자를 선택하고, 그 사람의 역할, 능력, 성향을 파악하고, 나와 커뮤니케이션할 수 있는 그의 관심사와 가능한 시간대를 알아낼 수 있다면 그 담당자라는 특정 역할, 능력, 그리고 그의 시간이라는 조각을 가져다 쓸 수가 있다.

세상을 쓰기 쉬운 조각으로 나눈다는 이야기는 이미 모듈화, 오픈소스가 되어 있는 솔루션을 찾든지 아니면 본인이 그런 단위로 나누어 모듈화를 시키든지 둘 중 하나이다. 내가 만들지 않아도 이미 구현되어 있는 세상의 모듈(오픈소스)이 있다면 난 그것을 가져와서 그냥 내 것과 조립해서 쓰면 된다. 이는 엄청난 시간과 비용을 절약할 수 있다. 재즈 스타일로 나를 완성해나간다는 의미는 나란 모듈과 전 세계에 깔려 있는 수많은 모듈을 즉각적으로 조립해서 위기를 관리하거나 새로운 가치를 만들어내는 것이라고 볼 수 있다.

세계화 시대라고 하지만 일반적인 생활을 영위하는 사람이 세계와 나와의 관계성을 구체적으로 인식해가면서 일을 벌려나가기란 매우 드문 일이다. 여기서는 세계와 나와의 관계성을 구축한다는 의미를 내 꿈과 목표를 위해 세계를 활용한다는 것으로 정의내리고자 한다. 그러기 위해서는 우선 큰 덩어리로 세계를 인식하는 것이 아니라 잘게 쪼갠 후 나와 연관성이 있는 조각을 우선 찾는 것이 필요하다. 그리고 나의 조각과 세계의 한 조각을 연결시키고 리믹스 하는 방법을 찾는 것이다.

세계라는 무대에서 그저 외부로부터 영향을 받기만 하는 수동적 입장이 아니라 창조를 하기 위한 능동적인 입장으로 전환하려면 내가 통제할 수 있는 단위로 세계를 분해해서 보고 나와의, 혹은 내 기업과의 연관성을 찾아가는 과정이 재즈노믹스의 중요한 부분 중 하나이다. 나의 멜로디 조각과 세상의 멜로디 조각을 링크시키거나 퍼즐처럼 조립해가면서 새로움을 창조해나가는 과정이기 때문이다.

세계를 정치, 경제, 문화와 같은 큰 덩어리로 관찰하고 분석하는 것은 트렌드와 상황분석을 위해서 꼭 필요함을 인정하지만 내가 세계를 쓴다는 관점에서는 접근하기 어렵다. 왜냐하면, 한 개인이 다루기에는 너무나 포괄적이고 광범위하기에 제어가능하지 않기 때문이다. 러시아의 정치상황, 미국의 경제위기, 이라크전쟁 등과 같은 사건은 단지, 현재 세계적 정황과 시대적 흐름에 대한 이해를 돕는다는 면에서는 의미가 있을 것이다. 그러나 여기서는 세상을 마치 장난감 레고처럼 내가 조립할 수 있고 내 통제력을 발휘할 수 있는 범위에 초점을 맞추도록 하겠다.

그러나 세상을 나누는 데 특별한 기준이 있는 것은 아니다. 그것은 사람마다 다르고 상황에 따라 달라지기 때문이다. 세상을 나눌 때 수많은 기준이 존재할 것이다. 무엇보다도 그 기준을 만들 때 중요한 것은 내가 사용하기 좋은 크기와 특성으로 나누어 놓는다는 것이다. 그러나 이렇게만 이야기하면 독자의 입장에서 볼 때 너무 막연하다고 느낄 수 있기 때문에 저자가 나름대로 적용하고 있는 나누기 기준을 소개할까 한다.

삼간(三間) - 시간, 공간, 인간

여기에서는 세상을 시간, 공간, 인간의 3가지 축으로 나눈다. 이 삼간(三間)은 개인의 관점에서 나와 세상을 조립하는 데 기준이 되는 3가지다. 무슨 일을 만들어가든지 이 3가지는 가장 기본이 되는 중요한 요소이기 때문이다. 이 분류기준은 개인, 기업, 단체, 기관 등 모두에 해당된다. 세계를 쓴다는 이야기는 결국 세계 어디엔가 있는 이들의 시간과 공간, 그리고 인간이 가진 능력, 아이디어, 인프라 등을 가져와서 사용한다는 의미이기 때문이다.

개인, 기업, 단체, 기관 등이 가지고 있는 각자의 3가지(시간, 공간, 인간)가 잘게 분해되어 이리저리 다양하게 조합되면서 새로운 창조를 만들어낸다. 그렇다면 나도 세상을 모듈화 된 조각의 집합체라는 시각으로 보고 내 목적에 맞게 세상의 모듈을 끌어다 쓸 수 있는 안목이 있어야 한다. 내가 주도적으로 세상과 결합을 해나가려면 나의 모듈과 세상의 어떤 부분이 어떻게 결합되면 기회가 되는지를 빨리 판단할 수 있어야 하기 때문이다. 그래서 평소에 그것을 부지런히 찾아놓아야 한다.

먼저 시간의 세분화 & 모듈화를 개인, 기업, 단체, 기관으로 나누어 해보자. 앞서 모듈화의 과정처럼 잘게 분해해서 내 모듈과 만남으로서 가치를 창출할 수 있는 시간모듈을 찾는다. 이 모듈은 상대방이 자체적으로 만들어놓은 것이 있을 수도 있고, 없더라도 내 의도에 맞게 상대의 시간대를 모듈화 할 수도 있다. 이것이 만약에 국경을 넘게 되면 양국 간의 환율 차이, 성향 차이, 발전속도 차이, 시장 차이 등으로 인해서 많은 기회를 창출할 수도 있다.

현재 개발도상국의 시간이 모듈화 된다면 그것은 우리나라의 1970년대의 모듈과 비슷하다. 현재 한국의 시간적 모듈과 연결이 되면 그 차이로 인한 비즈니스 기회를 찾을 수 있다. 또는 인도 비서서비스 회사의 시간당 이용료가 미국이나 캐나다 비서서비스 회사보다 훨씬 싸다. 따라서 나는 인도 비서서비스 회사의 시간모듈과 서비스능력 모듈을 따와서 내 공간에서 쓸 수 있다.

그 다음으로 공간의 세분화 & 모듈화를 개인, 기업, 단체, 기관으로 나누어 해보자. 역시 모듈화의 과정에서처럼 다른 이들의 공간을 분해해서 모듈화 해놓는 것이다. 가령 어느 기관에서 운영하는 건물의 창고가 있는데 아무도 사용하지 않는다고 한다면 그것을 다른 개인이나 단체가 활용하게 하고 수익을 얻거나 다른 교환가치를 얻을 수 있을 것이다. 만약 이 공간이 국경을 건너간다고 한다면 이야기는 더욱 달라진다. 국가 간의 환율 차이, 민족 성향 차이, 기후 차이, 시장 차이 등으로 인한 공간의 활용도와 사용료도 많은 차이가 있을 것이다. 그 차이를 잘 이용한다면 또 다른 기회가 될 수 있다.

흔히 볼 수 있는 예로, 환율 차이로 인해 생산공장을 중국으로 옮긴 회사는 우리 대기업을 포함하여 전 세계적으로 많다. 그래서 세상을 쓰는 또 하나의 방법은 세상을 구성하는 개인으로부터 기관에 이르기까지 그들이 소유한 공간을 잘게 분해해서 공간의 모듈화를 이룸으로써 새로운 용도와 제휴를 이끌어낼 수 있는 것이다.

삼간의 마지막 단계로 인간의 세분화 & 모듈화를 보면, 세상을 쓰기 쉬운 조각으로 나눌 때 삼간 중에서 인간의 모듈화는 특히 중요하다. 세계의 기업, 단체, 기관이 아무리 그 조직이 크다고 해도 결국 사람이 움직이고 이 한 사람 한 사람이 모두 자신만의 시간, 공간을 가지고 있기 때문이다. 인간의 세분화 & 모듈화는 그 의미가 인맥관리와도 연결될 수 있으나 그 깊이와 범위가 훨씬 크고 차원이 다르다.

① 인맥관리 측면에서의 모듈화 – 직업별, 연령대별, 나와의 친분관계의 정도에 따라 나누고 필요 시에 바로 떠올릴 수 있고 바로 접촉해서 내 업무와 혹은 다른 사람과 연결시킬 수 있도록 정리한 것이다.

② 해당 개인 자체를 나누어 세분화 & 모듈화 – 한 개인이라고 할지라도 그 사람의 시간, 공간, 능력, 취미, 성향 등에 따라 더 잘게 분해해서 각 부분을 모듈화 할 수 있다.

예를 들어, 어떤 사람이 성격이 괴팍하여 싫다고 하더라도 그 사람이 가진 특정능력이 내게 필요하거나 나와 공통된 취미가 있을 수 있다. 그러면 그 사람의 성격에 대해 통째로 감정적으로 대응하여 만남을 꺼리는 것보다 그가 비교적 안정된 감정상태를 유지하는 시간적, 공간적 모듈을 파악하거나 나와 공통된 관심사인 분야를 선택하여 그 모듈과 접촉을 시도할 수 있다. 그러면 비교적 발전적이고 생산적으로 그와의 관계를 만들 수 있다. 이렇게 개인 자체를 세분화하면 그 사람의 성향 중에서도 나와 맞는 것과 맞지 않는 것이 있을 수 있다. 이런 경우 맞지 않는 부분은 피하고 맞는 부분을 더욱 개발해서 좋은 관계를 유지해나갈 수 있다.

UN과 같이 큰 초국가적인 국제기관, 구글과 같은 세계 초일류 기업 등 전 세계를 움직이는 기관 및 기업도 결국은 그 조직에 있는 사람이 움직이는 것이다. 따라서 평소에 나와 관계를 맺을 사람에 대해서는 관심을 가지고 그 사람의 시간, 공간, 능력, 성향, 취미 등을 세분화시켜 모듈화 하는 정성이 필요하다. 그리고 정기적인 나의 모듈과의 접촉을 통해서 원활한 관계를 맺는 것이 좋다. 그래야 그 개인과 나와의 즉흥연주, 다시 말해 즉각적인 교류와 협업이 가능하다. 그 외에 정보, 지식, DB의 세분화 & 모듈화가 있다.

평소에 뉴스, 잡지, 서적, 신문, 인맥, 인터넷(블로그, 트위터, SNS 등 소셜 미디어)을 활용하여 내 꿈, 목표, 키워드와 관련성이 있는 정보, 지식, DB 등이 수집되는 통로를 체계적으로 나누고, 그렇게 모이는 자료를 꾸준히 분류, 정리해서 모듈화 해놓는다. 이것은 나중에 시간, 공간, 인간의 모듈과 결합하여 커다란 비즈니스 기회를 창출할 수도 있다.

만약, 내가 고안한 아이디어로 새로운 아이템을 만들어 전 세계를 무대로 영업한다고 한다면, 일본의 하이테크 기술 능력이라는 모듈, 나의 아이디어, 어학, 비즈니스 능력이라는 모듈, 중국의 넓은 땅덩어리의 공장이라는 공간모듈과 저렴한 생산인력이라는 인간모듈, 그리고 인도에 있는 여비서의 영어능력과 서비스능력이라는 모듈이 결합되어 투자대비 생산성이 매우 높은 멋진 모델이 탄생할 수도 있는 것이다.

이 모든 것이 예전에는 기업차원이 아니면 불가능했지만 이제는 개인이 그러한 일을 진행할 수 있는 시대가 되었다. 전 세계에 있는 시간, 공간, 인간들을 내가 활용할 수 있는 시대, 나의 조각과 세상의 조각이 만나 다양한 결합과 융합을 통해 창조가 일어날 수 있는 시대, 재즈노믹스의 시대인 것이다.

낭비 제거와 정리정돈

재즈노믹스에 있어서 일단 모듈화가 되었으면 본격적으로 연결하기에 앞서 해야 할 것이 있다. 낭비 제거와 정리정돈의 단계다. 다음 단계인 리믹스를 순조롭게 하기 위해 이 단계는 중요한 의미를 지닌다.

왜냐하면 낭비가 제거되어 핵심만 남겨져 있을 때 다른 것과 결합하기가 쉽기 때문이다. 여기서 낭비의 정의란 가장 이상적인 상태와 현재 상태와의 차이를 말한다. 즉, 이것저것 군더더기가 붙어 있게 되면 필요한 핵심적 기능에 초점이 맞춰지지 않고 흐려진다. 두 물질을 섞는 화학실험을 할 때 이

216

물질이 들어가 있지 않은 순수한 오리지널 소스들끼리 만나야 그 정확한 융합반응을 알 수 있는 것이다. 나의 모듈이 세상과 만날 때 충실히 그 역할성을 다하기 위해선 평소에 나의 시간, 공간, 능력 등의 각 모듈이 낭비가 없고 핵심적 기능에 초점이 맞추어진 상태를 유지할 수 있도록 해야 한다.

그가 '프로페셔널'인지 아닌지는 대체로 그의 업무 테이블을 보면 알 수 있다. 그의 업무테이블은 그의 정신자세와 마음상태를 반영한다. 소위 '프로페셔널'은 예측치 못한 외부의 자극에 대해 나에게서 '무엇'이 필요할 때 바로 꺼내서 쓸 수 있도록 평소에 준비되어 있어야 한다. 그것이 바로 정리정돈된 상태를 의미하는 것이다. 범위를 넓혀 기업의 입장에서도 마찬가지이다. 기업의 비전, 목표, 구체적인 업무에 이르기까지 정리가 잘 되어 있어야 하고 그것을 전 직원이 항상 인식하고 있어야 한다. 그래야 외부의 돌발상황에도 기업의 비전과 목표가 지향하는 방향대로 모든 직원이 한 마음으로 일관성 있게 바로 대처할 수 있는 것이다.

나와 내 기업이 세상과 만나기 전에 낭비 제거와 정리정돈을 통해 스스로를 가다듬는 과정이 필요하다.

𝄢: 링크(Link)와 리믹스(Remix)

링크(Link) 하기

링크는 돈이다. 재즈노믹스에 있어 모듈화와 오픈소스화가 준비과정이었다면 링크와 리믹스는 본격적으로 가치를 생산하기 위한 단계다. 각 모듈 간의 적합한 연결이 즉각적으로 이루어짐으로써 각종 위기상황에서 솔루션을 만들어내거나 새로운 지식과 가치를 창조한다.

웹 2.0 시대에 링크는 선택이 아니라 이미 필수사항이 되었다. 온라인상에서 자신이 생산한 콘텐츠가 있다면, 많이 링크되면 될수록 그 존재가치가 높아지고 인정을 받게 된다. 설령, 자기 스스로 정보나 지식을 생산할 수 없다고 하더라도 이용자들이 원할 경우 링크를 통해서 제공해야만 생존할 수 있는 시대다. 온라인상이 아니더라도 어차피 삶이란 나와 세상이 계속해서 연결을 거듭해나가고 그 속에서 새로운 가치를 추구해나가는 과정이다.

사람뿐만 아니라 모든 시간, 공간, 능력, 사물 등 존재하는 모든 모듈은 자체로서는 별 가치를 발휘하지 못하더라도 다른 모듈과 연결되는 순간 엄청난 가치를 만들어내는 경우가 있다. 이렇게 연결을 통해서 시장이 형성되거나 고객이 만족하는 가치를 만들어내야 한다. 만약, 모듈화 하고 링크까지 했는데 아무런 가치를 발생시키지 못한다면 그것은 아무 의미가 없는 것이다. 연결단계까지 갔다면 이제는 고객이나 시장이 바라는 가치를 창조하기 위해 집중해야 한다. 그렇다면 어떤 연결을 해서 가치를 만들어낼까?

가치를 만들기 위한 링크를 하기 위해서 주목해야 할 사항은 다음과 같다.

첫째, 고객을 만나라

내가 생각하는 연결을 통해서 만들어질 상품과 서비스를 사용할 고객층을 만나보고 그들은 어떤 기대를 하고 있는지, 어디서 불편함을 느끼는지 관찰하라. 그리고 더 바람직한 것은 고객이 미처 발견하지 못하는 잠재된 욕구까지 찾아내서 그것을 해결하는 나와 세상과의 링크를 찾는 것이다. 이를 위해선, 우선 고객을 만나서 세심하게 관찰, 분석해야 하고 자신도 철저히 고객의 입장이 되어야 한다.

둘째, 상상력을 발휘하라

연결을 통해서 새로운 가치를 만들어낼 수 있도록 상상력을 발휘하라. 모듈과 모듈을 단지 연결만 한다고 가치가 발생하는 것이 아니라 자신의 상상력도 연결고리로 첨가될 때 더욱 다양하고 새로운 가치를 발견해낼 수 있고 그 가치는 배가 된다.

셋째, 지적 능력을 키워라

상상과 현실을 연결시키려면 지적 능력이 필요하다. 내가 상상한 상황이 정말 엄청난 가치를 발생할 것 같은 자신감만 있고, 실제 전략과 전술이 동반되지 않으면 그저 기분 좋은 개꿈에 불과하다. 상상을 현실로 구현하려면 실력과 단련된 지적 능력이 필요하다.

넷째, 빠진 연결틈새를 부지런히 찾아라

수많은 사물의 연결 속에 빠져 있는 틈새를 찾아라. 격차가 크게 발생하는 곳을 찾아서 빈 곳을 메워라. 그 격차가 클수록 엄청난 기회가 될 수 있다. 큰 차이를 연결하는 고리를 만드는 데서 비즈니스 기회가 창출될 수 있다.

그리고 내가 링크를 거는 것도 중요하지만 상대방이 링크를 내게 걸기 좋은 상태로 만들어두는 것도 중요하다. 이렇게 여러 개의 링크가 이루어지고 서로 상호작용하게 되면 무대가 만들어지고 시장이 만들어지고 생태계가 만들어진다. 나는 어느 위치에서 어떤 고리를 만들 것인가? 여러 분야의 아이디어를 연결하고 실험하라.

가치를 만들어낸 좋은 링크의 예로, 현대의 아토즈는 소비자들에게 차 이름까지 공모해서 붙일 정도로 심혈을 기울였던 현대의 야심작이었다. 그러나 출시되자 소비자들의 반응은 냉담했다. 그 이유는 짐을 싣는 차고가 너무 높아 디자인이 세련되지 못하고 투박하다는 것이었다. 결국 국내시장에서는 실패한 모델로 끝났다. 그러나 국내 소비자들이 싸늘한 반응을 보인 그 이유 때문에 인도에서는 대성공을 했다. 머리 위까지 터번을 두르고 다니는 시크교도가 많은 인도의 특성상 차고가 높은 아토즈는 그들의 바람과 절묘하게 맞아 떨어졌기 때문이었다. 이처럼 전 세계를 무대로 연결을 하면 앞으로 우리에게는 무궁무진한 가능성이 열려 있다는 것을 알 수 있다.

설령 지금 한국에서 팔리지 않는 제품도 영업지역을 전 세계로 확장시킨다면 어딘가의 수요와 연결이 될 수 있다. 글로벌형 인간은 이런 연결을 포기하지 않고 꿋꿋하게 지속적으로 해나가는 사람이다.

리믹스(Remix) 하기

전 세계적으로 추종자를 거느리고 있는 천재 영화감독 쿠엔틴 타란티노 (Quentin Tarantino)는 리믹스의 진수를 보여주고 있다. 그가 연출한 〈펄프 픽션〉이나 〈킬 빌〉을 보면 대단한 내용은 아니지만, 독특한 시간적인 배열, 오마주의 배합, 기존 질서와 관습을 무시한 전개 등으로 전 세계적으로 엄청난 반향을 일으켰다. 'B급' 일 수 있는 영화를 독창적이고 센세이셔널한 작품으로 탈바꿈시킨 것은 바로 리믹스의 힘이다.

모듈화가 된 조각들을 링크했으면 이제는 섞어보는 단계다. 여기에서는 리믹스라고 명칭한다. 이 단계에서 본격적인 재창조가 일어난다. 비틀즈 시대에 이미 나올 만한 멜로디는 다 나왔다는 말이 있다. 지금 시대는 완전 무(無)의 상태에서 유(有)가 탄생되는 것이 아니라 기존의 조각들을 어떻게 섞고 재조립하느냐에 따라 새로움이 탄생되는 시대다.

리믹스라는 것은 음악을 만들 때 흔히 쓰는 기법 중의 하나다. 왜냐하면, 아주 경제적으로 새로운 곡을 창조해낼 수 있기 때문이다. 더욱이 음악 기재와 소프트웨어가 매우 발달되어서 훈련된 음악적 지식이 없어도 음악기재를 다룰 수 있고, 약간의 음악적 감각을 가지고 있으면 기존 음악 몇 곡을 리믹스해 새로운 음악으로 재탄생시킬 수 있다. 이제는 음악뿐만 아니라 영화, 뮤지컬, 출판 등도 리믹스 기법을 활용해 새로운 창작물이 쏟아지

고 있다. 전 세계적으로 선풍적인 인기를 끌고 영화화된 일본 만화 〈드래곤
볼〉도 사실은 손오공을 현대에 맞게 재각색한 것이고, 〈슈렉〉도 디즈니 영
화에서 수많은 캐릭터와 스토리라인을 가져와 이리저리 비틀고 변형시켜
서 만들어 대박을 낸 애니메이션이다.

공연 비즈니스계에서 압도적 벤치마킹의 대상이 된 '태양의 서커스'도
세계 각국의 민속놀이, 서커스, 뮤지컬, 콘서트, 첨단기술 등이 어우러진 리
믹스의 전형적인 예다. 이렇게 지금 새롭게 등장하여 독창적이라고 불리는
것도 자세히 뜯어보면 어디서인가 출처를 가지고 있는 것이 많다. 앞으로
의 창조는 완전 무에서 만들어지는 창조가 아니라 기존의 것들을 재편집하
고 리믹스한 것에 불과할지도 모른다.

더욱 재미있는 것은 이제 리믹스의 영역이 문화뿐만 아니라 경제, 사회,
과학 등 거의 모든 인간 세상사를 커버할 수 있는 중요한 키워드로 떠오른
것이다. 지금처럼 세상의 많은 것들이 온라인 세계로 승천하고 컴퓨터 안
으로 속속 들어가고 있는 것을 미루어볼 때 나중에는 '온 세상을 컴퓨터 안
에서 리믹스 하게 되는 날이 오지 않을까' 하는 상상이 되기도 한다. 훌륭한
리믹스는 그 부분들의 단순한 총합보다 그 이상의 것을 의미한다.

자, 그러면 재즈노믹스의 조립단계로 나와 세상을 리믹스 해보는 실습시
간을 가져보자.

▶ 재료

나의 모듈(시간, 공간, 능력, 아이디어 등)

세상의 모듈(시간, 공간, 인간, 지식, 정보, DB, 능력 등)

Step 1. 처음 만들고자 하는 제품, 서비스를 상정하라.

Step 2. 구현하고자 하는 제품이나 서비스를 사용할 고객의 관점과 바람을 파악

하라. (더 나아가 이 제품, 서비스를 사용하는 고객의 라이프스타일을 그려본다.)

Step 3. 만들고자 하는 제품의 기획에서부터 판매까지의 과정을 조각조각 나눈

다. (필요로 하는 시간, 공간, 능력, 재료 등을 구체화한다.)

Step 4. 나의 모듈로서 대체할 수 있는 것과 대체할 수 없는 것을 구분하라.

Step 5. 생산성과 효율성을 따져볼 때 나의 모듈이 경쟁력이 떨어지는 부분을 찾

아라. 특히, 국가에 따른 환율 차이, 인건비 차이, 기술력 차이 등에 초점

을 맞추어 아웃소싱을 하거나 제휴할 필요가 있는 모듈파트를 찾아라.

Step 6. 내가 부족하거나 없는 부분을 가장 좋은 조건으로 메워줄 수 있는 세상

의 모듈을 찾아라.

Step 7. 나의 모듈과 세상의 모듈(협력업체, 고객, 기타 외부요소)이 상생구조를 가질

수 있도록 디자인하고 조립해서 원래 의도했던 제품, 서비스를 구현한다.

예를 들어, 일본에서 대히트한 상품을 구현한 첨단기술이 있다고 하자. 그러나 일본상품은 가격이 좀 비싸다. 그 상품에서 아이디어를 얻어서 다른 접근방식으로 새로운 제품을 구상한다. 이것은 나의 능력(아이디어 +Prject Manager)이라는 모듈이다. 일본에서는 기술모듈을 쓰고 중국에서는 저렴한 임대료로 공장이라는 공간모듈, 인력은 인건비가 싼 중국인으로 커버한다. 트렌드를 반영하는 감각은 책, 뉴스, 신문기사, 다큐멘터리, 웹사이트 등에서 발췌한 정보, 지식이라는 모듈이다. 그리고 세계로부터 주문을 받거나 온라인 마케팅의 작업은 인도에 있는 비서로 해결한다.

이 리믹스는 보다 경제적이고 생산성 있는 결과를 가져올 뿐더러 환율 차이, 인건비 차이, 소비취향 차이 등을 통해 이득을 발생시킬 수도 있고 지금까지 없었던 새로운 콘셉트의 비즈니스도 만들어낼 수 있다.

이렇게 리믹스를 자유롭게 하려면 우선 각 특성별로 최대한 잘게 쪼갤 수 있는 안목이 있어야 하고 그것을 종류, 품목, 성향별로 평소에 잘 정리정돈해야 한다. 국제화가 세련되게 된 사람은 다른 나라 사람의 특정 시간, 공간, 능력, 정보, 지식 등을 잘 뽑아와서 자신의 것과 버무릴 줄 아는 사람이다. 잘 모르는 사람일수록 전 세계를 그저 한 덩어리로 인식한다. 그것은 느낌과 감상, 지식과 정보로만 인식할 뿐 내 꿈과 목표에 맞게 주무르거나 통제할 수 없다.

앞서 나누어둔 나의 모듈과 세상의 모듈들을 동서남북, 상하좌우, 과거, 현재, 미래로 다양하게 연결하고 리믹스해 보는 것은 매우 중요하다. 나의 지식, 능력이라는 모듈이 우리나라에서의 시간, 공간과 만나는 것보다 만약 베트남, 캄보디아의 시간, 공간적 배경 속에 놓여진다면 또 다른 작용과 결과를 낳을 것이다. 그 리믹스의 성공 여부를 떠나서 이 시도는 다양한 방법으로 지속적으로 이루어져야 한다. 왜냐하면 이러한 과정을 통해서 새로운 창조가 일어나고 혁신이 만들어지기 때문이다. 그리고 삶이란 것도 결국 나를 쪼개서 모듈화 한 나의 시간, 공간, 능력 등의 조각들이 세상의 무수한 조각들과 만나 리믹스 되면서 내 인생을 창조해나가는 것이다. 그러나 대다수의 사람들이 주어진 자기 시간, 공간, 재능 등의 조각을 세상의 조각들과 창의적으로 리믹스 하지 못한다. 오래 전부터 내려오는 선배들의 고착화된 삶의 궤도 안에서 늘 하던 대로, 보던 대로 자신의 시간, 자신의 조각을 그저 가지런히 배열할 뿐이다.

내 삶은 내가 각본, 감독, 주연하는 영화다. 내 인생을 어떻게 리믹스 하느냐에 따라 B급 인생이 될 수 있고 초 A급 인생도 될 수 있다.

𝄢: 빠르고 유연하며 강력한 팀 만들기

개인의 단계에서 모듈화가 끝난 다음에는 팀이 있다. 팀
이란 기업에서 혹은 단체, 기관에서 가장 활발하게 움직이면서 각종 프로
젝트를 수행하는 최소 단위의 단체, 재즈 스타일에서는 재즈밴드라고 칭하
기로 하자. 소수의 엘리트가 대중을 지배했던 산업사회가 이제 자신의 매
체를 가진 강력한 개인들이 네트워크로 연결된 유기적 사회로 진화해간다.
그리고 이런 개인들이 만난 것이 바로 재즈밴드 팀이다.

공동의 비전과 목표를 갖고 각종 상황에서 기민하고 유연하게 대처할 수
있는 재즈밴드 팀을 만들기 위해서는 어떻게 해야 할까?

기본 철학과 공통된 비전의 공유

사원 전원이 경영에 참가하고 각자의 능력을 자유롭게 발휘하기 위해서는 회사의 기본 철학과 비전을 진심으로 공감해야 한다. 그리고 팀 전원이 이 회사가 무엇을 원하는가, 무엇을 해야 하는가 등에 대한 생각을 공유하고 있어야 한다. 앞서 언급했듯이 알카에다의 수많은 불가사리 같은 테러 조직이 중앙으로부터 특별한 지시를 받지 않아도 자발적으로 움직일 수 있는 것은, 그리고 각자 소수 팀에게 권한을 이양해도 더 창의적으로 원하는 바를 쟁취해내는 것은 공통된 비전과 이념으로 통일되어 있기 때문이다. 각 개인과 팀마다 역량과 성향이 다르므로 획일적이거나 일방적인 방향으로 일을 지시하는 것보다는, 비전과 목표를 뚜렷이 인식시키고 나머지는 각자가 알아서 자신의 강점을 활용하는 방식으로 일을 진행할 수 있도록 맡기는 것이 효과적이다.

다른 멤버의 이질성을 수용하고 조화로운 협력으로 이끌기

남상훈 씨는 그의 저서 『글로벌 리더』(인물과사상사, 2006)에서 다음과 같이 지적했다.

"UCLA의 코바치(Kovach) 교수는 1977년과 1980년 사이에 경영학 석사 과정 MBA 2년차 학생들 800명을 다문화팀과 단문화팀으로 나누어 과제를 주었다. 다문화팀의 성과는 단문화팀의 성과에 비해서 양극단을 보여주었다. 단문화팀은 성과가 아주 나쁘지도 좋지도 않은 중간은 가는 형태를 보이는 반면, 다문화팀의 성과는 아주 좋거나 아주 나빴다. 나빠진 이유는 다양성의 단점들이 팀이 제대로 활동하는 것을 막았기 때문이었다. 팀원들 사이에 의사소통이 제대로 되지 않는 가운데 갈등이 생기고 상호 간의 불신이 높아져서 전체적인 효율이 떨어지고 성과도 떨어졌다. 높은 성과를 낸 팀은 이러한 단점들을 극복하고 단문화팀들이 갖기 힘든 능력, 즉 다양한 아이디어와 정보를 바탕으로 창의력을 발휘하는 등의 시너지를 창조할 수 있었기 때문이 아닌가 한다."

팀 내 서로 비슷한 사람이 아닌 이질적인 면을 소유한 사람이 다양할수록 더 혁신적이고 우수한 결과를 낼 수 있는 팀이 만들어질 가능성이 높다. 그 이질성을 잘 파악하여 서로 조화를 이루도록 해야 한다.

정보공유와 원활한 커뮤니케이션

정보공유는 전원이 함께해야 한다. 지금 조직 내에서 돌아가고 있는 모든 정보는 물론이고 현재 어느 사원이 어떤 스케줄을 가지고 있고, 이번 일주일 동안 무슨 일을 할 예정이고, 오늘은 몇 시에 어디 회의실에서 누구와 만날 예정인지까지 투명하게 드러나야 한다.

예측할 수 없는 상황이 도래하는 경우가 잦은 경우, 민첩하게 대응할 수 있으려면 번복되는 정보알림은 제거되어야 하고 원활한 커뮤니케이션을 할 수 있는 인프라와 직원들 각자의 오픈마인드가 필요하다.

그러기 위해서는 불필요한 관리계층은 없애고 가능하면 멤버 간 관계가 평평한 플랫형으로 구성하는 것이 좋다. 팀에서 진행하는 일이 모두 눈에 보일 수 있게 하는 것 또한 매우 중요하다. 그리고 일이 진행되는 과정 중간 중간에도 그 업무성취도를 눈으로 확인할 수 있는 장치가 필요하다. 그것이 투명하게 보여야지만 전 사원들의 즉각적인 대응이 가능하고 눈에 보이지 않으면 관리가 되지 않기 때문이다.

전 사원의 CEO화 (팀 경영에 전원 참가)

재즈를 연주할 때는 한 멤버도 빠짐없이 자기 역할이 분명히 있고 대충 묻어갈 수가 없다. 각자 멤버의 연주가 모여서 하나의 총체적인 음악이 완성되므로 내 역할과 상대 역할의 파악은 물론 그 어울림까지 항상 파악하고 있어야 한다. 이처럼 팀이 구성되는 멤버들 서로의 영역에 대해서 파악을 하고 각자 자기 역할만의 입장이 아닌 다른 팀원, 혹은 경영자의 입장에서 그 팀을 바라보고 일에 참가하도록 한다.

사원에게도 일정기간 제한된 영역 내에서 경영을 맡겨 실전을 통해 기업가 마인드를 가지도록 한다. 경영지식이 없는 그도 감당할 수 있게 하기 위해선 경영의 참가과정을 단순하게 해주는 것이 키포인트다. 가령 "매출을 늘리는 것, 원가절감을 하는 것, 리드타임(제품의 기획에서 완성단계까지의 기간)을 줄이는 것" 등과 같이 목표도 단순하고 명확하게 준다.

셀 단위로 이합집산을 자유롭게

재즈밴드를 구성할 때 좋은 사운드를 못 내면 바로 팀을 해체할 수 있다. 나와 호흡을 잘 이루는 연주자들을 찾기 위해 이합집산을 되풀이하면서 연주를 한다. 이처럼 팀조직 변경을 자유자재로 하고 그때마다 분해, 통합, 리더 교체와 같은 실전과정을 통해 호흡이 맞는 팀원들을 발견하게 되고, 적합한 리더가 키워지게 된다. 팀을 쉽게 관찰하고 잘 볼 수 있도록 나누고 리더의 능력에 맞춰서 분할한다. 진행하면서 성장하지 않는 팀은 기존 팀에 합류시키거나 제거하거나 몇 개를 통합시킨다.

𝄢 재즈생태계
(시장과 지식창조를 위한 무대)

국내 실업자 수는 2008년 8월 76만 4,000명에서 2009년 8월 90만 5,000명으로 급증했다. 당장 미국, 유럽 등 글로벌 시장의 수요 회복이 둔화되고 실물경기 침체가 계속될 경우 우리 경제의 회복은 미뤄질 수밖에 없다.

이제 살아남을 수 있는 길을 찾으려면 우리 스스로가 활동할 무대를 만들어야 한다. 만들기 어려우면 그런 무대를 찾아 먼 길을 떠나야 한다. 공무원이 되고 대기업에 들어가기 위해서 고시원으로, 도서관으로만 침잠해서는 앞으로 이 수많은 청년실업자, 고용불안의 문제를 벗어날 수가 없다. 이제는 우리의 일터를, 시장을, 지식창조의 장이 될 무대를 스스로 디자인하고 만들어나가야 한다. 지금 시대는 인터넷의 발달과 함께 다양한 소셜 미디어, 소셜 네트워크의 등장으로 전 세계를 대상으로 무대를 만들 수 있다. 그러면 그 무대란 어떤 것을 말하는가? 바로 '시장을 새롭게 창조하고 새로운 지식창조가 일어날 수 있는 무대'를 말한다.

일본을 대표하는 지식경영의 대가 노나카 이쿠지로는 무대의 의미에 대해서 다음과 같이 말한다.

"창조하는 능력으로서의 지식은 단순히 개인의 내부에 존재하는 것이 아니라, 여러 상호작용을 통하여 다른 사람들과 문맥(특정한 시간과 공간과 다른 것과의 관계성을 말한다)을 공유하는 다이내믹한 무대에서 생겨난다. 무대는 지식창조기업의 매우 중요하고도 기본적인 요소가 된다. 좋은 무대란 고유의 의도나 방향성이나 사명을 가지고 자기 조직화되어 있으며, 경계가 닫혀 있지 않고 열려 있어 다양한 배경이나 관점을 지닌 사람들과 감정의 공유와 대화가 가능하며, 타인과의 상호작용 가운데서 자기 자신을 보다 높은 차원으로 초월해갈 수 있는 환경을 말한다. 단적으로 말하면, 무대를 만들 수 없는 조직은 새로운 지식을 낳을 수 없다."

즉, 무대란 그 안에 있는 개인, 기업, 기관, 단체 등 각종 요소가 개방, 공유, 협업 등과 같은 상호작용으로 새롭게 업그레이드하고 시장을 만들고 지식창조를 가능케 하는 공간을 말한다. 세상에는 새로운 창조를 위해서 주제나 의미가 불명확한 채, 형식이나 형태를 바꾸는 것만으로 만족하는 기업이 많다. 그러나 그곳에 무대가 형성되어 있지 않으면 지식도 보이지 않으며 사람도 보이지 않는다.

일단 무대가 만들어지게 되면 필요한 인재가 보이기 시작하고 지식이 모이게 된다. 그래야 비로소 새로운 지식이 태동하기 시작하고 새로운 시장이 형성되기 시작한다. 재즈노믹스의 진수는 단지 모듈화, 링크, 리믹스에서 그치는 것이 아니라 이런 무대의 형성에서 나타나기 시작한다.

그러면 이런 무대를 형성할 때 어떻게 하면 성공적인 결과를 창출할 수 있을까? 이 무대를 만드는 효과적인 프로세스가 있다. 이 프로세스에 대해 자세히 알아보자.

첫째, 테마 세우기 (가설 세우기)

우선 무대가 만들어지려면 테마를 정해야 한다. '무엇을 만들고 싶은지? 무엇이 문제인지? 문제해결 방안은 무엇인지?' 라는 선명한 주제의식과 문제의식을 가지고 있으면 무대의 중심이 형성된다. 그러면 이것을 중심으로 특정한 시간과 공간, 그리고 사람 사이의 관계가 맺어지게 되며 필요한 모듈들이 모이기 시작한다.

새로운 지식창조는 단순히 개인의 내부능력에만 의존하는 것이 아니라,

모인 모듈 간의 상호작용을 통하여 다른 사람들과 시간과 공간을 공유하는 역동적인 무대에서 생겨난다고 할 수 있다. 따라서 무대는 지식창조기업의 매우 중요하고도 기본적인 요소가 되며 중심이 되는 테마, 주제를 먼저 선정해야 한다.

둘째, 무대 형성하기 (테마나 의미를 토대로 '재즈무대' 구성하기)

재즈무대의 구성은 온라인, 오프라인, 혹은 양쪽이 통합된 형태로도 자유롭게 구성할 수 있다. 이 무대 안에는 이 주제에 맞는 고객, 거래업체, 경쟁업자, 파트너사, 공공기관 등의 모듈을 최대한 끌어모은다. 가능하면 무대를 구성하는 요소가 다원적으로 형성되어 유기적으로 연결되는 것이 훨씬 다양하고 창조적인 지식을 끌어낼 수 있다.

무대를 형성할 때 주의해야 할 것은 오늘날과 같은 네트워크 시대에는 자신과 생각이 다른 집단의 의견은 배제하고 같은 집단끼리 어울리기 때문에 사고방식이 편향적이기 쉽다는 것이다.

독일의 사회학자 엘리자베스 노엘 노이만은 1984년 '자신의 의견이 우세하다고 여긴 사람은 목소리가 커지고, 열세라고 인식한 사람은 침묵한다. 그 결과 우세 의견은 보다 세력을 확장하고 열세 의견은 더욱 소수가 된다'라는 '침묵의 나선' 이론을 발표했다.

이 이론은 지금 시대에 더욱 위력을 발휘하고 있다. 그동안 인터넷상의 여러 사건들을 통해 경험했겠지만, 일단 어떤 의견에 대해 여론이 일어나게 되면 그것에 반대되는 의견을 자신있게 올리기도 힘들 뿐 아니라, 자칫 잘못하면 수많은 악성 댓글에 시달리는 경우도 발생한다. 무엇보다 '다양성'이 존재해야 할 인터넷의 세계임에도 불구하고 '목소리 큰 놈이 이긴다'는 식의 사고가 적용된다. 웹 3.0으로 가고 있는 시대에 발맞춰 속속 등장하고 있는 개인화 프로그램은 '즐겨찾기, RSS'와 같이 자신과 취향이 비슷한 사람들끼리만 네트워크하게 되고, 이 경우 여기서 탄생된 정보는 특정 집단 내에서 매우 편향된 상태로 유통될 우려가 있다. 따라서, 재즈무대를 구성하는 요소에 의도적으로 대립된 구조를 집어넣거나 이질성을 다원적으로 배치할 필요가 있다.

재즈무대를 만들 때 각종 온라인 툴, 소셜 미디어 등을 적절히 잘 이용하면 효과적으로 재즈생태계를 디자인할 수 있다. 블로그, 카페, 트위터, 그외 각종 SNS 등을 활용해서 고객, 거래업체, 경쟁업자, 파트너사, 공공기관들의 상황을 파악할 수 있게 하거나 이것을 잘 연결하고 복합적으로 결합하여 훌륭한 협업시스템도 구현할 수 있다.

소셜 북마킹 소프트웨어 업체 코겐즈(Cogenz)의 창업자인 니얼 쿡은 이를 '엔터프라이즈 2.0'으로 설명하고 있다. 엔터프라이즈 2.0이란 기업 내에 혹은 기업 간이나 협력사와의 관계를 맺는 데 소셜 소프트웨어 프로그램을 사용해서 기업과 개인 간의 공유, 연결, 협업 등을 만들어 가치창출을 추구하는 것을 말한다.

이렇게 재즈생태계를 만들 때 소셜 미디어를 적절히 잘 활용한다면 현장에서 고객의 목소리도 듣고 기업 내의 직원, 혹은 외부 협력사, 공공기관, 그 외 단체와의 협업무대를 구성할 수 있다. 이에 따른 설치비용은 그다지 많이 들지 않고 운영도 그렇게 어렵지 않다. 그러나 그 효과는 매우 높다.

여기서 중요한 것은 온라인과 오프라인 관계없이 선택한 테마에 맞게 유기적으로 연결이 되어 무대를 이루는 구성원과 기본 틀을 만드는 것이다.

셋째, 창조를 위한 구도 만들기 (지식창조를 위한 변증법적 무대 패러다임 만들기)

창의적이고 감동을 주는 음악은 긴장과 완화, 불협화음과 협화음, 강약 등 서로 대립의 요소를 어떻게 배치하고 얼마나 잘 구성하느냐에 달려있다고 해도 과언이 아니다. 언제나 서로 편안하고 조화로운 상태, 즉 코스모스의 상태에서는 새로운 창조가 일어나기 어려운 것이다.

영화나 드라마에 갈등의 요소가 반드시 들어가 있고 그것을 해결해나가는 과정 속에서 관객들에게 카타르시스를 맛보게 해주는 것처럼 기존의 틀을 깬 창조가 탄생하기 위해서는 대립적 구도나 카오스적 상태를 의도적으로 조성할 필요가 있다. 오히려 서로 추구하는 바가 다를수록 둘 다 윈윈할 수 있는 방법을 찾는 과정을 통해서 새로운 창조적 해결방안을 낳게 되고 이것은 지식창조로 연결될 가능성이 높은 것이다.

따라서 재즈무대 안에서 끊임없이 시장이 만들어지고 지속적이고 혁신적인 지식창조가 일어나기 위해서는 그 안에 다종다양한 면에서 서로 대립하는 것을 배치시키는 것이 필요하다. 그리고 이들이 통합해나가는 과정을 통해 이노베이션을 끊임없이 해나가게 해야 한다. 그렇게 함으로 인해 어떤 가설을 세우고 검증해나가는 과정을 통해서 새로운 패러다임으로 기존에 없었던 창조가 일어나게 되는 것이다.

그러면 무대 안의 요소를 서로 배치하고 링크하는 데 도움이 되는 대립구조를 살펴보자. 지식창조의 패러다임을 형성하는 데 도움이 된다.

▶ 음과 양

가설이 검증되는 과정에 있어서 흔히 대립되거나 모순되는 생각이 나오기 마련이다. 이 음과 양의 관점을 경쟁구도나 승자와 패자의 구도가 아닌 음양의 조화를 이루는 관점에서 접근한다면, 이 둘의 통합하는 과정을 통해 보다 높은 차원의 창조가 일어날 수 있다. 다양한 면에서 서로 대립하는 것을 부드러운 변증법으로 양립시켜 이노베이션을 끊임없이 실현해가는 패러다임이 바로 변증법적 무대의 가장 큰 특징이다.

▶ 주관과 객관

뚜렷한 주관적인 느낌과 생각이 있는 사람도 조직에 들어가면 어느새 자신의 주관으로 해석하기보다 제3자의 입장, 다시 말하면 방관자적 입장에서 무미건조하게 업무를 대하는 경우가 많다. 이를 피하기 위해서 자신의 시각으로 현실을 보고 주관적인 느낌과 생각을 가질 필요가 있다. 이 과정을 통해서 서로 각자의 암묵지 지식이 발생하며 다시 객관화과정을 통해 형식지 지식으로 탄생하게 된다. 따라서 이 두 관점이 서로 대립하기도 하지만 선순환구조로 서로의 관점을 오고 가며 주객일체의 단계가 이루어지게 된다. 그것이 새로운 지식창조의 시발점이다.

▶ 암묵지와 형식지

현장에서 경험을 통해 각자의 생각이나 느낌 등 암묵지 지식을 쌓고 이것을 다시 말이나 문서로 표현하는 형식지 지식으로 전환하는 장(場)을 만든다. 이 형식지 지식을 참고로 다시 현장경험을 함으로 인해 새로운 암묵지 지식이 파생하는 선순환구조의 무대를 만든다.

암묵지를 만들려면 고객과 공유할 수 있는 무대를 만들어라. 주체와 고객을 분리하지 않고 함께하는 체험을 통해서 동일한 관계성이 이루어져 암묵지가 형성이 되고 이것을 형식지화시키는 과정까지 연이어지게 해야 한다.

▶ 현실과 이상

개인에서 조직에 이르기까지 흔히 대립적인 구도에서 치열하게 고민하는 두 가지 관점이다. 어느 한 가지 관점에 치우치기보다는 경계선에 서서 절묘한 절충안을 만들어내야 한다. 구현하기 어려운 이상을 현실화하기 위해서 탐구하는 과정을 통해 지식이 지속적으로 축적될 수 있다. 이처럼 재즈무대 안에서 현실과 이상을 배치하고 이 둘을 연결하려는 집요한 노력을 하게 된다면 혁신을 유도하고 지식창조도 일어나게 된다.

▶ 논리분석과 직접경험

보통 시장조사를 한다고 한다면 통계와 데이터를 활용하여 객관적이고 논리분석적인 접근을 하는 경향이 많다. 하지만 이것은 오히려 현실적이지 못하다. 현실은 수학공식처럼 움직이는 것이 아니라 어디로 튈지 모르는 럭비공과 같이 모순투성이기 때문이다. 반면 직접경험을 통한다는 의미는 고객의 입장과 눈높이에서 인식한다는 말이다. 즉, 고객의 '평균적 수준과 객관적 인식'이 아닌 '개별적이고 주관적인 인식'이라는 뜻이다. 현장에서 직접체험을 통해 수많은 고객을 만나서 얻는 '직관'은 논리분석을 통해 얻는 '지식'을 '지혜'로 만드는 힘이 있다. 따라서 이 두 관점의 대립구조는 상호 상승작용을 해서 지식과 지혜창조의 선순환구조를 낳는다.

넷째, 변증법으로 모순해결(통합) 후 재창조

재즈에 텐션 레졸루션(Tension Resolution)이라는 용어가 있다. '긴장이 해결된다, 불협화음이 협화음으로 바뀐다'라는 뜻이다. 예를 들면, 드라마에서 극도의 갈등구조로 치닫고 있다가 극적으로 해결되는 순간, 그 클라이맥스와 같다. 이 순간을 어떻게 맞이하도록 디자인하느냐가 중요하다.

변증법이라고 하면 다소 딱딱할지 모르겠지만, 흔히 우리들의 일상생활에서도 알게 모르게 체험을 하고 있다. 여러분도 상반되는 의견을 가진 사람과 대화하면서 그 접점에서 새로운 아이디어가 탄생하는 것을 경험한 적이 있을 것이다. 내 의견도 상대방 의견도 아닌 제3의 의견으로 그 두 관점이 모두 해결되는 과정을 말한다.

변증법(Dialectic)이란 용어도 그리스어로 '대화술, 문답법'이라는 뜻을 가지고 있는데 일반적으로 쓰여지는 헤겔의 정의에 따르면 인식이나 사물은 정(正)-반(反)-합(合)(정립-반정립-종합)의 3단계를 거쳐서 전개된다고 생각하였으며 이 3단계적 전개를 변증법이라고 생각하였다.

이처럼 정/반의 대립구조를 통해서 가설이 검증되어가고 합으로의 도출 과정을 겪는다. 이 순환시스템이 가동되면서 창조프로세스가 발생한다.여 기서 중요한 것은 생각의 공유와 수용이다. 그것이 있어야 대립이 가져오 기 쉬운 서로에 대한 부정이 아니라 변증법적으로 통합될 수 있다. 어떠한 어려운 문제라도 일단 받아들이고 상대와의 대립을 오히려 혁신과 같은 높 은 차원으로 승화시킬 수 있는 '열린 사고'가 생겨날 수 있는 것이다. 따라 서 이런 열린 사고를 바탕으로 재즈무대 안에서 전략적으로 대립구조를 잘 배치함으로써 변증법적 통합과정이 생기고 새로운 시장형성과 지속적인 지식창조가 일어날 수 있도록 해야 할 것이다.

𝄢: 재즈경영을 위한
소셜 미디어 활용법

재즈경영과 재즈생태계의 구현은 오프라인과 온라인
두 세계에서 다 가능하다.

　그런데 인터넷의 등장과 통신비용 '0'에 가까운 인프라의 급속한 발달
은 이러한 재즈경영과 재즈생태계를 온라인환경에서 구현할 수 있는 길을
활짝 열어놓았다. 온라인상에 구축된 '가상세계'는 오프라인의 '현실세계'
에서와 마찬가지로 서로 사회를 구성하고 시장을 형성하며 다양한 의견과
정보를 교환한다. 자세히 들여다보지 않으면 현실세계와 크게 다를 바 없
다. 더욱이 이미 기업과 고객이 공동으로 가치를 추구해나가고 생산과 소
비가 쌍방향으로 진행하고 있는 시점에서 온라인 인프라환경은 현재의 비

즈니스 환경에서 없으면 안 될 존재가 되고 있다.

재즈노믹스의 가장 기본적인 프로세스인 '쪼개기-연결하기-리믹스 하기-창조하기(Module-Link-Remix-Creation)', 이 4단계를 온라인환경에서는 더욱 빠르고 효율적으로 진행할 수 있다. 특히, 이 재즈노믹스를 온라인상에서 구현하기 위해서는 중요한 키워드가 있다. 오픈소스, 오픈플랫폼, 소셜 웹, 소셜 미디어가 그것이다.

소셜 웹이란 사람들이 웹상에서 서로 관계를 맺고 네트워크를 형성해나가는 현상을 일컫는 말이다. 소셜 웹을 구성하는 데 사용하는 소셜 미디어는 블로그, 트위터, 그 외 각종 SNS 등 다양하게 있다. 그 중에서 트위터는 재즈의 즉흥연주처럼 커뮤니케이션에 있어서 즉흥연주의 진수를 보여준다.

오픈소스는 앞서 설명한 바와 같고, 오픈플랫폼이란 한마디로 열려진 무대로서 다양한 소비자의 취향을 반영할 수 있는 애플리케이션을 기업 자체뿐만 아니라 누구나 만들어 올릴 수 있는 장을 제공해준 것이다. 따라서 여러 개인, 업체들이 함께 진화해나가는 마케팅 구조(공진화, 共進化, Co-Evolution)를 가지면서 하나의 생태계를 이루게 되었다.

레고를 가지고 어떤 작품을 조립한다고 하자. 오픈소스를 공개했다는 의미는 자신이 디자인하고 만든 레고의 사이즈와 형태를 다 공개한 것이다. 따라서 그 레고를 가지고 와서 내가 원하는 작품을 만들 때 마음대로 쓸 수 있다. 역으로 나도 그런 레고를 만들어서 다른 사람이 쓰도록 제공할 수도 있는 것이다. 오픈플랫폼이란 그런 레고들을 서로 만들어 주고받을 수 있게 허락해준 무대를 말한다.

세계적 트렌드를 보면 개방, 공유의 취지로 오픈플랫폼을 과감히 도입함으로써 서로 윈윈할 수 있는 결과를 창출했다. 그리고 폐쇄적이었다면 가능하지 않았을 시장규모와 엄청난 비용절감의 효과를 가지고 왔다.

재즈경영을 할 때 오픈소스, 오픈플랫폼, 소셜 미디어를 사용하면 유리한 이유를 5가지로 살펴보자.

첫째, 우선 엄청난 비용절감을 들 수 있다

미국에서는 웹 2.0으로 인한 대폭적인 생산원가와 마케팅비의 절감효과를 가져왔는데 그로 인해 1억 원이 채 안 드는 금액으로 창업하는 사람이 많이 늘어났다. 한 예로 1990년대 대표적인 검색포털 사이트 중 하나였던 익사이트(www.excite.com)를 창업한 존 크라우스가 있었다. 그는 1994년 당시 익사이트를 창업하는 데 300만 달러(약 36억 8,500만 원)를 지출했었다. 그로부터 10년 후 역시 대성공을 거둔 잣스팟(www.JotSpot.com)을 창업할 때는 10만 달러(1억 2,200만 원)밖에 들지 않았다고 한다. 그리고 몇 년 후에는 구글에게 인수되었다. 오픈소스의 리눅스를 선두로 하여 개발된 무수한 무료 소프트웨어의 확산 역시 생산원가를 절감하는 데 큰 도움을 주었다. 무엇보다 획기적인 것은 이제 자기 비즈니스를 시작하는 데 큰 비용이 들지 않는다는 것이다.

둘째, 재즈경영의 무대를 전 세계로 넓힐 수 있다

전 세계는 이미 개방, 공유의 물결이다. 글로벌화에 대응하기 위한 수단으로 오픈플랫폼, 소셜 미디어 이용을 강화하고 있다. 이 오픈플랫폼을 사용하는 세계의 인구는 10억 명이 넘는다. 한국에서는 3,000만 명에 해당하는 싸이월드와 네이트온을 시작으로 다음, 파란 등 국내기업들이 포함되어 있고, 여기에 페이스북과 구글, 마이스페이스 등 수많은 소셜 네트워크 서비스(SNS)에 가입한 사람들을 합친 수다. 페이스북은 개별 서비스로는 가입자가 2억 명으로 가장 많고 역사도 오래된 편이라 가장 영향력이 크다.

한국 최대 SNS인 싸이월드는 물론이고 구글과 야후 같은 세계 최대의 인터넷 서비스조차 페이스북과는 상대가 되지 않는다. 그래서 구글이 궁리 끝에 처음으로 '오픈소셜'이란 동맹을 제안했다. 페이스북을 제외한 세계의 모든 SNS 가입자 정보를 공유하자는 것이다. 이를 모두 합치면 8억 명이 넘는다. 여기에 국내기업인 SK커뮤니케이션(싸이월드), 다음, 파란, 네오위즈, 안철수 연구소 등도 가세함으로써 인터넷업계에 개방화의 물결을 가속하고 있다. 이제 개발자는 전 세계를 대상으로 자신의 애플리케이션을 개발, 보급할 수 있게 되었고 일개 개인의 입장에서도 소셜 미디어를 활용해 전 세계 여러 사이트를 넘나들며 네트워킹할 수 있게 되었다.

셋째, 나를 모듈화 하기에 매우 좋다 (자기경영, 커리어 관리)

소셜 웹에서 블로그, 트위터, 그 외 각종 SNS 등을 활용하여 나의 비즈니스 활동과 기타 개인사를 기록해 나감으로써 자기경영에 도움을 주고 커리어를 관리하기가 매우 좋다. 특히 블로그를 통해서는 지식을 체계화, 모듈화 해나갈 수 있다. 이것은 트위터를 통해 자연스럽게 홍보마케팅으로 연결되고 자기 브랜드까지도 키워나갈 수 있다.

넷째, 인맥관리하기 좋다 (저비용, 고효율)

보통 직장생활을 하다가 회사에서 퇴직하게 되면 인맥이 다 끊겨버리고 사회에 내동댕이쳐지는 경우가 많다. 그러나 회사에 있을 때 꾸준히 소셜 웹을 활용해서 개인, 기업, 협력파트너, 거래업체, 고객과의 관계를 형성해 놓으면 설령 내가 그 회사를 나와도 나와 수많은 관계의 네트워크는 온라인상에 고스란히 남겨져 있다. 따라서 차후 나만의 비즈니스를 시작하는 데 큰 도움을 주는 휴먼 네트워크로서의 역할을 톡톡히 할 수 있다.

다섯째, 재즈생태계를 구현하는 데 매우 용이하다 (링크&리믹스 하기에 좋다)

개인과 기업의 관계, 기업과 고객의 관계, 거래업체와의 관계, 공공기관과의 관계 등 재즈생태계(재즈무대)를 구축하는 데 소셜 미디어와 오픈플랫폼을 활용하면 매우 용이하고 효과적이다.

예를 들면, P&G의 이노센티브닷컴(innocentive.com)은 오픈플랫폼을 통해 내부의 R&D 프로세스를 개방하여 고객이나 외부 연구자, 심지어 경쟁사 연구원까지 연구과제에 참여시켜 성과를 거두었다. 이렇게 기업의 직원들에게도 단지 제품을 만드는 공간에서 벗어나, 고객, 외부 파트너, 경쟁사와 함께 체험하고 느낄 수 있는 오픈플랫폼을 만들어주면 신속하게 고객과 시장의 요구에 부응할 수 있다.

그러나 과거 국내 기업들은 세계 트렌드와는 무관하게 폐쇄된 '우리들만의 리그'를 꾸려온 감이 있지만, 앞서 언급한 것처럼 이제는 개방화 물결에 동참하여 국내 오픈소셜 참여 사이트의 회원 수가 9,000만 명을 넘는다. 이 수치는 이미 오픈소셜에 동참한 전 세계 사이트의 회원 수인 8억 명의 10%를 넘는다.

이런 환경은 온라인상에서 재즈경영을 구현하는 데 매우 고무적인 현상이다. 개인도 이제 무대가 전 세계로 펼쳐짐에 따라서 그 역량에 따라 대기업 못지않은 영향력과 부가가치를 생산해낼 수 있는 시대가 온 것이다. 이런 환경에서 개인과 기업에 있어서 소셜 미디어의 역할은 매우 중요하다.

블로그, 트위터 외에도 앞으로 인터넷상에서 또 어떤 새로운 소셜 미디어 툴이 탄생할지 모른다. 그러나 주체와 수단을 혼동하지는 말아야 한다.

툴은 그때그때 시대의 흐름에 따라 등장하고 또 사라진다. 툴에 휘둘리지 말고 지혜롭게 활용하는 현명함을 발휘하라.

𝄢 : 소셜 미디어를 활용한
협업파트너(재즈밴드) 만들기

이제 나의 음악을 세상이란 무대에서 연주하려고 한다. 이때 함께 연주해줄 파트너가 필요하다. 내가 모자란 부분을 채워주고 리스크를 예방해주며 보다 완성도를 높여줄 멤버다. 한 명의 재즈 연주자가 장르에 따라 여러 밴드를 동시에 하는 경우가 있다. 라틴재즈, 비밥재즈, 팝음악밴드, 퓨전재즈밴드, 심지어 20명에 가까운 빅밴드 등 다양한 음악적 컬러의 팀에서 연주를 할 수 있는 것이다. 이처럼 이합집산을 반복하면서 각종 상황에 민첩하게 대응하여 팀을 즉각적으로 구성하고 바로 프로젝트업무를 수행할 수 있게 하는 협업파트너는 매우 중요하다.

재즈경영적 측면에서 재즈밴드 만들기는 크게 나누어 2가지로 나눌 수 있다. 기업이나 기관에 소속된 조직원으로서 팀을 만드는 경우, 프리랜서나 1인 기업가로서 협업팀을 만드는 경우로 나뉜다. 그러나 어느 조직 안에 있다고 하더라도 결국은 1인 기업가 마인드로서 업무에 임하는 것이 바람직하므로 1인 기업가를 기준으로 설명하고자 한다.

구글 사내 업무시스템처럼 회사 내에서 다양한 프로젝트팀에 참가하면서 자신도 하나의 프로젝트를 맡아 스스로 리더가 되어 이끌고 나갈 수 있다. 그때 함께 협업할 파트너가 중요하지만, 직장인이 아닌 프리랜서, 1인 창조기업가의 경우는 더욱 그 존재가 절실하게 다가온다. 프리랜서, 1인 기업가가 혼자서 할 수 있는 일이란 극히 제한된 범위에 그치기 때문이다. 평소에 나의 부족한 점을 채워주고 함께 일을 도모할 수 있는 협력업체, 파트너를 찾아 네트워크와 협조체제를 구축해 놓아야 한다.

내가 아무리 좋은 아이디어가 있다고 해도 현실화시키기 위해서는 반드시 여러 사람의 도움이 필요하다. 그 아이디어의 성공 여부는 아이디어의 우수성만이 아니다. 이 넓고 넓은 세상에 누군가 이미 생각해낸 아이디어일 수 있다. 중요한 것은 내가 이 아이디어의 현실화를 도와줄 사람을 얼마나 많이 알고 있고 그들과 좋은 관계를 유지하고 있느냐, 더 나아가서는 협업시스템과 네트워크를 잘 구축해 놓았느냐에 달려 있다. 만약에 서로 꿈과 비전을 공유할 수 있는 다양한 전문가들과 좋은 네트워크를 넓게 형성할 수 있다면 그것은 매우 강력한 영향력을 발휘할 수 있다.

이 경우 성공을 위한 나의 재즈밴드를 만드는 데 소셜 미디어는 매우 큰 도움을 준다. 오프라인에서 신뢰가 가는 관계를 구축하기까지 요구되는 비용은 시간적으로나 경제적으로나 적지 않다. 반면, 소셜 미디어는 협업시스템을 효과적으로 구축할 수 있게 해줄 뿐 아니라 매우 경제적이다. 소셜 미디어를 활용하여 재즈밴드 만들기(협업시스템 구축)를 하는 데 다양한 접근방식이 있다. 여기서는 1인 기업가와 같은 개인의 입장에서 어떻게 해야 하는지 다양한 사례를 통해서 알아보도록 하자.

자신의 꿈과 비전, 목표를 소셜 미디어로 알려라

이것은 먼저 내가 연주하고자 하는 음악을 공표하는 것과 같다. "난 인도음악과 플라멩코가 섞인 재즈음악을 연주하려고 한다." 그러면 그 음악에 관심 있는 연주자가 모이게 된다. 즉, 이미 모듈화 과정을 통해서 정리되어 있는 자신의 꿈과 목표를 뚜렷이 블로그에 나타내고 블로그와 트위터 등을 통해서 자신의 목표를 알린다. 그러다보면 내 비전이나 목표에 공감하는 사람들이 모이게 된다. 또한, 상대와 연결되기 전 단계에서 나와 코드가 맞는 지 어떤지 서로에 대해 파악하는 시간을 줄일 수 있다.

정기적인 모임 개최

가능하면 당신이 하려고 하는 꿈, 비전, 관심사와 관련된 정기적인 모임을 개최하는 것이 좋다. 스터디, 포럼, 취미활동도 좋다. 일단 어떤 비즈니스든 일단 사람이 모여야 시작이 된다. 따라서, 비전과 목표에 합당한 성격의 모임을 개최함으로써 자신을 홍보할 수 있는 기회도 되고 협업파트너도 찾을 수 있다.

콘텐츠 제작 배포

역시 자신의 꿈, 비전, 목표와 관계 있는 콘텐츠를 만들어서 배포하라. 글, 사진, UCC, 위젯 등 가능한 다양한 수단을 모두 사용하라. 정기적인 모임을 하면서 그 과정을 포스팅해도 좋고 동영상을 찍어 UCC로 만들어도 좋다. 만들 때는 비록 시간이 걸리거나 귀찮다고 느껴질 수도 있으나 일단 만들어 놓으면 두고두고 온라인상에서 효자 노릇을 하게 된다.

자신의 장점(전문분야)으로 도와주기

자신의 전문분야가 있을 것이다. 돈을 받으면 좋겠지만, 처음에는 무료라도 업무에 지장이 가지 않는 한도 내에서 최대한 많은 이에게 도움을 주는 것이 좋다. 그 과정은 협업을 위한 전초단계로 시장조사도 되고 서로에 대한 탐색을 할 수 있고 호흡도 맞춰볼 수 있다. 그렇게 함으로써 자연스럽게 나의 전문성을 알리는 기회가 되고, 그 도움을 주는 과정을 블로그에 포스팅해서 올리면 도움을 주고 받는 사람과의 관계형성이 '기록'으로 남게 된다. 그러면 그것은 온라인상에 노출되어 자연스럽게 홍보 마케팅효과를 얻을 수 있다. 그리고 결국 자기 커리어 관리까지 하는 단계로 이어지게 된다.

이벤트하기

선물을 주거나 독특하고 재미있는 이슈로 이벤트를 하게 되면 단기간에 많은 사람들을 끌어모을 수 있다. 꼭 많은 비용을 들여서 이벤트하라는 이야기가 아니다. 톡톡 튀는 아이디어와 소셜 미디어를 잘만 활용하면 비용을 거의 안 들이고도 홍미로운 이벤트를 연출할 수 있다. 이렇게 블로그, 카페, 트위터 등을 연계한 이벤트는 방문한 사람들로 하여금 자연스럽게 블로그에 기재된 나의 꿈과 목표를 접하게 하고 정기적인 모임에도 나올 수 있는 계기를 만들어 주게 된다.

링크 걸기

모임을 개최하고 콘텐츠를 만들고 사람들에게 도움을 주다보면 자연스럽게 사람들이 모이게 된다. 그러면, 그 사람들과의 관계를 블로그, SNS 등 소셜 미디어를 활용하여 구체적으로 형성해나간다. 블로그도 자주 방문해서 댓글을 남기고, 메일도 보내서 관심을 보내고, 신뢰를 쌓아갈 수 있도록 노력한다. 또한, 자신의 블로그나 사이트에 협업체제를 만들고자 하는 파트너의 사이트나 블로그를 링크로 걸어두고 트위터를 비롯한 다양한 소셜 미디어로 온라인상에서 관계를 만들어나간다.

팀블로그 만들기

관심사가 비슷한 사람들끼리 공통으로 팀블로그를 운영하게 되면 협조체제는 물론이고 각자의 브랜드파워를 향상시키는 데도 큰 효과를 볼 수 있다. 그리고 서로 분담해서 하나의 팀블로그를 운영하므로 각자가 비교적 적은 시간과 에너지를 투자하여도 장점들이 조화를 이루면서 시너지효과를 일으킬 수 있다.

메타블로그 만들기

관심사가 유사한 사람들이 5명 이상이 넘어갈 때 메타블로그를 만든다. 메타블로그(metablog)는 블로그의 집합체를 말하는데, 각 블로그의 글과 관련 정보를 수집하여 하나로 보여주는 사이트를 말한다. 관심사가 같은 사람들의 정보, 지식을 한곳에서 묶을 수 있으므로 한눈에 관심업체, 협력업체를 파악할 수 있고 지속적으로 관리해나갈 수 있다.

소셜 미디어를 활용한 정보공유와 업무수행 (구글앱스, 스프링노트 등 활용)

함께 협업할 파트너와는 온라인상에 필요 정보와 관련 자료를 서로 공개해둠으로써 즉각적인 커뮤니케이션이 일어나게 한다(구글앱스와 스프링노트를 추천한다). 그리고 업무도 가능하면 온라인상에서 진행하고 그 내용도 공유하도록 하면 중복작업은 사라지게 된다. 자신의 PC에서 작업하고 다시 이것을 파트너에게 이메일로 보내거나 업로드하는 시간은 낭비다. 클라우드컴퓨팅을 활용하여 모든 업무를 온라인 웹상에서 진행하도록 한다면 재즈연주에서 상대방 연주를 듣고 바로 즉흥연주를 하는 것처럼 각종 상황에 따른 즉각적인 대응과 업무진행을 할 수 있다.

즉각적인 커뮤니케이션과 기록보관 (트위터 등 활용)

앞서 언급했지만 트위터는 강력한 정보수집 루트로서의 활용뿐만 아니라 업무를 수행하면서 즉각적인 커뮤니케이션수단으로서 더할 나위 없다. 프로젝트에 참여하는 모든 협업파트너와 가벼운 담화에서부터 질의응답까지 원활하게 진행할 수 있고 바로 기록화한다. 트위터는 단문 텍스트뿐만 아니라 사진, 문서도구, 동영상, 방송, 화상채팅, 검색 등 다양한 모듈이 아웃소싱 되므로 입체적인 커뮤니케이션과 기록의 콘텐츠화가 일어날 수 있다.

프로젝트 수행에 따른 소셜 미디어를 활용한 협업시스템 구축

소셜 웹상에서 프로젝트를 파트너와 진행하게 되면 자연스럽게 블로그, 트위터, 각종 SNS 등을 활용한 협업시스템이 구축된다. 그리고 그것은 공개적으로 시간이 지나감에 따라 구축됨으로써 투명하게 진행될 수밖에 없다. 즉, 사기를 치거나 거짓말을 하는 것이 용납이 안 된다는 말과 같다. 서로의 신뢰에 대한 검증에 나와 해당 협력파트너뿐만 아니라 그 포스팅을 보는 모든 사람이 참가하게 된다. 반면에 한 번 뱉은 말은 주워담을 수 없으므로 실수를 하지 않도록 주의해야 한다. 한창 인기 있었던 아이돌그룹의 한 멤버가 몇 년 전 올린 한국을 비하시켰다는 단 몇 줄의 글로 전국이 떠들썩했고, 결국 그 멤버는 스스로 탈퇴를 선언해야 했다. 따라서 회사 기밀로 유지해야 할 내용과 투명하게 공개적으로 진행할 내용을 잘 구분하여 소셜 미디어를 적절히 활용해야 한다.

♪: 소셜 미디어를 활용한
재즈생태계 만들기

소셜 미디어를 가지고 재즈생태계를 한번 만들어보자. 여기서의 재즈생태계(또는 재즈무대)란, 소셜 미디어와 오픈플랫폼을 활용해서 개인, 기업, 공공기관, 단체 등 각종 요소들이 개방, 공유, 협업 등과 같은 상호작용으로 엮어져서 시장을 만들고 지식창조를 가능케 하는 무대를 말한다.

일례로 일대 센세이션을 일으킨 아이팟은 회사 내부의 단순한 개발의 결과가 아닌, 고객과 기업 간의 무대를 창조하여 이루어낸 혁신의 성과라고 할 수 있다. 아이팟의 성공요인으로 세련되고 멋있는 디자인을 꼽는 사람이 많지만, 진짜 원인은 아이튠즈라고 하는 애플의 오픈서비스 플랫폼이라고 볼 수 있다. 아이튠즈는 MP3, 영화, TV쇼, 뮤직비디오, 오디오북, 포드캐스트, 게임 등 각종 콘텐츠들이 총망라된 프로그램이자 인터넷 환경이다. 제품을 사용하는 고객의 라이프스타일을 연구하고 그것에 맞는 무대를 디자인했다. 그 결과로 애플은 아이팟과 아이튠즈를 만들어 폭발적인 호응을 이끌어내었다.

그리고 아이팟에 이은 아이폰에서는 앱스토어(App Store)를 통해서 고객이 애플리케이션 개발에 참여하고 비즈니스를 할 수 있도록 무대를 만들어줌으로써 새로운 시장을 만들었다. 이런 앱스토어와 같은 오픈플랫폼은 오늘날 기업이 똑똑해진 고객을 상대하고 그 고객의 네트워크로 자연스럽게 참여하기 위한 필수적인 수단이다. 이런 수단이 적극적으로 활용되는 대표적인 분야가 인터넷, 엔터테인먼트, 정보통신, 금융, 제조업 등이다. 소셜 미디어를 활용하면 기업과 고객 간의 경계가 허물어지고 고객의 참여와 활용, 공유를 활성화하는 무대를 만들기에 용이하다.

소셜 미디어를 활용해서 재즈생태계를 만들려면 어떻게 해야 하는가? 기업과 직원 개인 그리고 협력사 및 고객과의 관계에 있어서 소셜 소프트웨어 프로그램을 사용해 무대를 만드는 것이 중요하다.

기업 커뮤니케이션 전문회사인 힐&놀턴에서 글로벌 마케팅 테크놀로지를 총괄하고 있는 니얼 쿡은 이를 '엔터프라이즈 2.0'을 통해서 설명하고 있다. 그는 알리안츠, HSBC, LG전자가 포함된 포천 500대 기업 고객들에게 자문하고 있고 소셜 북마킹 소프트웨어 업체 코겐즈(Cogenz)의 창업자이기도 하다. 그가 정의하는 '엔터프라이즈 2.0'란, 기업 내에 혹은 기업 간이나 협력사와의 관계에서 소셜 소프트웨어 프로그램을 사용해 기업과 개인의 4C 활동(Connection, Collaboration, Communication, Cooperation: 연결, 협업, 커뮤니케이션, 협동)을 촉진하는 것을 뜻한다.

마찬가지로 무대를 만들려면 4C 활동을 잘 활용하여 기업, 개인, 협력사, 고객, 각종 기관과 단체 간의 관계를 만들어가는 것이 필요하다. 스타벅스, 도요타처럼 외국 대기업에서도 각 소셜 미디어 채널의 종류에 따른 특성을 잘 파악하여 활용하고 있다. 그래서 소셜 미디어 담당직원뿐만 아니라 영업, 홍보, 판매 등 타 부서 직원들과 협력업체, 그리고 고객들과의 쌍방향 커뮤니케이션과 상호작용을 통해서 새로운 시장과 함께 지식창조의 무대가 만들어지고 있다.

재즈무대를 만들기 위해 사용할 수 있는 기본적인 소셜 미디어, 오픈플랫폼 등을 포함한 온라인툴은 다음과 같다.

이외에도 소셜 미디어는 하루가 다르게 새로운 툴이 쏟아져나오고 있으므로 이 책에서는 간단히 소개만 하겠다. 더 자세히 소셜 미디어를 알고자 하시는 분은 따로 공부하시길 바란다.

· 블로그

· 메타블로그

· 카페

· 유튜브

· 구글앱스, 스프링노트

· 구글캘린더

· 트위터

· Slideshare

· Picasa

· 플리커

· 그 외 SNS(소셜 네트워크 서비스) — 링크나우, 마이스페이스, 페이스북, 믹시, 싸이월
드, 링크드 인 등

자, 그러면 이 소셜 미디어를 활용하여 재즈생태계를 만드는 과정은 구
체적으로 어떻게 접근하면 좋을까? 재즈생태계 만들기 프로세스에 따라서
살펴보자.

첫째, 테마(가설) 세우기

자기 블로그에 다룰 테마를 잘 정리해서 포스팅해서 올린다. 그리고 카페, 트위터, 그 외 각종 SNS, email 등 다양한 채널을 활용하여 개인, 기업, 단체, 기관 등에 이 테마를 알린다. 그러면, 다양한 의견이 모이게 되고 사람이 모이게 된다. 이 사람들은 고객일 수도 있고 각자 1인 기업가일 수도 있고 기업, 단체, 공공기관 등의 소속일 수도 있다. 따라서 다양한 대중들로부터의 피드백을 소셜 미디어를 통해 듣고 기록화한다.

둘째, 재즈무대를 구성하기

이렇게 모인 개인, 기업, 단체 등의 웹사이트, 블로그나 카페 등을 링크하거나 댓글, 트랙백, RSS를 통해서 소통하고 트위터, 링크나우 등의 소셜 미디어 툴로서 상하좌우, 동서남북으로 연결한다. 그러면 처음 내세운 테마(가설)에 대해서 다양한 정보교환이 일어나고 살아있는 의견을 들을 수 있는 무대가 형성되기 시작한다.

셋째, 지식창조 무대패러다임 만들기

각 소셜 미디어 채널의 종류에 따른 특성을 잘 파악하고 그것에 맞는 운용을 해야 한다. 예를 들면, 의견을 교환하거나 수렴할 때는 트위터나 RSS,

콘텐츠 작성과 쌍방향 대화를 위해선 블로그, 콘텐츠를 공유하기 위해서는 Slideshare(문서, PT자료), Youtube(동영상), Flickr(사진), 온라인 협업을 위해서는 구글앱스나 스프링노트, 커뮤니티&생태계 관계 형성을 위해서는 다음, 네이버 카페, 링크나우, 싸이월드, 페이스북, 마이스페이스, 링크드인 등 용도에 맞게 소셜 미디어를 활용할 수 있다. 이 생태계를 만들 때 앞서 살펴본 대립구조를 참고해서 소셜 웹을 구성해나간다면 지식창조의 패러다임을 형성할 수 있다.

다양한 소셜 미디어 채널을 활용하여 특정 테마를 중심으로 고객, 기업, 기관, 단체 등이 어우러진 무대를 디자인할 수 있다. 앞으로 국내외적으로 소셜 미디어의 활용 빈도는 지속적으로 늘어날 것이 확실하다. 따라서 국내 기업들은 브랜딩, 마케팅, PR, 고객관계 관리뿐만 아니라 새로운 시장과 지식창조까지 일어날 수 있도록 다양한 커뮤니케이션 분야에 소셜 미디어를 접목하는 것이 필요하다. 그러기 위해서는 글로벌적인 차원에서 통용되고 있는 소셜 미디어 채널을 잘 분석하고 이를 잘 활용할 수 있는 연구와 시도를 해야 한다.

𝄢: 웹 3.0 시대에 만나는
   나비와 장자의 꿈

장자가 하루는 꿈을 꾸었다. 꿈속에서 나비가 되어 훨훨 날아다녔다.

이윽고 꿈에서 깨어난 장자는 생각한다.

장자가 나비 꿈을 꾸고 있는 것인가? 나비가 장자 꿈을 꾸고 있는 것인가?

만약 나비가 꿈속에서 장자가 되어 살고 있다면

지금의 삶은 나비의 한순간 꿈에 불과하지 않은가.

철이는 온라인 세상에서 성의 군주가 되었다.

그에게 충성을 다하는 수많은 기사와 함께 치열한 전투를 치렀다.

승리한 흥분을 잠시 가라앉히고 컴퓨터를 끈 철이는 생각한다.

철이가 군주가 된 것인가? 군주가 철이가 된 것인가?

이 왕국은 철이에게 상황과 도구만을 제시할 뿐, 스토리를 창출하는 것은 전적으로 철이의 몫이다. 시간이 갈수록 군주에게 철이의 성격이 고스란히 반영된다. 철이는 점점 이 왕국을 현실과 대등한 일상의 공간으로 느끼기 시작한다.

지금 시대를 『웹 2.0 경제학』(황금부엉이, 2006)의 저자 김국현 씨는 현실계, 이상계, 환상계로 구분했다. 현실계란 말 그대로 현실을 무대로 한 세상을 말하고, 이상계는 인터넷 웹의 세계를 말하며, 환상계는 게임과 같은 가상의 세계를 말한다. 그리고 우리는 매일 현실계, 이상계, 환상계를 나비처럼 넘나들며 생활하고 있다. 때로는 이상계에서 소셜 웹으로 연결되는 프로젝트 업무에 빠져 열심히 일을 하기도 하고, 환상계의 게임을 하면서 스트레스를 풀거나 상상의 나래를 펴기도 한다. 그러다가 현실과 가상세계를 헷갈려 하기도 한다.

이제는 인터넷을 떠나서는 비즈니스 업무를 볼 수 없고 일반적인 삶 자체에도 지장이 많다. 현실계에서는 애벌레, 번데기에 불과했지만, 이상계에서는 나비가 되어 훨훨 날아다니다 현실계에 나비효과를 일으킬 수도 있다. 이처럼 현실계에서는 거의 존재가 없었는데, 이상계에서 출발하여 단기간에 영향력을 확대시켜 역으로 현실계로 내려오는 경우도 적지 않다. 그리고 어떻게 본다면 현실만 따지는 것이 오히려 고정관념에서 탈피하지 못하고 자기영역에서만 머물러 있는 애벌레에 불과할지도 모른다. 앞으로는 맘껏 상상의 나래를 펴고 현실계를 벗어나 이상계, 환상계를 넘나들며 나비처럼 훨훨 날아다녀야 더 큰 기회를 잡을 수 있다.

고객의 행동심리 연구 분야의 권위자인 스콧 매케인은 그의 저서 『하이컨셉의 시대가 온다』(토네이도, 2008)에서 "모든 비즈니스는 쇼 비즈니스다"라고 주장한다. 다시 말해 오늘날 기업은 더 이상 '기술적, 분석적 요소'가 아닌 고객으로부터 원하는 감성적 반응을 마치 쇼 비즈니스처럼 이끌어내야 한다는 것이다. 그 이유는, 오늘날 비즈니스 문화에서 감성적인 관계는 항상 경제적인 관계보다 우선되기 때문이라는 것이다.

앞으로 웹 3.0, 유비쿼터스 시대가 도래할수록 감성적인 접근, 상상력, 이상의 세계가 더 중요시될 것이요, 삶은 더 이상 숙제나 무거운 의무가 아니라 축제며 페스티벌이라는 관점이 대두될 것이다.

현실의 세계에 갇히거나 삶을 심각한 숙제로 생각하는 순간부터 창의력 없는 인간이 될 가능성이 높다. 어떻게 본다면 혁신하려면 현실적이어서는 안 된다. 그것은 고정적이고 안정된 것을 의미하기 때문이다. 이젠 상상이 현실보다 더 중요하다. 현실의 한계를 상상이 극복하게 도와주기 때문이다.

리처드 브랜슨이 말한 "내가 상상하면 현실이 된다"는 더 이상 그만의 전매특허가 아니다. 이제는 온라인과 오프라인의 세계를 나비처럼 넘나들며 자기 영역을 잘 개척해나간다면 누구나 꿈을 이룰 수 있다. 왜 지금은 현실보다 상상이 중요한 시대인지 알아보자.

동일한 가상세계에 함께 있으면 같은 룰이 적용된다

적어도 함께하는 사람들 사이에서는 이 가상세계가 현실이다. 전 세계적으로 같은 온라인 게임이나 가상공간에 접속하는 사람들 사이에는 동일한 룰과 환경이 제공된다. 그렇다면 가상세계는 주어진 환경이지만 그 안에서 무엇인가를 만들어가는 것은 현실 속의 내가 반영이 된 온라인상의 또 다른 자아다. 이 수많은 온라인상의 자아들 간의 커뮤니케이션과 협동은 현실세계와 별 다를 바 없다.

웹 3.0과 유비쿼터스 시대에는 누구나 다 잠재적 유명인이다

〈미녀들의 수다〉에 출연했던 평범한 모 여대생은 "키 180㎝ 이하의 남자는 루저"란 발언으로 단 이틀 만에 성형 전 사진이 인터넷을 도배했으며, 미국 『뉴욕타임스』에서도 기사로 다루어졌다. 이제는 일반인들도 웹 3.0 소셜 미디어의 극대화와 유비쿼터스 시대의 도래 및 세계화의 확산으로 인해 창조자로서의 개인능력이 극대화된다. 일반 대중도 소비자 영역 못지않은 생산자로서의 역할이 급속도로 확장된다. 누구나 전 세계적으로 유명해질 수 있는 기회를 가질 수 있다.

오픈소스와 3D 프린터

3D 프린팅이란 손으로 만들던 3D 모형을 프린터가 대신 자동으로 만들어주는 것을 말한다. 가루 형태의 금속, 세라믹, 기타 여러 물질들을 분사하여 입체로 된 3D 물체를 만들어낸다. 시제품 제작 시 드는 시간과 비용을 절감하면서도 실제 동작까지 가능한 모형을 제작할 수 있어서 많이 사용되고 있다. 아디다스, BMW, 소니 같은 기업들은 이미 3D 프린터를 이용하여 자체적으로 신상품을 시험용으로 생산해내고 있다. 보통 몇 달씩 걸리던 프로세스가 3D 프린터를 사용하면 하루 이틀 만에 끝낼 수 있다. 아직은 엄청난 가격 때문에 3D 프린터가 활성화되어 있지는 않지만, 지금처럼 빠른 테크놀로지의 발전 속도로 볼 때 그리 멀지 않은 미래에 집과 사무실에서 정말 사무용 프린터처럼 쉽게 볼 수 있을 지도 모른다.

매트 메이슨의 『디지털 해적들의 상상력이 돈을 만든다』(살림Biz, 2009)에서는 3D 프린터와 오픈소스의 결합에 따른 현 체제를 전복할 만한 놀라운 미래를 다음과 같이 소개하고 있다.

"3D 프린터 개발자 에이드리언 보이어는 3D 프린터의 미래에서 훨씬 더 심오한 가능성을 발견했다. 현재 보이어와 그의 팀은 자체 복사되는 신속한 프로토타이퍼(Replicating Rapid Prototyper), 줄임말로는 렙랩(Reprap)이라고 불리는 3D 프린터를 또다시 프린트할 수 있는 오픈소스 3D 프린터를 개발하고 있다. (중략) 보이어와 그의 팀은 렙랩의 설계에 관해서 그 누구도 테크놀로지에 특허를 부여하지 못하도록 하는 오픈소스 라이선스를 이용해 누구나 자유롭게 다운로드할 수 있게 되면서 세상의 마지막 장벽을 한 방에 날려버릴 것이다."

즉, 누구나 자유롭게 원하는 제품을 오픈소스로 다운로드받아 3D 프린터를 통해서 만들어버릴 수 있는 시대가 올지도 모른다는 뜻이다. 그렇게 되면 세계의 수많은 제조회사는 종말을 고하고 산업사회의 체제 자체가 바뀌어 버릴 수도 있을 것이다. 요즘 학생들은 이런 인터넷환경에 너무나도 익숙해져 있고 간단한 자신의 웹페이지를 HTML 등을 이용해서 만들어내거나 자신의 사진이나 로고를 수정하기 위해서 포토샵이나 일러스트레이터를 쉽게 다룬다. 그렇다면 이런 3D 프린터와 오픈소스도 쉽게 받아들일 수 있을 것이다. 그렇게 상상력이 풍부하고 디지털 테크놀로지에 익숙한 젊은이들이 3D 프린터와 오픈소스를 마치 워드나 엑셀 다루듯이 활용하게 된다면 "상상이 곧 현실이 되는" 순간이 일상 도처에서 일어날 수도 있다.

다 함께 꾸는 꿈은 현실이다

누군가가 황당한 상상을 한다. 그리고 그는 그것을 실현하려고 시도한다. 몇 차례 실패를 하고 주변에서는 미친 사람 취급을 한다. 그러나 그는 포기하지 않고 계속 도전한다. 그러다가 그의 멈추지 않는 열정에 감동한 몇 사람이 더 가담을 한다. 그들은 될 때까지 시도한다. 아직 현실은 아니지만 그 계획이 성공하면 그건 현실이 된다.

수백만 명이 같은 꿈을 꾼다고 생각해보자

게다가 현실계, 이상계, 환상계를 동원하여 불철주야로 꿈을 이루기 위해 많은 사람들이 함께 온갖 노력을 다한다고 하자. 그런 상황을 아직도 그저 황당한 상상이나 꿈이라고 치부할 수 있을까? 그건 더 이상 꿈이 아니라 현실이라고 봐야 한다.

같은 아이디어라도 주변에 이 아이디어의 실현을 위해 도와줄 수 있는 사람이 있으면 바로 실현에 들어갈 수 있다. 그리고 그 아이디어는 현실화될 수 있는 가능성이 높아진다. 그러나 주변에 아무도 없으면 이 아이디어는 사라진다. 그러면 그것은 쓸데없는 공상을 한 것이다.

생각과 아이디어는 누구나 가지고 있다. 문제는 아이디어의 실현을 도와줄 사람이 주변에 있는가 없는가에 따라서 창조적 아이디어가 되기도 하고 쓸데없는 백일몽이 되기도 하는 것이다. 따라서 평소에 내 주변에 있는 사람에 대해 얼마나 많이 파악하고 좋은 관계를 유지하고 있느냐가 관건이다.

자, 이제 우리 젊은이들 이야기를 해보자. 지금 한국에는 안정지향의 삶, 현실지향의 삶, 사랑이 없어도 스펙이 좋으면 결혼할 수 있다고 생각하는 매우 똑똑하고 현실적인 젊은이들이 많다. 그들 수백만 명은 공무원이 되고 대기업 사원이 되기 위해서 도서관으로 고시원으로 몰린다. 그들은 젊지만 그들이 추구하는 삶과 이상은 그다지 싱싱하거나 열정적이지 않다. 이미 수많은 선배들이 먹다 버린 인생의 붕어빵을 똑같이 다시 찍어내려고 하는 친구들이 적지 않다. 그들의 에너지, 상상력, 모험, 도전정신이 묻혀 있다. 정말 아깝고 안타깝다.

고시원, 대기업으로 몰리고 안정지향으로 몰리는 그 수백만 명의 젊은이들은 함께 상상을 해야 한다. 전 세계인을 행복하게 만들어줄, 전 세계를 리드할 뭔가를 만들고 전 세계 무대를 활보하는 거대한 상상을 함께해야 한다. 수백만 명이 함께 꾸는 꿈은 더 이상 꿈이 아니라 현실이 될 수 있다.

단 한 번 사는 인생이라면 누구나 갈 수 있는 길이 아니라 오직 나만이 갈 수 있는 길을 상상해보면 어떨까? 그 좁은 머리로부터 철저한 계산 속에서 나오는, 현실적으로 지극히 현명한 결정보다는 나만의 길이 훨씬 매력적이고 큰 성공의 기회가 숨겨져 있지 않을까? 적어도 상상력과 창조력이 생존을 좌우할 앞으로의 시대에선 말이다.

이제는 현실계, 이상계, 환상계를 자유롭게 넘나드는 우리들의 무대를 만들고 새로운 시장과 지식을 창조해 나가야 한다. 우린 나비가 되어서 현실계, 이상계, 환상계를 맘껏 날아다녀야 한다. 이 3개의 경계를 넘나들면서 기술을 섞어내고 새로운 비즈니스를 만들어내는 시도가 앞으로 필요하다. 그 위에 글로벌 마인드까지 갖추고 전 세계를 대상으로 무대를 만들 수 있다면 더할 나위 없을 것이다. 우리 함께 꿈을 꾸고 나비가 되자. 전 세계를 뒤덮는 나비떼가 되어 다 함께 날아가자.

𝄢 : 다국적 개인, 글로벌 개인

전 세계 어디를 가나 재즈를 연주하고 있는 한, 초면이라도 바로 함께 연주를 할 수 있다. 재즈를 함께 연주하고 있는 이상 국적은 의미가 없기 때문이다. 연주를 통해 함께 교감하고 느끼는 감동만이 의미가 있을 뿐이다. 재즈라는 음악은 그 자체가 글로벌 문화의 융합으로 만들어진만큼, 이미 초국가적 힘을 가지고 있는 존재다. 따라서 재즈 스타일은 이런 글로벌마인드를 기본으로 한다.

이미 오래 전부터 다국적 기업과 글로벌 기업이 존재해왔다. 이 둘은 비슷해서 거의 같은 의미로 쓰여 왔다. 간단히 이 둘을 구분한다면 그 기업의 모국을 분명히 인식하느냐 하지 않느냐. 즉, 다국적 기업은 모국에 본사가 있고 전 세계에 다수의 해외지사를 두고 있는 거대 기업이다. 반면 글로벌 기업은 그 기업이 태동한 모국의 개념이 거의 사라지고 기업활동에 필요한 일련의 기능들이 부합되는 세계 곳곳에 위치해 있는 기업을 말한다.

그런데, 흥미로운 것은 컴퓨터, 인터넷의 발달과 통신비용이 거의 제로가 되면서 이 패러다임이 이제 개인으로 넘어오고 있다는 것이다. 미국 유학 시절, 나에게 '글로벌화된 삶'에 대해 다시 한 번 생각하게 만들어 준 친구들이 많다. 그중 디에고라는 친구는 정말 인상 깊었던 사람이다. 그는 아버지가 페루 출신이고 어머니가 독일인이었으며 태어난 곳은 남아프리카 공화국이었다. 그 후 미국으로 유학을 와서 MIT에서 MBA 공부를 하고 있었다. 그리고 장차 중국에서 살면서 자기사업을 하고 싶어 했다. 나는 같은 학교에서 재즈 편곡을 전공하고 있었던 유키코란 친구를 통해서 그를 알게 되었다. 디에고는 그녀의 남자친구였다.

나는 우연한 기회에 유키코와 함께 그를 만나게 되었는데 재미있게도 처음 그와 대화를 나눈 언어는 일본어였다. 이 친구가 구사할 수 있는 언어는 영어, 스페인어, 독일어, 프랑스어, 아프리칸스어, 일본어, 중국어로 자그마치 7개 국어였다. 유럽에는 5개 국어 이상을 구사할 수 있는 사람이 꽤 있다고 들었는데, 실제로 내가 이런 사람을 만나본 것은 그때가 처음이었다. 중국어는 대학 다닐 때 복수전공으로 공부했고, 일본어는 일본 여자친구를 3년 동안 만나면서 익히게 된 것이었다. 무엇보다 내가 그에게서 깊은 인상을 받은 것은 세계를 무대로 한 그의 사고방식과 라이프스타일이었다.

그에게 국적은 큰 의미가 없었다. 부모의 국적이 다르고 태어난 국가와 현재 살고 있는 국가도 다르고 앞으로 살고 싶은 국가도 다르다 보니까 어느 한 나라의 정부에 의존하기보다는 여러 국가를 상황에 따라서 활용하려고 했다. 전 세계가 그에게는 일터이자 놀이터였고 전 세계인이 그의 친구이자 동료였다. 그와 대화를 나누다 보면 함께 세계여행을 하는 기분이었다. 그 무대는 미국에서 출발하여 아프리카, 남아메리카, 유럽, 아시아 등 전 세계를 종횡무진했다. 그가 세우는 여름방학 계획에는 자원봉사를 하러 아프리카에 가고 여자친구와 함께 일본에 가는 것이 포함되어 있었고, 그가 참여하는 프로젝트는 유럽회사를 상대로 하는 것이었다. 특히, 그의 꿈에 대한 장기플랜을 들을 때에는 마치 그의 머릿속에 오대양 육대주가 숨쉬고 있는 듯한 생각이 들었다.

나는 되도록 그와 함께하는 시간을 만들려고 노력했고, 나에게 그의 모든 것은 관찰의 대상이요, 공부의 소재였다. 그는 애국심을 갖고 있다든가 어느 단체, 기업, 학교에 소속되고 싶어하지 않았다. 그는 어디에도 섞일 수 있지만 어디에도 귀속되지 않는 매우 독립적이고 강한 사람으로 느껴졌다.

이제는 엄청난 과학기술과 인터넷의 발달로 개인도 다국적 개인, 글로벌 개인으로 다시 태어날 수 있는 환경이 조성되어지고 있다. 여기서 다국적 개인이란 일단 모국을 생활의 중심에 두고 해외 각국에 거점을 가지면서 비즈니스나 삶을 영위해나가는 개인을 말한다면, 글로벌 개인이란 앞서 말한 디에고처럼 스스로 선택권을 갖고 자신의 꿈과 행복에 따라 사는 나라를 언제든지 바꾸거나 활용하며 삶을 영위하는 초국가적 존재를 말한다.

하지만, 한국에서의 현실은 그렇지 못하다. 대부분의 사람들은 해가 가고 달이 가도 회사에서, 공장에서, 그리고 그 외에 주어진 영역 안에서 매일 같은 일상 속에서 살아간다. 그러다보니 사고방식과 라이프스타일, 삶에 대한 판단기준이 거의 유사하고 한국이라는 좁은 시장을 차지하기 위한 밥그릇 빼앗기 식의 경쟁이 난무하고 있다. 그리고 사회에는 이런 위기타파를 위해 내놓는 정부의 정책만을 믿고 있다가 그 도끼에 발등 찍힘을 당하는 사람들의 하소연으로 넘쳐나고 있다.

이제 나를 보호해줄 존재는 나밖에 존재하지 않는다. 국가와 정부, 기업을 믿고 선처를 해달라는 식의 바람은 나를 종속적이고 나약한 존재로 만들 뿐이고 기대하는 그런 일은 일어나기 쉽지 않을 것이다. 아마 유태인이 전 세계를 장악하는 힘도 어떤 국가에 의존하지 않고 독립적인 자기 자신의 역량만을 믿고 키워온 결과가 아닌가 싶다. 앞으로 우리들도 자기 스스로의 경쟁력을 키워서 글로벌 기업 못지않은 글로벌 개인으로서의 역량을 만들어야 한다.

흔히 TV에서 글로벌 리더를 다루는 프로그램을 보게 되면, 흔히 해외 명문대에 다니는 학생이나 세계 초일류기업에 다니는 임원들이 나와서 '그들만의 잔치'에 대해서 이야기한다. 하지만 과연 대한민국에 그런 '선택받은' 자격과 인프라를 가진 사람이 몇 %나 되는가? 그 자격이 안 되는 대다수의 사람들은 그 프로그램을 보면서 무슨 생각을 할까 궁금하다.

언젠가 안철수 카이스트 교수가 이야기한 것처럼, 패러다임을 대기업이 아닌 중소기업 육성 쪽으로 바꾸어야 한다고 생각한다. 글로벌 마인드를 가르치고 글로벌 개인을 육성해내는 것도 초일류 대기업 위주의 관점이 아닌 중소기업, 특히 1인 기업의 관점에서 실마리를 풀어나가야 한다.

정부의 정책이 글로벌 대기업의 기준에 편중되어 있다가 요즈음 1인 창조기업을 육성한다고 하여 나름 여러 정책을 쏟아내고 있다. 하지만, 그 성과는 아직 불투명하다. 이제는 각자 스스로 다국적 개인을 넘어 글로벌 개인이 될 준비를 시작해야 한다. 날 좀 어떻게 해달라고 정부와 국가에 조르기 이전에, '당신들이 그렇게 밖에 못한다면 난 여기를 떠나 다른 국가에서 멋진 비즈니스를 하고 행복한 삶을 누리겠다'고 선언할 수 있는 자신감과 역량을 키워야 한다. 교육 쪽에서는 그런 움직임이 이미 나타난 지 오래다. 주위에 넘치는 기러기 아빠들이 그것을 말해주고 있지 않나?

그리고 인터넷의 발달이 제공한 각종 소셜 미디어, 온라인 툴로 말미암아 개인이 전 세계를 상대로 비즈니스를 할 수 있는 토대가 형성되었다. 앞으로는 과감히 시야를 세계로 돌려서 다국적 개인, 글로벌 개인이 될 수 있도록 역량강화에 힘을 쏟아야 한다. 내 삶과 비즈니스의 영역을 상하이, 도쿄, 뉴욕, 홍콩 등으로 확대할 수 있는 시대다. 세계를 껴안는 웅대한 꿈과 넘치는 열정, 포기하지 않는 도전정신으로 단단히 무장하고 한국 역사상 처음으로 주어지는 세계인이 될 수 있는 기회를 놓치지 말자.

𝄢 : 재즈형 인재 되기

현대인들은 두렵다. 지금까지 신봉해왔던 각종 경제원리와 사회체제에 대한 법칙이 어느 날 순식간에 무너져 내리는 것을 본다. 상식이라고 믿었던 온갖 정설도 의미를 잃어버리고 어제 익힌 지식이 하루 아침에 구시대 퇴물로 전락한다. 수많은 자료와 통계를 바탕으로 날밤을 새우며 준비한 이 완벽한 기획서도 이젠 뚜렷한 성과를 발휘하지 못한다.

'재즈형 인재'는 무엇보다 이런 예측불가능한 미래와 불확실한 상황에 적절한 새로운 인재상을 보여주고 있다. 그러면 재즈형 인재가 갖춰야 할 소양에는 어떤 것이 있는지 살펴보자.

경청

재즈형 인재로서 첫 번째로 중요한 요소는 '경청' 이다.

재즈공부에 입문하게 되면 가장 먼저, 또 지루하지만 반드시 훈련해야 하는 것이 'Ear Training' 이다. 함께 협연을 하는데 상대방의 연주를 정확히 듣지 못하면 그 음악에 어울리는 내 음악을 연주하지 못하기 때문이다. 훌륭한 연주자의 역량은 자신이 많은 수의 음을 연주하기보다는 음악을 이루는 전체 악기 연주의 구도 속에서 자신이 꼭 필요한 자리에 필요한 음만 내어 최상의 음악으로 완성시키는 데에서 드러난다. 내가 연주해야 할 부분을 정확히 연주하기 위해서는 우선 다른 이의 연주를 정확히 들을 줄 알아야 한다.

그러나, 주변에는 다른 사람의 말을 잘 듣지 못하는 사람이 너무나도 많다. 오로지 자기 의견을 상대에게 납득시켜야 한다는 일념으로 남의 이야기를 듣는 순간에도 자기가 다음에 무슨 얘기를 할지 생각한다. 따라서 상대 이야기를 제대로 이해하지 못하는 경우가 많다. 사실은 자기 결론을 이미 내려놓고 그것을 관철시키기 위한 대화를 이끌어가는 경우가 많다 보니 서로 자기주장만 하다가 끝나는 경우가 허다하다. 지금처럼 수평적인 쌍방 소통력이 중요한 시대에서 이것은 낭비일 뿐이다. 소통이란 본인의 메시지를 상대방에게 일방적으로 주입시키는 것이 아니라 쌍방 커뮤니케이션을 통해 새로운 화학반응이 일어나게 하는 과정이다. 새로운 대안이 나오고 창조적인 솔루션이 나오고 지식창조가 일어나는 과정이다.

『마음을 사로잡는 경청의 힘』(래리 바커, 키티 왓슨 공저, 이아소, 2006)에서 저자들이 언급했듯이 상대방의 말을 열심히 경청하는 사람은 말하는 사람의 마음을 열고 믿음을 불러일으킨다. 그러다 보면 오히려 말하는 사람이 듣는 사람에게 설득을 당하는 역설적인 효과를 가져올 수도 있다. 파레토의 법칙(80대 20의 법칙)이 여기에서도 적용이 된다. 듣는 데 80%, 말하는 데 20%의 시간을 할애하는 것이 좋다. 즉, 상대방에게 나를 더 어필하고 싶을수록 내 말은 가능한 짧게 하고 상대방의 말을 집중해서 들으며 공감대를 형성하는 것이 중요하다. 내가 아무리 특출한 전문지식을 갖고 있다 해도 잘 전달하지 못하거나 상대의 전문지식을 잘 흡수하지 못하면 아무 쓸모가 없다.

전체를 통찰하는 능력

큰 그림을 볼 줄 아는 능력이 필요하다. 연주를 할 때 자기 연주에만 몰입하고 있으면 그 사람은 좋은 연주자가 될 수 없다. 함께 연주하는 멤버들의 전체 악기소리를 하나의 그림으로 파악할 줄 알아야 한다. 그리고 그 속에서 자신의 악기소리를 들을 줄 알아야 한다. 내가 아무리 기가 막힌 연주를 하더라도 배경이 되는 음악과 조화를 이루지 못하면 그것은 결코 좋은 음악이 될 수 없다.

즉, 나의 악기소리와 타 멤버들의 악기소리 전체를 나의 음악으로 인식하고 연주하게 되면, 조화로운 전체의 음악이 다시 각 멤버들의 연주에 영향을 끼치게 된다. 이렇게 되면 나의 연주와 전체의 음악이 서로 닮아가는 듯한 양상을 보이게 된다. 이것은 부분이 곧 전체이자, 전체가 곧 부분을 의미하는 프랙탈(Fractal)의 원리까지 연결시킬 수 있다. 프랙탈이란 물체를 아무리 크게 하거나 세분한다 하더라도 본래 물체가 가지고 있던 모습이 계속 유지된다는 이론으로, 눈(Snow)의 결정모양을 확대하면 같은 결정구조의 모습이 보이게 되는 것을 말한다. 그 외에도 구름, 산, 나뭇가지 등의 예가 있다.

프랙탈은 구조와 불규칙성을 함께 가질 수 있으므로 현실세계의 불규칙한 물체를 표현하는 데 많이 쓰이고 있다. 재즈음악도 매우 불규칙하고 예측불가능한 음악인 것 같지만 사실은 철저한 기본원칙과 규칙적으로 정리되어 있는 수많은 패턴이 뒷받침해주고 있기에 그런 변화무쌍한 음악이 가능한 것이다.

이렇게 숲과 나무를 동시에 보는 것처럼 나와 전 세계를 함께 인식할 수 있는 통찰력은 불확실한 세계를 살아가는 데 큰 도움을 줄 수 있다.

즉각적인 대응력

상대 연주를 잘 듣고 내가 무대에서 실력을 발휘할 타이밍이 왔다면 한 치의 망설임 없이 바로 나를 쏟아부을 수 있게 준비가 되어 있어야 한다. 여기서 가장 중요한 것은 반복이다. 반복한다는 것은 몸에 체화한다는 것을 의미한다. 절호의 타이밍에 들어오는 멋진 즉흥 재즈연주는 끝없는 반복연습으로 이루어진다. 천 번 만 번을 반복 연습해야 비로소 결정적인 순간에 몸이 본능적으로 반응할 수 있다.

앞을 내다볼 수 없는 미래와 불확실한 환경에서는 각종 기회, 돌발상황, 리스크 등에 대한 빠른 대응력이 성패를 좌우한다. 순간적으로 일어나는 변화에 맞춰서 적절한 조치를 바로 취할 수 있어야 하기 때문이다.

진정한 실력은 즉각적으로 대응할 수 있는 민첩성과 순발력, 융통성, 감각 등이 포함되어 있는 것이다. 이 모든 것은 평소에 준비가 되어 있느냐 아니냐에서 나온다. 그리고 그 준비는 끊임없는 반복연습으로 이루어진다. 반복하는 데서 내공이 생기고 내 체질이 바뀐다.

이질적 문화 수용성과 타 분야에 대한 관심

재즈형 인재가 되기 위해서는 타 문화권의 사람들을 이해하고 포용할 수 있어야 하며 타 분야에 대한 전문지식도 늘 관심을 가지고 습득해야 한다.

그래야 자신의 지식, 능력과 연결하여 새로운 가치를 만들어낼 수 있다.

내 자신의 전문지식만 가지고서는 할 수 있는 것에 한계가 있다. 다른 문화권, 다른 분야의 지식, 정보, 사람들과 연결될 때 비로소 큰 부가가치를 창출해낼 가능성이 많다. 따라서 자기 스스로가 세상의 다양한 가치관과 삶의 방식에 대해 접할 수 있는 기회를 적극적으로 만들어볼 필요가 있다. 인터넷을 활용해 해외 뉴스, 신문을 정기적으로 보거나 소셜 미디어(페이스북, 마이스페이스 등)를 활용하여 외국의 친구들을 사귀는 것도 좋다. 타 분야에 대한 관심도 좀 더 구체화하여 자기 꿈이나 목표와 관련성 있는 분야를 선별하고 평소에 그 자료를 체계적으로 분류하고 수집해둔다면 큰 도움이 될 수 있다. 그래야 비로소 그 자료가 내 것이 되고 상호 연결, 조합하는 단계를 거쳐 창조로 이어질 수 있기 때문이다.

상생, 협업을 추구하는 생태계 디자이너

재즈형 인재는 세상을 바라볼 때 하나의 생태계로 보고 자연의 생태계를 만들어가듯, 자신과 세상의 관계를 선순환구조로 디자인할 수 있는 인재다. 즉, 삶과 비즈니스를 경쟁구도로 몰아가는 것이 아니라 서로 상생, 협업하여 윈윈할 수 있는 구도로 짤 수 있어야 한다. 웹 2.0 시대에는 파트너 없이 생존할 수 없기 때문이다.

구글의 염동훈 상무가 멀티미디어포럼에서 "우리는 새로운 생태계를 원한다"라고 말했다. 구글은 미국의 신문사, 도서관 등 뉴스, 정보, 지식 생산 기관뿐만 아니라 수많은 회사들과 파트너를 만들어가고 있다. 한국의 네이버와 다음도 많은 신문사 및 방송사와 파트너십 계약을 체결했다. 기업뿐만 아니라 개인도 이런 상생, 협업의 관계를 얼마나 잘 구축하고 관리해나가느냐에 따라 성공이냐 실패냐가 판가름날 것이다. 나 스스로도 독립적으로 존재하면서 세상의 다양한 요소와 선순환구조의 생태계를 디자인하고 또 실천해나갈 수 있는 인재, 바로 재즈형 인재다.

경계선에서 '엣지' 있게 논다

새로움은 경계선에서 발생한다. 경계선은 카오스의 상태로서 안정되어 있지 않다. 질서를 만들어내기 위해 활발하게 움직이기 때문이다.

세기말의 혼돈 속에서 등장한 '복잡계 경영'은 "불확실한 미래에 대비하기 위해서는 조직을 혼돈의 가장자리로 몰고 가라"고 한다. '혼돈의 가장자리(edge of chaos)'는 '복잡계(complexity) 이론'에서 쓰이는 특수용어로서, 혼돈과 질서가 균형을 이루는 경계선을 말한다. 여기에서는 그 어느 한쪽으로도 빠지지 않고 끊임없이 새로운 질서를 형성하려고 하는데, 이때 새로운 창조가 일어나게 된다.

기업 내에서도 스스로 경계선을 만들어 의도적 혼돈을 통해 새로운 질서를 창조해내려고 한다. 디지털과 아날로그, 예술과 경제, 온라인과 오프라인 등 경계선에서 이루어지는 새로운 질서는 새로운 상품과 부가가치로 연결될 수 있다. 그렇게 어떤 영역 간의 경계선에 서서 의도적으로 혼돈과 질서를 주기적으로 만들어냄으로써 새로움을 창조하는 것이 재즈형 인재다. 불확실한 시대에서 미래는 예측하는 것이 아니라 창조하는 것이기 때문이다. 앞으로의 인재에게는 A 아니면 B라는 이원론이 아니라 A도 취하고 B도 취할 수 있는 유연성과 창조성이 필요하다. 경계선에서 '엣지' 있게 놀아라. 기회가 온다.

위기를 기회로 보는 역발상의 상상력

스케이팅을 할 때 순위가 바뀌는 것은 코너를 돌 때이다. 혼란과 카오스의 상황이라는 것은 이렇게 수많은 코너가 도처에 숨어 있는 빙판을 달리는 것이다. 코너워크를 할 때 중하위권에 있던 선수가 순식간에 1위가 되고, 반대로 1위였던 선수가 중하위권으로 밀려나기도 한다. 최악의 경우, 치열한 선두다툼을 하던 1, 2위 선수가 몸싸움으로 어처구니없는 실수를 해서 여러 명의 선수가 함께 빙판에 넘어지기도 한다. 그때 하위권으로 오던 선수가 얼떨결에 1위를 하는 장면도 연출한다.

바로 우리가 살고 있는 세상이 그러하다. 누구나 승자가 될 수 있고 또한 패자가 될 수 있다. 지금 이 순간 정해진 것은 아무것도 없다. 이 말은 불확실한 상황이야말로 얼마든지 위기가 기회로 전환될 수 있는 코너워크의 연속이라는 것이다.

따라서 현재의 불리한 상황이나 뒤처져 있는 수준에 절망할 필요가 없다. 곧 내 시야에 튀어나올 코너워크를 노리면서 이때 어떤 각도로 내가 들어갈 수 있는가를 연구해야 한다. 그런 역전의 코너워크를 잘하는 인재가 바로 재즈형 인재다.

첨단기술, 소셜 미디어에도 관심을 가져라

새로운 첨단기술이나 소셜 미디어의 등장으로 사회 질서가 하루아침에 뒤바뀔 수도 있는 세상이다. 그리고 1,000명이 해야 할 일을 어떤 첨단 소프트웨어를 잘 다룸으로 인해 나 혼자 뚝딱 해치울 수도 있다. 그 소프트웨어의 숙달은 나에게 있어서 1,000명의 직원을 고용한 것과 같은 효과를 갖는다. 전직 기자였던 명승은 태터앤미디어 대표는 "이제는 포털 시대가 가고 소셜 미디어 시대가 온다"고 하며 20~30대가 대부분 인터넷을 접하고 있는 우리나라에서 소셜 미디어는 가공할 영향력이 있을 거라고 단언한다.

소셜 미디어의 활용은 앞으로의 시대에 거의 필수과목이나 마찬가지다.

소셜 미디어는 하나의 재즈악기와 같다. 그런데 이 악기는 나의 멜로디를 순식간에 전 세계로 퍼뜨릴 수 있는 엄청난 파워의 앰프출력을 가지고 있다. 이 악기를 자유자재로 다루며 전 세계와 다양한 공명을 이끌어낼 수 있는 능력이 재즈형 인재에게 요구된다.

단, 여기서 주의할 것은 하루가 다르게 밀려드는 신기술에 휘둘리지 말아야 한다는 것이다. 오늘 어렵게 익혀놓은 툴이 내일 하루아침에 사라질지도 모른다. 잘못하면 배우기만 하다가 세월을 다 보낼 수 있다. 소셜 미디어나 첨단기술은 어디까지나 수단에 불과하다. 자기 중심을 잡고 그 툴을 활용하는 지혜가 필요한 시점이다.

대학생 재즈경영 10계명

1. 본인의 인생에서 연주할 테마를 정하라. (꿈과 목표를 리스트화하라.)

2. 스펙보다는 자신의 전문성을 찾고 연마하라.

3. 수단과 목적을 정확히 구분하는 습관을 가져라. (외국어공부를 한다면 왜 하는지 그 목

   적을 분명히 하고 시작하라. 공부를 위한 공부는 비효율적이고 실전에 쓰기 어렵다.)

4. 이력서를 블로그로 대체하라. (이력서를 졸업 후에 작성하지 말고 지금부터 이력서를 쓰

   는 기분으로 필요한 경력을 쌓아 블로그에 기록해나가라.)

5. 인생을 함께 할 파트너, 내 인생의 모델로 삼을 멘토를 지금부터 찾아라.

6. 졸업하기 전에 영어 외에 1개 외국어(일어, 중국어, 스페인어 등)를 회화 정도는 구사

   할 수 있게 노력하라.

7. 문화적 감성, 예술적 감각을 키워라.

8. 모든 것에 대해 글로벌을 지향하라.

   (삶의 무대, 직업, 라이프스타일, 사고방식, 친구, 연인 등)

9. 소셜 미디어와 온라인 툴을 자유자재로 다룰 수 있도록 익혀라.

   (블로그, 각종 SNS, UCC, 그외 멀티미디어 툴 등)

10. 정기적으로 외국인을 만나는 모임에 참가하라.

4장

거장들로부터
배우는 재즈경영

재즈 스타일로 성공한 개인이나 기업은 옛날 재즈뮤지션에서부터 현재 웹 2.0 & 3.0 기업에 이르기까지 적지 않다. 세계는 앞으로도 혼란과 카오스의 상황이 더욱 심해질 것이고 그만큼 수많은 역전의 찬스도 곳곳에 숨어있다. 그리고 재즈 스타일로 무장하고 재즈경영을 구사하는 개인이나 기업은 그런 기회를 절대 놓치지 않게 될 것이다. 흐름을 정확히 읽고 재즈의 즉흥연주처럼 순식간에 세계 정상이 된 기업들, 그리고 재즈 스타일을 확립했던 재즈의 거장으로부터 그들은 재즈 스타일의 핵심요소를 어떻게 활용해서 성공했는지 알아보자.

𝄢: 듀크 엘링턴의 인간경영과
웹 2.0식 위키경영

언젠가 이건희 회장이 "사업이란 사람으로 하는 종합예술"이라는 말을 한 적이 있다. 사업을 정의하는 말 중에서 이것보다 멋지게 표현한 말이 과연 있을까? 모든 것은 사람으로부터 시작되어 사람으로 끝나고, 사업이나 인생이나 한 편의 예술작품을 만드는 것과 같다는 공감이 지금 이 시대와 너무 잘 어울린다.

재즈계의 수많은 거장 중에 탁월한 인사관리와 자신만의 독특한 경영으로 성공가도를 달린 사람이 있다. 바로 듀크 엘링턴이다. 생애 통틀어 2,000여 곡을 창작하고, 클래식계에서도 조지 거쉰 이후 최고라는 찬사를 받은 20세기 가장 뛰어난 작곡가다. 그로 인해서 자칫 거리의 음악이나 단순한

댄스음악일 뻔 했던 재즈가 다시 태어나게 되었다. 그는 말 그대로 듀크(duke-공작)를 연상케 하는 온화하면서 세련된 재즈계의 대표 신사였다.

무엇보다 놀라운 것은 그가 콤보 형태(4~5인의 소규모 밴드)도 아닌 거대한 빅밴드를 56년 동안이나 유지했다는 점이다. 그가 활발히 활동했던 시대는 1920년대 말부터로, 세계 대공황(1929년 10월 24일 시작)이 발생하여 뉴욕 월스트리트의 주식은 대폭락하고 실업자는 1,500만 명에 달했던 때였다. 그는 그런 흉흉한 시절에 뉴욕 할렘가에 있던 코튼클럽(The Cotton Club)에서 할렘가 르네상스를 이끄는 것을 시작으로 화려하고 왕성한 음악 활동을 일생 동안 전개해 나갔다. 그와 한번 인연을 맺은 연주자들은 교체되거나 탈퇴하는 경우가 거의 없었다. 대부분 십 년 이상을 생사고락을 함께 했다. 심지어 그의 밴드 안에서 해리 카니라고 하는 뮤지션은 16세에 듀크 엘링턴 악단에 들어와 64세로 사망할 때까지 49년간 활동했다. 그렇다고 해서 그 멤버들이 실력이 떨어지는 것은 결코 아니었다. 오히려 그의 멤버들은 바로 솔리스트로 독립시켜도 손색이 없을 만큼 훌륭한 연주자들이었다. 한마디로 올스타밴드였던 셈이다.

그런 실력 있고 개성 강한 연주자들이 오랜 세월 동안 그의 곁에 머무른 이유는 무엇일까? 그가 가진 음악적인 리더십뿐만 아니라 후덕하고 따스한 인간미가 가족 같은 공동체를 느끼게 했기 때문일 것이다.

그가 이룬 또 하나의 업적은 소위 '정글 사운드'라고 일컫는 창작 스타일이다. 당시 시대적 배경을 보면 세계가 대공황으로 어려움에 직면했을 때였다. 당시 금주법이 한창 시행되었는데 오히려 마피아는 이 시기에 술장사로 거대한 부를 축적하게 된다. 이때 술집운영을 위해 화려한 쇼가 필요했는데 이에 어울리는 재즈 빅밴드가 유행하게 되었다. 경제적 불황기에 대거 해고를 당한 재즈 뮤지션들은 생계를 위해 자연스럽게 빅밴드로 흘러들어오게 된다. 1930년대 이후, 재즈맨들은 빅밴드 활동에 생계를 의존하는 비율이 점점 더 높아져갔다. 그러나 연주자의 입장에서 빅밴드란 솔로 연주의 기회를 박탈하는 양식에 불과했고 백인들의 참여가 가속화되면서 즉흥연주의 생동감이 사라진 박제 같은 재즈가 득세하기 시작했다.

이때 듀크 엘링턴은 '정글 사운드'라는 새로운 스타일의 음악을 만들어낸다. 그 스타일은 일종의 '집단 창작'으로서, 기존의 빅밴드 재즈가 가지고 있던 한계를 넘어섰고 신선한 바람을 일으켰다. 그것은 악단의 뛰어난 솔리스트들이 자신의 연주력을 마음껏 펼쳐보일 수 있도록 하면서도 전체적으로는 오케스트라의 구도를 가지고 하나로 연대가 되도록 하는 획기적인 시도였다.

예를 들어, 듀크 엘링턴이 하나의 테마를 멤버들에게 던지면 각자 그 테마에 맞는 나름의 즉흥연주를 한다. 그 중에서 가장 마음에 드는 멜로디가 있으면 그것을 바탕으로 어울리는 화음이나 전체적인 구조를 만들어나가는 방식이다. 그는 늘 자신의 악기는 피아노가 아니라 오케스트라 그 자체라고 했다. 이렇듯 듀크 엘링턴이 의도한 것을 다른 누구보다도 멤버들이 잘 이해했고 그 역시 각 멤버들의 성격에서부터 재능에 이르기까지 꼼꼼하게 파악하고 있었다. 이것이 가능했던 이유는 오케스트라 멤버 전체를 듀크 엘링턴의 분신처럼 느끼게 했던 그의 탁월한 인사관리 덕분이었다.

듀크 엘링턴 오케스트라가 '정글 사운드'라고 이름 붙여진 이유는 무엇이었을까? 1920년대 후반, 멤버 중 트럼펫주자인 버버 마일리와 트럼본 주자 트리키 샘 낸턴이 선보인 기법으로 당시에는 잘 안 쓰였던 그로울 사운드(growl sound) 기법과 플런저(약음기)를 사용해 소리를 죽이는 독특한 방식 때문이다.

그로울 사운드란 트럼펫이나 트롬본 입구에 플런저를 끼워 놓은 상태에서 손으로 붙였다 뗐다 하는 식으로 연주하는 것인데 아마 영화나 드라마에서 본 적이 있을 것이다. "와~ 와~"소리를 내기도 하고 말 그대로 밀림의 짐승들이 으르렁거리는 소리를 모방한 소리인데 거칠기보다는 상당히 애처롭고, 서글픈 느낌이 든다. 이 낯선 소리를 듀크 엘링턴은 적극적으로 수용해서 기존의 정형화된 빅밴드 사운드가 아닌 '아프리카의 역동성'이 느껴지는 정글 스타일을 탄생시켰던 것이다. 이 사운드는 다른 어떤 오케스트라도 흉내낼 수 없는 독특한 효과를 발휘했으며 나중에는 듀크 엘링턴 오케스트라 음악을 상징하는 스타일로 자리매김하게 된다.

듀크 엘링턴은 단원들의 개성, 능력을 최대한 발휘시키기 위한 곡을 만들기 위해 항상 노력했다. 모든 멤버들은 기꺼이 그의 물감이 되어주었고 그의 팔레트 안에서 역동적으로 섞여져서 듀크 엘링턴의 오케스트라 특유의 독자적인 색채가 완성되었다. 그렇게 그는 1927년부터 코튼클럽에서 주목받기 시작하여 유럽 순회공연도 다녔고, 1930년대 말과 1940년대 초까지 영화음악과 할리우드까지 진출했다. 그가 이렇게 장기간 성공할 수 있었던 결정적인 이유 중 하나는 바로 그의 인간경영이다.

듀크 엘링턴은 생애에 1,000곡이 넘는 작곡과 1,500여 곡의 편곡이라는 어마어마한 양의 훌륭한 곡을 썼다. 그가 창작한 곡들은 재즈곡 외에도 영화음악, 관현악곡, 발레곡, 심지어 거룩한 예배음악까지 아우르는 거의 전 장르를 다 포괄하고 있다. 이런 끊임없이 용솟음치는 창작력의 뿌리는 그와 오랜 기간 동안 함께했던 오케스트라 멤버들이 있었기에 가능했다. 듀크는 현재 웹 2.0의 가치라 일컬어지는 개방, 참여, 협업 시스템을 그 시대에 이미 유효적절하게 활용하여 막대한 양의 곡을 창작할 수 있었던 것이다. 이처럼 듀크 엘링턴은 미래형 인재의 전형을 보여준다. 그에게서 우리는 무엇을 배울 수 있을까?

첫째, 커뮤니케이션 능력을 키워야 한다

듀크가 그랬듯이 각양각색의 개성이 강한 실력자들을 아우르기 위해서는 원활하고 감성적인 커뮤니케이션 능력이 있어야 한다. 더군다나 한국도 이미 글로벌 시대로 본격적으로 진입한 시점이다. 앞으로 인재에게는 국경과 민족을 초월해 전 세계의 실력자들을 규합하고 구성하여 프로젝트를 진행할 수 있는 능력이 절실히 요구된다.

둘째, 한 악기에 정통한 재즈 연주자처럼 자신만의 숙련된 지식이 필요하다

로봇이 학생들의 작문채점을 하고, 소설가로 데뷔하는 시대다. 창의적이고 달인의 경지에 오르지 않은 지식은 이제 인공지능이 대체해버릴 시대가 올 것이다. 따라서 쉽게 복사되거나 대체될 수 없는 자신만의 독창적인 지식(기술), 콘텐츠를 확보해야 한다.

셋째, 집단지성을 활용하여 스스로 진화할 수 있어야 한다

앞으로는 속도가 관건이기 때문에 혼자서 만들어내는 지식은 양과 질의 면에서 한계가 있다. 이미 아마존, 위키피디아, 유튜브, P&G, 레고, 보잉 등 글로벌 기업은 대대적으로 협업을 도입하여 경영혁신과 함께 막대한 수익을 올리고 있다. 이제는 듀크의 오케스트라단처럼 수많은 명곡을 양산케

하는 다양한 아이디어맨들이 모인 집단을 당신 스스로 꾸려나가야 한다. 그들과 수많은 인터액트(interact)를 하며 다양한 지식, 콘텐츠를 지속적으로 양산할 수 있는 생산능력을 갖춰야 한다. 그러기 위해서는 당신의 관심사로 블로그, 카페와 같은 커뮤니티를 운영하고 그 외 소셜 미디어도 적극 활용하여 집단지성을 만들고 경영할 수 있는 능력을 키워라.

앞으로 이런 웹 2.0식 재즈경영은 국가, 기업, 기관, 개인 등 모두가 피할 수 없는 거대한 흐름이며 누가 먼저 자신의 삶과 비즈니스에 적절히 도입하여 활용하느냐가 성패를 가른다. 혼자 다 하려는 생각은 버리고 원원하는 상생구조를 얼마나 유연하게 잘 만들어낼지 궁리해야 한다.

𝄢 마일즈 데이비스의 창조경영 vs. 스티브 잡스의 창조경영

스티브 잡스는 제품을 통해서 라이프스타일을 바꿨다. 마일즈 데이비스는 음악을 통해서 라이프스타일을 바꿨다. 이 두 사람은 아티스트다. 다만 각자 선택한 표현수단이 다를 뿐이다. 한 사람은 음악을 선택했고 다른 한 사람은 제품을 선택했다. 그러나 수많은 사람들에게 감동을 주고 그들의 라이프스타일, 사고방식에 큰 영향을 준 것은 같다.

마일즈 데이비스는 재즈계의 거목이다. 그의 일생이 지금까지 재즈역사의 대부분을 만들어왔다고 할 수 있다. 마일즈는 동시대 사람들이 생각하는 것보다 언제나 한 발 앞서 있었다. 대략 10년 단위로 남들이 전혀 생각하지 못한 스타일의 음악을 새롭게 창조하며 시대를 이끌었다.

스티브 잡스는 컴퓨터업계의 거목이다. 스물한 살이 되던 해, 친구 워즈니악과 함께 자신의 집 차고에서 컴퓨터를 만들기 시작해 최초의 퍼스널 컴퓨터인 Apple I을 탄생시켰다. 그 후 자신이 만든 애플사에서 쫓겨나는 수모를 겪었으나 애니메이션회사인 '픽사'를 설립하여 재기에 성공하더니 추락하던 애플사에 복귀하여 혁신을 일구어낸다. 특히, 기존에는 없던 유료 음원 판매 사이트인 iTune 뮤직스토어를 만들어 미국 음악산업의 구조를 바꾸었다. 연이어 휴대용 뮤직 플레이어인 iPod를 탄생시킴으로써 전 세계 뮤직 플레이어 시장의 80% 이상을 점유하게 된다. 이는 애플 역사상 가장 성공한 제품이 되었다. 이제는 아이폰을 등장시켜 다시 한 번 전 세계에 파장을 일으키고 있다.

이 두 천재는 몇 가지 공통점이 있다.

그들은 탁월한 자기 연출력을 가지고 있었다

제품과 음악으로 스스로를 말하기에 앞서 사람 자체에서 뿜어나오는 매력이 있다. 마일즈 데이비스, 사실 나는 그의 음악도 음악이지만 그보다 먼저 그의 스타일에 단번에 매료되었다. 음산하고 야릇한 분위기에서부터 광채를 발하는 그의 눈빛까지 그는 사람들의 마음을 휘어잡는 이상한 매력이 있었다. 그리고 가슴 깊은 곳에 스며들어 오래도록 여운을 남겼다.

마일즈 데이비스 평전 『마일즈 데이비스: 거친 영혼의 속삭임』(존 스웨드, 을유문화사, 2005)에서 한 부분을 살펴보자.

"마일즈는 연주가 진행되는 동안 무대를 떠나지 않고 솔로를 맡게 되는 이들을 지적해서 알려주었고, 전체 음량을 높이거나 낮추는 데 직접 관여했으며, 음색을 바로잡아주는 데도 적극적이었다. (중략) 자신의 밴드에 있는 연주자들의 능력을 이끌어내 이들을 자기 음악의 일부로 만드는 힘이 있다. 마일즈는 아무 말 없이 하나의 음정이나 아주 작은 제스처만으로도 자기가 원하는 것을 멤버들에게 전달할 수 있었다. 그는 마치 영화감독 같은 감각을 지니고 있었는데, 사운드는 물론이고 멤버들의 외양을 조절하고 전체 음악을 만들어나가는 센스 또한 남달랐다. 청각적인 면뿐 아니라 감각적이고 시각적인 연출법의 개발은 그를 따라갈 자가 없을 정도였다."

마일즈는 긴장감과 여유를 적절히 안배하면서 각 연주자들의 창의력과 영감을 끊임없이 자극하는 분위기를 연출할 줄 알았다. 자신의 눈빛과 몸짓 하나, 연주하는 음정 하나, 그리고 자신과 멤버들이 그날 입은 옷 패션과 극장 상황까지 꿰뚫고, 그 모두가 멤버들에게 어떤 영향을 끼칠지 치밀하게 계산하면서 공연을 했다는 것이다. 그래서 야생마와도 같은 젊은 뮤지션들의 재기 넘치는 아이디어가 자연스럽게 마일즈 자신이 디자인한 음악적 구도 안에 녹아들어와 화학작용을 일으킴으로써 시대를 이끌어가는 재즈를 창조할 수 있었다.

스티브 잡스 또한 이미지 연출의 대가다. 그의 이름을 들으면 떠오르는 이미지가 있다. 검은색 셔츠에다 청바지, 그리고 동그란 안경 너머 반짝이는 스티브 잡스의 눈빛. 그의 프레젠테이션을 보고 있노라면 마치 애플 제품으로 하는 한 편의 마술쇼를 보고 있는 기분이다. 그의 프레젠테이션을 보면 아주 치밀하게 계산되고 연출된 것임을 알 수 있다. 그 쇼를 보고 수많은 사람들이 열광한다. 제품과 스티브 잡스를 동일시 여기는 것이다. 그가 프레젠테이션을 하기 전에 리허설의 반복에 반복을 거듭한다는 것은 잘 알려진 사실이다. 왜냐하면 자신의 행동 하나, 눈빛 하나가 어떻게 영향을 미칠지 잘 알고 있기 때문이다. 그래서 더욱 치밀하게 계산하고 전략적으로 준비한다.

관중들은 그의 프레젠테이션을 보고 제품에 열광하기에 앞서 스티브 잡스의 탁월한 자기 연출력에 매료당한다. 그리고 치밀하게 연출된 프레젠테이션은 동영상으로 또 하나의 강력한 콘텐츠가 되어 전 세계 인터넷망을 순식간에 파고든다. 그의 이미지 연출력은 화제를 낳으며 제품에 대한 강력한 마케팅효과를 자연스럽게 발휘한다.

마일즈와 잡스, 이 둘은 자기 영역에서뿐만 아니라 자기 연출의 천재다. 이제는 기능보다 이미지의 시대다. 코카콜라가 오랜 세월 동안 정상의 자리를 고수해오는 것은 단지 맛뿐만 아니라 이미지 때문이다. 주름치마형 모양을 가진 매력적인 외형, 코카콜라 병을 쥐었을 때 마치 여자의 허리를 감싸안는 듯한 감촉, 그리고 추운 겨울에도 마실 수 있을 듯한 산타 할아버지를 떠올리게 하는 빨간색 이미지, 이런 이미지 연출력이 강력한 힘을 발휘한다.

개인도 이런 이미지 연출이 필요한 시대다. 그것은 곧 개인의 브랜드화와 직결된다. 이것을 실천하는 가장 쉬운 방법은 우선 내 옷차림, 헤어스타일, 말투, 표정, 눈빛 등을 바꾸는 것이다. 그리고 이와 더불어 온라인상에서도 마음껏 자신을 연출할 수 있다. 블로그, 카페, SNS 등 각종 툴을 사용하여 자신의 장점을 극대화하는 이미지를 연출하라. 당신이 뭔가 대단한 것을 저지를 것 같은 이미지를 사람들에게 각인시켜라. 자기 연출력이라는 것, 이것도 하나의 커다란 능력이다.

그들의 매력은 단순함에 있었다

마일즈가 찰리 파커 밴드에 들어가 재즈 연주자로서 삶을 시작했을 때 비밥이 한창 인기를 끌던 시기였다. 비밥이란 복잡한 선율과 리듬으로 매우 빠르고 격렬한 재즈음악이다. 그러나 마일즈의 연주는 타 비밥연주자들이 하는 빠른 스피드와 화려한 음색 대신에 음산한 톤으로 중간에 쉬어가는 듯한 단순한 음만을 연주했다. 그의 음악을 들으면 건축물을 하나씩 지어나가는 듯한 느낌이 든다. 우선 다른 멤버들의 악기소리로 구조를 디자인한다. 그리고 마일즈 자신의 음은 최소한으로 단순화해서 그 위에 살짝 올려 극도의 미를 창조해낸다. 마치 화룡점정을 찍는 듯한 연주를 하는 그는 탁월한 음건축가다.

스티브 잡스가 창조한 애플의 아이팟, 그 디자인을 보면 역시 단순함의 극치를 이룬다. 잔가지는 다 쳐내고 핵심만 남은 듯한 아이팟의 바디라인에 사람들의 마음은 설렌다. 실제 선불교 추종자답게 그의 제품은 불교의 선(禪) 사상을 느끼게 할 만큼 절제미와 함축미의 극치를 보여준다. 아이맥에서부터 아이팟, 그리고 아이폰에 이르기까지 그가 창조해낸 제품들은 단순한 상품이 아니라 복잡한 현대사회로부터 단순미의 휴식처를 제공해주는 어떤 상징처럼 느껴진다.

이 두 사람은 단순함이 연출하는 극도의 세련미를 뿜어낸다. 그 단순미는 아주 오래도록 사람들의 마음속에 여운으로 남아 진한 감동을 선사한다. 여러분도 자신의 강점을 심플하게 부각시킬 줄 알아야 한다. 이것저것 끌어다놓고 다 할 줄 안다는 것은 어설픈 느낌만 준다. 항상 키워드를 중심으로 자신을 찾고 자신의 장점을 최대한 단순화시켜 준비해야 한다. 그리고 그 키워드를 사람들의 머릿속에 지속적으로 각인시켜라.

그들은 인재를 보는 탁월한 안목과 성장리더십이 있었다

"성장리더십이 없는 사람은 승진할 생각도 하지 마라."

미국 경제 전문잡지 『포천』지가 2007년 가장 존경할 만한 기업으로 선정한 GE의 이멜트 회장이 말했다. 앞으로 리더는 단순한 관리자로서의 리더가 아니라 팀원 각자가 또 회사 전체가 성장할 수 있게 하는 리더십을 발휘해야 한다는 것이다.

마일즈는 차세대를 짊어질 만한 탁월한 젊은 뮤지션을 선택하는 안목이 있었다. 마일즈에게 선택받은 이들은 마일즈 밴드에 들어와서 하나같이 일취월장했으며 밴드로부터 독립해서도 거의 모두 성공가도를 달렸다. 현재 세계 재즈계를 이끌고 있는 빅스타들은 거의 모두 그의 사단에서 배출된 뮤지션이라고 해도 과언이 아니다. 칙 코리아, 알 디 메올라, 허비 행콕, 웨인 쇼터, 키스 재릿, 존 맥러플린, 조 자비눌, 비교적 최근의 케니 개럿에 이르기까지 이름만 들어도 화려한 그들 모두가 마일즈과 함께 연주했던 사이드맨 출신이다. 그의 눈은 정확했고 수많은 후계자들은 지금도 세계 재즈계를 주름잡는 거물로 영향력을 행사하고 있다.

마일즈는 새로운 모든 것에 대해 개방적이었고 그것을 재즈의 영역 안으로 끌어들여 요리할 줄 알았다. 젊은 뮤지션들의 실험적이고 거친 아이디어와 신선한 감각을 가져와 하나의 음악으로 엮어냈다. 마일즈의 음악은 항상 당대 음악계의 첨단을 걷는 신진세력의 음악이기도 했고 마일즈 자신의 음악이기도 했다. 그들은 마일즈 밴드 안에 들어와 쉴 새 없이 자신의 한계를 넘어 진화해나갔고 생산적으로 상호공존을 했다.

한편, 잡스에게도 주변의 인재를 찾아내고 그들을 자극해서 한계에 도전하게 만드는 재주가 있었다. 1983년 잡스의 독선적이고 모험적인 경영방식에 불만을 품은 이사회가 그에게 경영권을 주지 않으려고 하자, 잡스는 자신이 통제하기 쉬울 거라 생각되는 경영의 귀재 조 스컬리(John Sculley)를 사장으로 영입하려고 한다. 그러나 스컬리는 이미 펩시콜라와 좋은 조건으로 계약을 맺은 상태였다. 이에 굴하지 않고 스컬리를 영입하는 데에 성공한 잡스가 남긴 말은 미국 비즈니스 세계에 신화처럼 전해오는 일화이기도 하다. "정말 중요한 일을 할 수 있는 기회가 있는데도 설탕물이나 팔며 남은 인생을 허비할 생각인가?" 잡스는 이처럼 주변사람들을 자신의 열정 속으로 빠져들게 만드는 카리스마를 가지고 있었고 자신의 한계 이상의 것을 도전해서 성취하게 만드는 힘을 가지고 있었다.

그들은 쉴 새 없이 도전하고 변화하기를 멈추지 않았다

하나의 스타일을 만들면 그 틀 안에서 안정을 고수하면서 지켜나가는 예술가가 있다. 심지어 어떤 화가는 고객이 사고 싶어 하지만 이미 팔려서 구매할 수 없는 그림을 다시 그리는 경우도 있다. 그 그림이 인기를 끈다고 자기복제를 계속하는 것이다. 그러나 다른 화가들이 혁신과 변화를 추구하는 동안에 그는 스스로를 베끼면서 영감과 창조성이 고갈되어 갈 것이다. 그럼에도 불구하고 그런 이가 존재하는 이유는 이 세상에 없던 새로운 스타일을 만들어낸다는 것이 매우 어렵기 때문이다. 이처럼 자기 스타일 하나를 제대로 창조하기에도 버거운데 대략 10년 단위로 기존의 스타일을 뒤엎는 음악을 새롭게 창조하며 시대를 이끈 사람이 바로 마일즈다.

마일즈 데이비스가 떠난 지 10여 년이 훌쩍 지났지만 그가 창조한 다양한 재즈 스타일은 여전히 세계를 지배하고 있다. 그의 음악은 언제나 최신 유행을 상징했으며 뜨거움 속에 차가움이, 차가움 속에 뜨거움이 혼재하는 신비롭고 탁월한 이노베이터였다.

그의 이런 끊이지 않는 혁신적 창조성은 어떻게 만들어졌을까?

그는 1926년 부유한 흑인 중산층의 아들로 태어났다. 어려서부터 음악에 탁월한 소질을 보이던 마일즈 데이비스는 뉴욕의 줄리어드 음대에 진학한다. 그러나 그는 학교수업보다는 맨해튼에 있는 재즈클럽에서 더 많은 시간을 보내면서 찰리 파커와 디지 길레스피 같은 재즈 명인들을 만나게 된다. 이들이 마일즈에게 준 영향은 지대했고, 그는 이후 스펀지처럼 주변의 모든 것을 빨아들이며 엄청난 성장을 하게 된다.

마일즈에 대한 일화 중 하나는 그가 20대 초반 때 재즈 바에 서서 동전을 하나씩 던지곤 했다고 한다. 그것은 바닥에 떨어질 때 들린 소리가 어떤 음정이었는지 맞히기 위한, 일종의 청음훈련(Ear Training)이었던 셈이다.

그의 이런 노력과 혁신적인 창조정신이 만나 끊임없는 실험정신으로 재즈의 새로운 영역을 개척해 왔다. 비밥, 쿨재즈, 하드밥, 퓨전재즈에 이르기까지 지금처럼 재즈가 폭넓고 다양한 스펙트럼을 가지게 된 것은 마일즈가 없었으면 불가능했다. 그는 어렵게 정복에 성공한 땅들을 미련 없이 버리고 항상 새로운 땅을 발견하기 위해 일생 동안 자신과 끊임없는 전투를 했다. 그가 무대에서 연주하고 있는 것을 보고 있노라면 마치 전사처럼 느껴질 때가 있다.

스티브 잡스는 작고 세련된 디자인의 매킨토시에 세계 최초로 마우스와 아이콘을 통해 프로그램을 실행하는 그래픽 사용자 인터페이스(GUI)를 도입함으로써 컴퓨터 역사에 일대 혁명을 가져왔다. 그 후 10년 만에 자신이 만든 회사인 애플에서 해고당한 뒤에 한동안 좌절의 시간을 보낸다. 그러나 다시 일어선 잡스는 스타워즈의 감독인 조지 루카스가 운영하던 컴퓨터 그래픽 팀을 1,000만 달러에 사들이고 '픽사'를 차린다. 픽사에서 만든 〈토이 스토리〉는 빅히트를 했다. 그 후 〈벅스 라이프〉, 〈몬스터 주식회사〉, 〈니모를 찾아서〉 등의 히트작을 양산하며 할리우드 최대의 수익성을 자랑하는 영화제작사로 발전한다.

이에 스티브 잡스는 안주하지 않고 자신을 내쫓았던 애플의 CEO로 13년 만에 복귀해 혁신적인 제품으로 애플을 완벽하게 부활시켜 놓는다. 그 후 췌장암에 걸리는 위기가 찾아왔으나 곧 극복하고 컴퓨터, 엔터테인먼트, 온라인 콘텐츠를 아우르는 성공의 아이콘이 되었다.

현재 전 세계의 미래는 매우 불투명하고 예측불가능하다. 이런 상황에 적응하려면 본인도 끊임없이 도전하고 변화해나가야 한다. 한 가지 명심해야 할 점은 가장 확실하고 믿을 만한 것은 자기 자신밖에 없다는 것이다. 왜냐하면, 모든 불안감을 조성하고 불확실하게 만드는 것은 내가 아닌 밖에서부터 오는 것이 더 많기 때문이다. 밖에서부터 오는 것은 내가 통제할 수 없다. 그것에 의해 좌우되는 구조를 만들면 시종일관 불안과 초조함에 휩싸일 수밖에 없다. 따라서 나 스스로 통제할 수 있고 관리할 수 있는 것에서 출발하여 자신의 비즈니스, 자신의 삶을 만들어가야 한다. 그러면 혼돈의 시대에 자신의 중심을 잃지 않고 자기 꿈을 향해 걸어갈 수 있을 것이다.

자기로부터 시작되는 끊임없는 창조, 혁신정신을 스티브 잡스와 마일즈 데이비스로부터 배우자.

𝄢: 허비 행콕의 첨단 디지로그경영

2008년 제50회 그래미 어워드에서 허비 행콕은 올해의 앨범 상을 비롯하여 최우수 컨템퍼러리 재즈 앨범 상을 수상했다. 그래미 시상식에서 재즈 아티스트가 올해의 앨범을 수상한 것은 그가 처음이었다. 그는 1940년생으로 70세이지만 그의 음악은 세련되었고 감각도 젊은 뮤지션에 뒤지지 않는다. '재즈계의 인디애나 존스' 라고 불릴 정도로 재즈 역사상 그가 이루어낸 업적은 도발적인 모험과 혁신으로 가득하다. 그는 재즈 뮤지션으로 음악적 재능뿐만 아니라 과학 분야에도 두각을 나타내어 대학에서 전기공학을 전공했고, 이후 이 경계선에서 뮤지션과 공학도로서의 특기를 결합하여 최고의 일렉트릭 재즈 뮤지션으로 성공하게 된다.

그는 이미 11살 때 시카고 심포니 오케스트라와 모차르트의 피아노 협주곡을 연주했을 정도로 천재성을 인정받았다. 그가 재즈에 흥미를 갖기 시작한 것은 고등학교 때부터다. 대학은 아이오와주에 있는 그린넬 칼리지에 입학하여 전기공학을 전공했으나 결국 작곡으로 전과하게 된다. 1960년 6월, 대학을 졸업하고 고향으로 돌아온 그는 도널드 버드와 페퍼 애덤즈 퀸텟에 참가하여 이 공연을 계기로 뉴욕에 입성하게 된다. 그는 데뷔앨범에서 'Watermelon Man'을 히트시키면서 승승장구하게 된다. 1963년에는 재즈의 거장 마일즈 데이비스의 밴드에 가담하여 5년간 16장의 앨범에 참여하면서 재즈 뮤지션으로서의 역량을 탄탄히 다지게 된다.

마일즈의 권유로 시작했던 일렉트릭 피아노 연주는 1970년대 이후에 꽃을 피워 재즈와 일렉트릭 사운드를 결합하는 데 커다란 기여를 했다. 1980년대에는 1983년에 발표한 앨범 〈Future Shock〉의 스크래칭 기법까지 끌어들인 'Rockit'란 곡으로 재즈계뿐만 아니라 대중음악계에도 앨범제목처럼 큰 쇼크를 주었다. 이 곡은 당시 선풍적 인기를 누렸던 브레이크댄스의 대표음악으로 전 세계적인 대히트를 기록했고 결국 이 곡으로 그래미상을 수상했다.

그 이듬해에는 앨범 〈Sound System〉으로 2년 연속으로 그래미상을 수상했고, 1987년에는 실제 재즈색소폰 연주자인 덱스터 고든(Dexter

Gorden)이 주연을 맡고 허비 자신도 피아니스트 역으로 출연한 재즈 영화 〈Round Midnight〉의 음악을 맡아 아카데미 작곡상을 수상하였다.

그는 최고의 재즈 피아니스트뿐만 아니라, 작·편곡가, 프로듀서로서도 비상한 재능을 발휘하며 항상 시대를 이끄는 첨단의 음악을 창조하여 왔다. 그는 전통 재즈에서부터 퓨전재즈, 팝 뮤직, 영화 음악까지 무엇이든 소화해내는 전천후 뮤지션이자 아티스트다. 그리고 그는 흑인들의 영원한 뿌리인 아프리카의 정신, 자기 근원에 대한 관심과 연구를 멈추지 않았다. 그로 말미암아 원시적이고 거친 아프리카 리듬이 디지털과 아날로그가 결합된 세련된 블랙펑크로 재탄생했다.

이처럼 허비 행콕은 아날로그와 일렉트릭 사운드의 경계선에서, 또 재즈와 R&B, 가스펠, funk, Rock 등의 경계선에서 혁신적이고 진보적인 사운드를 쉴 새 없이 쏟아내었다. 그리고 재즈 마니아와 일반대중으로부터 존경을 한몸에 받고 있다.

일본 음악잡지인 『재즈 라이프』에 실린 허비 행콕의 인터뷰 기사를 본 적이 있다. 기자의 질문은 "이토록 새로운 음악을 쉬지 않고 30년 넘게 창작해 올 수 있었던 창조력의 근원은 무엇입니까?"였다. 그런데 허비 행콕의 대답은 다소 의외였지만 역시 거장의 내공을 느끼게 해주는 말이었다.

"재즈는 삶이다. 당신의 인생에서 도망치지 마라, 정면 승부를 걸어라."

뭔가 새로운 것은 안정된 환경 속에서 나오지 않는다. 갈등과 충돌, 혼돈이 있어야 비로소 새로운 것에 대한 갈망이 일어나고, 해결하려고 노력하면서 그것이 실체화되는 것이다. 내가 부딪히는 내 인생을 가로막는 벽, 고난, 역경 이러한 것이 바로 새로운 것을 창조할 수 있는 강력한 동기부여를 하고 나를 강하게 만들어 주는 것인지 모른다. 그러니 내 인생에서 도망친다는 말은 창조의 동기를 스스로 제거한다는 말이다. 따라서 내 인생의 꿈을 성취해나가는 데 만나는 고통과 장애물 앞에 당당하게 맞설 때 나만의 창조력 개발에 시동을 걸어줄 수 있는 것이다.

그리고 또 하나 창조력의 근원이 있다면 그는 늘 경계선에 있었다는 것이다. 뮤지션과 공학도, 그리고 재즈와 팝 뮤직, 전통재즈와 일렉트릭 재즈 상이한 두 영역이 만나는 혼돈의 경계선에서 활발하게 활동해온 것은 자연스럽게 새로운 영역을 개척하는 결과를 낳게 되었다. 허비 행콕으로부터 아날로그와 디지털을 조율하는 노하우, 마니아와 대중을 아우를 수 있는 지혜, 당당하게 맞서는 삶으로부터 창조력을 배워보자.

♩: 셀로니우스 몽크의 괴짜경영

앞으로 시대는 괴짜들이 각광받는 시대다. 기존의 법칙을 부수거나 기존의 관점에서 벗어난 시야를 갖고 고정관념을 탈피해야 새로운 것을 창조할 가능성이 많기 때문이다.

셀로니우스 몽크는 괴짜란 말이 무척 잘 어울린다. 그는 '블랙 스완' 같은 음악을 하는 4차원의 천재 재즈 피아니스트였다. 그의 연주스타일은 당시 대세였던 비밥 연주자에 속하기보다는 자기만의 독창성, 실험정신, 극도의 절제미로 주목을 받았다. 그의 존재 자체가 하나의 장르라고 말할 수 있을 정도였다.

당시 스윙감이 있는 연주스타일이 대세였는데 몽크는 매우 강렬한 터치로 무뚝뚝하게 피아노를 치는 주법을 구사했다. 마치 개구쟁이가 장난을 치듯 피아노를 두드리는 느낌까지 주었다. 하지만, 그의 음 선택은 매우 신중했고 철저히 계산되어 있는 음이었다. 그는 극단적으로 음을 절약했으며 음과 음 사이의 침묵도 즉흥연주의 요소로 활용했다.

그러나 당시 비평가와 관객이 몽크의 음악을 받아들이기까지는 시간이 걸렸다. 왜냐하면 그의 음악은 종래의 음악적 상식에서는 이해하기 힘든 리듬이나 음계로 위화감을 조성했기 때문이다. 그러나 오히려 지금은 그의 불협화음이나 낯선 리듬이 선구자적인 개척으로 평가받고 있으며 재즈 역사상 그는 매우 중요한 뮤지션으로 인정받고 있다.

그는 1917년 노스캐롤라이나주 록키 마운트에서 태어났다. 이후 가족이 뉴욕으로 이주하여 그는 맨해튼에서 성장했다. 6세에 피아노 연주를 시작해서 교회에서 오르간연주, 가스펠반주 등을 하면서 거의 독학으로 실력을 키웠다. 그러다 26세 때 당대 최고의 색소폰 주자인 콜맨 호킨스(Coleman Hawkins) 밴드에서 활동하면서 자신의 첫 번째 스튜디오 녹음을 하게 된다. 이후 블루노트에서 음반을 발표하면서 서서히 자신의 입지를 넓혀간다.

1954년 12월에는 마일스 데이비스의 레코딩에 참여했지만 음악성의 차이로 잘 진행되지 못했다. 이후 마일즈 데이비스 퀸텟을 나온 존 콜트레인에게 몽크는 리듬과 화음, 음계 운영법에 있어서 자신만의 새롭고 혁신적

316

인 개념들을 알려준다. 이로 말미암아 존 콜트레인은 기존의 비밥틀을 벗어나 그만의 음악 세계를 만드는 데 큰 계기를 얻게 된다. 이렇게 그의 음악은 후에 모던재즈의 작곡과 즉흥연주에 지대한 영향을 주었다. 그의 스타일은 피아니스트인 랜디 웨스턴(Randy Weston), 세실테일러(Cecil Taylor), 칙 코리아(Chick Corea) 등에게서도 발견할 수 있다.

현대인들은 스스로의 정체성에 대해서 의문을 품고 있다. 그래서 무엇인가를 소유한다든가 유행을 따라한다든가 하는 행위를 통해 그 정체성을 확인하고 싶어한다. 그러나 그것은 더욱 끊임없이 남의 시선을 의식하며 세상이 부여한 가치에 얽매여 살아가게 할 뿐이다.

앞으로 도래할 웹 3.0, 유비쿼터스 시대에서는 개인화가 매우 중요시된다. 세상의 모든 존재가 나를 위해 존재하는 시대가 되기 때문이다. 셀로니우스 몽크가 남의 시선에서 벗어나 오로지 자신이 스스로에게 부여한 절대가치에 따라서 과감하고 거침없이 살아간 삶은 현대인들에게 시사하는 바가 크다. 앞으로는 소수의 열정적인 집단이 또는 개인이 일으키는 작은 변화가 매우 중요하다.

이제는 작은 것이 큰 것이다. 우리는 트렌드를 선도하는 1%의 사람들이 또는 극세분화된 시장 중 하나가 언제라도 비즈니스판을 뒤엎을 수 있는 시대에 살고 있다. 2002년 월드컵 때 전 세계에 대한민국의 존재감을 강렬하게 인식시켰던 붉은 악마도 초기에는 소수에 불과했다. 그냥 축구할 때마다 "붉은 티 입고 응원하는 유별난 친구들"에 불과했던 200여 명이 2002년 월드컵 때에는 가공할 파괴력을 지닌 4,700만 함성으로 바뀌었던 것이다. 이 힘이 한국을 월드컵 4강으로 이끄는 데 결정적인 역할을 했음을 부인할 수 없다.

이렇게 다소 엉뚱하고 낯선 아이디어가 별안간 소수의 사람들에게 먹히고 다시 그들이 더 많은 사람들에게 전달할 때, 어느 순간 벼락같이 티핑 포인트를 건드리게 된다. 그리고 빅뱅이 일어나고 곧이어 스타가 탄생되고 유명 브랜드도 만들어질 수 있는 것이다.

셀로니우스 몽크가 활동할 당시에는 그의 스타일이 인정받기까지 꽤나 긴 시간이 필요했으나 지금 시대에는 순식간에 이루어질 수 있다. 이제는 세상을 변화시킬 괴짜를 찾아내야 한다. 혹은 스스로가 괴짜가 되어야 한다. 세상의 조롱에도 아랑곳하지 않고 스스로의 절대가치를 만들고 자존감을 지켜나가라. 그런 소수의 괴짜가 세계를 바꾸어나가는 시대이다.

♪: 애플, 문화와 경제의 경계선에서 우뚝 서다

애플이 2010년 1월 태블릿 PC인 '아이패드(iPad)'를 공개하자 삼성전자와 LG전자 등 국내 TV업체들은 초긴장하고 있다. 왜냐하면 아이패드의 진행방향이 TV를 향하고 있고 앞으로 1~2년 내에 기존의 TV 개념까지 바꾸어버릴 수 있는 소위 '아이TV(iTV)'의 등장이 예상되기 때문이다.

애플은 재즈경영의 중요한 요소인 문화와 경제의 경계선을 아주 이상적으로 보여주고 있다. 그 대표적인 예가 곧 출시가 예상되는 iTV이다. iTV는 우선 기기 연결의 면에서 아이패드, 아이폰, 맥북, 아이팟을 갖고 있고, 콘텐츠 연결의 면에서는 아이튠스, 앱스토어, 아이북스를 손에 들고 있다. 다시 말해 하드웨어와 소프트웨어의 완벽한 결합이요, 문화와 경제의 절묘한 경계선을 타고 신기에 가까운 세기의 줄타기를 하고 있는 것이다.

이제는 기본적인 TV시청뿐만 아니라 애플이 제공하는 무궁무진한 콘텐츠를 TV와 아이패드, 아이폰 화면으로 옮겨다니면서 언제 어디서나 끊어짐 없이 볼 수 있는 세상이 열리게 되는 것이다. 그러면 휴대폰이 스마트폰이 된 것처럼 TV가 이제 스마트박스로 진화하게 되는 것이고, 우리는 싫든 좋든 Wherever, Whenever 애플을 접하게 된다.

애플만큼 재즈 스타일, 재즈경영, 재즈노믹스의 진수를 완벽하게 보여주고 있는 회사도 없다. 그러면, 애플이 재즈 스타일로 어떻게 성공할 수 있었는지 알아보도록 하자.

상생구조의 생태계 지향

애플은 '아이팟 이코노미' 라고 불릴 정도로 자사 제품과 다른 회사의 제품이 상생할 수 있는 생태계, 심지어 고객까지도 참여시켜 함께 공명할 수 있는 제품을 만들어내고 있다. 애플 제품 하나와 상생관계로 거미줄처럼 엮여져 있는 수많은 제품과 회사가 있는데, 일례로 중간에 연결하는 별도의 기기나 프로그램 없이 직접 아이팟과 연결할 수 있는 자동차가 미국 전체 자동차의 무려 50%에 달한다. 그리고 아이팟에 연결하는 전용 스피커를

320

보스(BOSE), JBL, 야마하 등의 회사가 생산해내고 있으며, 아이팟 전용케이스도 구찌, 루이비통 등과 같은 명품브랜드 회사에서 만들어내고 있다. 이 외에도 아이팟을 들으며 스키와 스노보드를 탈 수 있도록 스키복, 보드복이 따로 판매되고 있다.

이렇게 애플은 타 기업의 멜로디 조각, 그리고 전 세계에 있는 수많은 개인들이 발산하는 수많은 멜로디 조각을 끌어들여서 자신의 멜로디 조각과 한바탕 멋진 재즈협연을 하는 무대를 계속해서 만들어내고 있는 것이다. 그것이 바로 재즈노믹스라고 칭하는 생태계이고 애플의 제품을 시대의 아이콘으로 만든 성공요인이다.

문화와 경제의 경계선에 서다

아이팟이나 아이폰을 단지 제품이 아니라 예술작품이라고 생각하는 사람이 많다. 왜냐하면, 애플은 단지 기능적인 만족뿐만 아니라 소비자의 섬세한 감성을 만족시켜주고 삶을 풍요롭게 만들기 때문이다. 애플의 제품과 만남으로 인해서 생활패턴이 바뀌고 라이프스타일이 달라져가는 것을 느낄 수 있다. 스티브 잡스는 아이팟, 아이폰이라는 제품을 생산한 것이 아니라 전 세계인에게 더 편리하고 멋지고 풍요로운 아이스타일(i-Style)이라는 새로운 라이프스타일을 디자인해서 제공해준 것이라 볼 수 있다. 많은 사람들에게 아이스타일(i-Style)은 웹 2.0 & 3.0, 디지털 시대에 내 삶을 성공으로 이끌어줄 수 있다는 믿음을 주고 있다. 명품과 같은 만족감을 주는 훌륭한 예술작품이다.

사실 애플 창업 당시 스티브 잡스는 매우 기능적이고 냉정한 엔지니어 성향이 강한 사람이었다. 그러나 애플에서 쫓겨난 후, 연이은 실패를 하면서 성능과 테크놀로지 지향적인 자신의 한계를 인식하고 '스스로 자신을 바꾸게' 된다. 그 무렵 루카스필름의 3D 애니메이션 파트를 맡았던 픽사(Pixar)를 인수하고 제작한 〈토이 스토리〉가 대박이 나면서, 그는 화려하게 재기했을 뿐더러 장차 아이팟, 아이폰, 아이패드를 만들 수 있는 예술적 감성으로 다시 태어나게 된다.

집단지성을 활용한다

2007년 아이폰이 등장하고 전 세계 휴대폰시장의 판도는 완전히 바뀌게 되었다. 그 핵심은 단순 휴대폰에서 스마트폰으로의 진입이다. 아이폰이 스마트폰 시장을 선도하면서 전 세계에 큰 반향을 일으킬 수 있었던 원인 중 하나는 집단지성을 활용하는 앱 이코노미(App Economy)에 있었다. 전 세계의 개발자들이 스스로의 아이디어로 애플리케이션(소프트웨어)을 만들어 올리고 수익 또한 가져갈 수 있게 시장을 만들어 준 것은 결국 각양각색의 수많은 소비자들의 취향을 만족시켜 줄 수 있는 엄청난 애플리케이션 수와 시장을 낳았다.

한국에서도 유주완이라는 고등학교 2학년 학생이 '서울버스'라는 버스 정보를 제공하는 애플리케이션을 개발해서 큰 화제가 되었다. 이 애플리케이션은 전 세계 앱스토어에서 20만 건의 다운로드를 기록했다. '서울버스'는 무료로 제공하지만 또 하나의 작품인 'Kontacts'는 0.99달러에 판매하고 있다. 출시 두 달도 안 돼 1,500만 원이 넘는 수익을 올렸다고 한다. 이 외에도 전 세계로부터 개발자의 성공담이 속속 올라오고 있다.

만약 애플에서 자체 개발자만을 가지고 앱스토어를 준비하려고 했다면, 이처럼 세분화된 다양한 소비자들의 구미에 맞는 소프트웨어를 제때에 공급하지 못했을 것이다. 전 세계인(개발자)의 집단지성을 활용하여 성공을 이끌어낸 멋진 재즈경영을 보여주었다.

절대가치를 추구한다

사실 애플이 만든 제품은 새로운 기능이 들어간 것이 아니다. 삼성, LG 등 우리나라 대기업에서도 충분히 만들어낼 수 있었던 제품이다. 심지어 MP3의 경우는 우리나라가 세계 최초로 MP3 파일 자체를 개발했고 MP3 플레이어 시장을 개척했던 상당히 유리한 고지였음에도 불구하고 전 세계의 엄청난 시장을 애플에게 빼앗겨버렸다. 상대가치의 관점에서 제품을 바라보았던 까닭이다. 애플은 MP3 플레이어를 단순히 음악만 듣는 기능에서 탈피하여 MP3 플레이어를 사용하는 고객의 라이프스타일 자체를 새롭게 디자인하고 그 생태계에 맞는 제품을 창조함으로써 비교할 수 없는 절대가치를 만들어내었다. 현재, 국내 기업뿐만 아니라 소니, 도시바, 파나소닉, 선디스크, 마이크로소프트와 같은 경쟁사에서 유사품이 쏟아지고 있지만, 대다수의 소비자는 아이팟만을 선호한다.

아이팟도 아이폰도 사실 기능의 수와 기술력이라는 관점에서만 본다면 많은 라이벌 제품을 이길 수 없다. 그러나 사람들은 아이팟, 아이폰에서 기능으로는 대체할 수 없는 그 '무엇'에 감동하고 추종자가 된다. 그것은 애플의 철학이고 영혼이다. 예술작품에 감동하거나 명품에 빠져들 듯 애플이 창조한 절대가치에 매료되는 것이다.

창조적 리믹스 – 이질적인 요소를 수용하고 융합하다

MP3 플레이어와 운동화, 어떻게 본다면 상당히 이질적인 만남이라고 볼 수도 있다. 그러나 애플과 나이키는 서로 다름을 창조적으로 리믹스 하여 새로운 생태계를 만들어내었다.

이 운동화는 이미 어느 정도 대중화되어 있는 제품으로 나이키 운동화

밑창에 만보계가 달려 있다고 보면 된다. 아이팟으로 음악을 들으면서 조깅을 하면 현재 내가 운동하고 있는 상황이 아이팟을 통해 액정화면으로 나타난다. 사용법 또한 제품 각각이 모듈화가 되어 있어 간단히 결합하기만 하면 된다. 필요한 것은 나이키 운동화, 아이팟 센서, 아이팟 3가지다.

먼저 나이키 운동화의 깔창을 벗기면 작은 홈이 있다. 이 홈에 0.2kg의 동전 크기의 아이팟 센서를 끼운다. 다음에는 아이팟을 켜고 센서와 링크만 시키면 끝이다. 아이팟의 메뉴는 시간, 거리, 칼로리 등 운동하는 목표에 맞게 세분화되어 있어 자신의 목적에 맞게 선택만 하면 된다. 그리고 운동한 후에 이 아이팟을 아이튠즈에 연결하고 그날그날 운동한 기록을 저장할 수 있고 그래프까지 보면서 자신의 건강을 체계적으로 관리할 수 있다.

아이팟 센서 + 나이키 운동화 + 아이팟 + 아이튠즈, 이 4가지가 만나서 새롭고 거대한 시장을 창조한 것이다.

♩: 구글, 일을 놀이처럼
   즐기는 재즈밴드형 집단

　　혜성과 같이 등장해서 갖가지 신화를 남기고 있는 구글도 역시 재즈경영으로 단기간에 세계 초일류기업이 된 대표적인 기업이다.

　　기본적인 원칙이 되는 하나의 명확한 테마 '악해지지 말자'를 정해놓고 재즈밴드와 같이 수많은 소그룹의 팀이 변화무쌍한 프로젝트에 따라 분해, 결합을 반복하면서 획기적이고 센세이셔널한 창조물을 지속적으로 내놓고 있다. 구글도 재즈 스타일의 성공요인을 다소 포함하고 있는 아주 좋은 모델이 된다.

일을 놀이처럼 즐기는 그룹

역사상 최단기간에 세계를 정복하는 데 성공한 기업 구글에서는 일류요리사를 채용한 24시간 무료식당과 직장인지 놀이터인지 분간하기 어려울 정도로 놀이와 일의 경계를 부수는 기업문화를 가지고 있다. 심지어 애완용 개나 가족도 데리고 출근할 수 있다.

구글코리아에 일하는 직원들은 "구글은 조용하고 정돈된 것보다 직원들이 일하기 좋은 기분을 만들어준다", "전 회사는 타율적으로 관리받는 느낌을 주었지만 구글에서는 놀 수 있는 환경임에도 불구하고 일을 자기 책임하에서 자율적으로 할 수밖에 없게 만든다"며 만족감을 표한다.

재즈밴드와 같은 팀워크

구글의 가장 큰 특징 중 하나는 창의성의 주체가 개인이 아니라 팀이 되는 것이다. 클래식처럼 어느 리더의 지휘에 따라 움직이지 않고 재즈밴드처럼 멤버들 간의 자발적인 협연을 통해서 창조를 하는 것이다. 구글은 회사 설립 당시 유명한 대학교들을 벤치마킹했다고 한다. 그 이유는 세계적으로 유명한 공과대학에서는 소규모의 연구팀, 다채로운 실험, 그리고 동료들의 즉각적이면서 철저한 피드백 체계를 가지고 있기 때문이다. 그리고 이들이 저마다 높은 이상과 세상의 패러다임을 바꾸겠다는 사명감을 갖고 있는 것도 구글이 꿈꾸는 것과 동일했다.

자기가 하고 싶은 일에 투자하도록 하는 근무시간의 20%도 주로 팀 단위의 프로젝트를 진행하는 형태로 이루어진다. 그 팀 단위의 프로젝트를 통해 구글어스와 같이 창의적이고 획기적인 아이템이 많이 탄생했다.

구글에서 회의를 진행할 때 위계질서는 전혀 힘을 발휘하지 못한다. 내놓은 아이디어의 내용 자체로 평가받으며 서로 논쟁하는 것을 즐겨한다. 그리고 구글은 하향식이 아닌 상향식 아이디어를 주로 채택하는 경향이 있다고 한다. 이것은 직원들을 단순히 노동의 제공자로 인식하는 것이 아니라 기업과 동등한 파트너로서, 일종의 1인 기업가로서 인정해주고 있다는 말이 된다. 개인의 창의성보다는 조직과 집단이 주도하는 "협업을 통한 창의성", 이것은 재즈밴드의 팀워크, 그 자체를 보여주고 있다. 이것이 구글 경쟁력의 핵심이다.

구글의 멜로디 조각을 뿌리다 - 모듈화와 오픈소스

구글은 웹 2.0시대의 획기적인 광고모델을 제시했다. 애드센스와 애드워즈가 바로 그것이다. 많은 포털사이트가 사방에서 광고의뢰를 받아 자사의 홈페이지 위에 덕지덕지 붙이고 있을 때 구글은 그 광고를 전 세계에 퍼져 있는 수많은 블로그에 뿌렸다.

애드워즈란 사용자가 구글로 검색하여 키워드가 일치했을 때 표시되는 광고이며, 애드센스는 블로그를 비롯한 웹페이지에 구글이 내보내는 광고를 말한다. 웹사이트 소유자는 애드센스에 가입함으로써 광고 수익을 구글과 나눌 수 있다. 광고 수익은 사용자가 애드센스 광고를 클릭함으로써 광고 게시자가 구글에 광고비를 지급하고, 구글은 그렇게 적립된 광고비를 웹사이트 제작자와 나누어 갖는다. 즉, 광고 수익을 혼자 독식하는 것이 아니라 고객들과 함께 나누어 상생할 수 있는 시스템을 개발한 것이다. 그럼에도 불구하고 구글의 광고 수익은 독일의 신문·잡지업계에서 "우리의 웹사이트 광고수익을 다 합쳐도 한 해 100만 유로(약 11억 5,000만 원)에 불과한데 구글은 12억 유로(1조 4,000억 원)의 수익을 쓸어담고 있다"고 비판할 정도로 천문학적인 숫자다.

구글은 자신의 애드센스, 애드워즈라는 멜로디 조각을 전 세계에 뿌려 전 세계인들의 멜로디 조각(블로그)과 협연이 일어나게 함으로써 상생구조의 생태계를 창조했다. 이것은 재즈노믹스의 멋진 모델이라고 할 수 있다.

전 직원의 CEO화 – 불가사리 집단

구글에 인재가 몰리는 이유는 간단하다. 누구에게나 '세상을 바꿀 기회'를 주는 것이다. 알카에다의 일개 점조직에 불과했던 테러리스트들에게 그들의 자발적 아이디어였던 9·11 테러를 감행하도록 권한을 부여했던 것처럼 구글 내에는 그런 권한을 이양받은 소그룹의 개발팀들이 경쟁적으로 세계를 뒤집어 엎을 기회를 노리고 있다.

구글은 제품개발 과정에서부터 재즈밴드와 같이 자율적으로 움직이는 수많은 팀이 개발을 주도한다. 세계로부터 영입된 자신감이 충만한 고급두뇌들은 뭔가 새로운 웹서비스를 창조해서 전 세계에 영향력을 행사할 수 있는 기회를 가질 수 있는 것이다.

대조적으로 마이크로소프트에서는 보통 수백 명의 개발자들이 단일 소프트웨어 프로젝트에 매달리고 있으며 한때 비스타(Vista)에 관련된 직원들이 4,000명에 달한 적도 있다. 이렇게 해서는 개인의 개발자가 스스로 새로운 세상에 도전할 수 있는 분위기는 결코 조성될 수 없다. 그것은 앞서 언급한 클래식 스타일에서 마치 악보를 보고 연주하듯 미리 짜여져 있는 일련의 계획에 따라 진행되는 방식인 것이다.

하지만, 민첩하게 독자적으로 움직이고 있는 수많은 구글의 소그룹팀들은 마치 재즈밴드와 같이 즉흥연주를 하다 멋진 사운드를 만들어낼 수도 있다. 그런 우연치 않는 '획기적인 성공'으로 발견한 것이 '구글어스, 구글맵'과 같은 프로그램이고, 이 방식이 구글에 새로운 미래를 열어 주었다.

구글은 재즈그룹의 전 멤버가 각자 CEO인 것처럼 수많은 소그룹에 '자기 아이디어로 독립적으로 세상을 바꿀 기회'를 부여함으로써 뚜렷한 주인 의식과 자발적인 참여를 이끌어내었다. 이것이 바로 구글이 창업 10년 만에 세계 1위의 검색엔진으로 자리잡게 만든 강력한 원인 중 하나이다.

집단지성과 창조적 리믹스

구글 API는 집단지성을 활용하고 다양한 리믹스를 만들어내기 위한 매우 유용한 멜로디 조각이라고 볼 수 있다.

API(Application Program Interface)란 쉽게 설명하면 일종의 프로그램 레고다. 새로 프로그램을 짤 필요가 없이 용도별 프로그램이 이미 개발되어 모듈화 되어 있는 것이다. 따라서 모듈화 된 프로그램을 레고처럼 내가 필요한 기능에 맞게 붙여서 쓰면 된다. 비록 프로그래밍에 문외한 비개발자라도 쉽게 자기 필요에 따라서 이리 섞고 저리 섞어 재조립하는 것이 가능하다. 이미 구글맵 API를 자기 용도에 맞게 변형해서 사용하는 예는 매우 흔하게 볼 수 있다. YouTube Data API을 사용하면 동영상 섹션을 마음대로 만들어서 붙일 수 있고, 이 외에도 구글 애널리틱(Google Analytics API), 구글 피카사(Google Picasa API), 구글 차트(Google Chart API) 등 셀 수 없이 많다. 애드센스도 일종의 API라고 볼 수 있다.

이렇게 구글은 많은 사람들에게 꼭 필요한 용도의 API를 끊임없이 만들어서 발산함으로써 전 세계인이 자신의 아이디어와 리믹스 하도록 유도한다. 이것은 그들의 거대한 집단지성을 활용하여 재창조물을 만들어내고 그들의 삶속에 구글이라는 존재가 스며들게 하는 역할을 탁월하게 수행하고 있다. 전 세계인이 자신의 재즈연주에 사용하고 싶어하도록 멋진 Lick(재즈 솔로 연주에 많이 쓰이는 짧은 멜로디 패턴)을 만들어 맘껏 뿌린 결과, 지금 지구촌 생태계에는 구글이 만드는 음악으로 넘쳐 흐르고 있다.

글로벌시대는 재즈 스타일로 통한다. 자유, 개성, 즉흥성, 괴짜, 고정관념의 파괴가 중요하기 때문이다. 전 세계에 존재하는 재즈 뮤지션의 스타일이 전부 다른 것처럼 앞으로의 시대에서 개인은 저마다 자기 스타일을 가지고 있어야 한다. 한 개인에게 모든 세상이 맞추어지는 웹 3.0으로 가는 길목에 서 있기 때문이다. 그 의미는 내가 곧 세상이요, 세상이 곧 나이므로 내 고유의 스타일은 내가 존재하는 세상의 스타일이 된다.

다행히도 한국인은 재즈 스타일에 너무나 잘 맞는 민족성을 갖고 있다. 우선 한국인은 애드리브(즉흥성)에 매우 강하다. 일례로 소위 드라마, CF 등을 찍을 때 그 자리에서 즉흥적으로 이루어지는 장면이 많다. 물론, 준비와 계획이 부족해서 그렇다고도 볼 수 있지만, 달리 생각하면 정해진 틀에 따르는 것이 아니라 그때마다 현장으로부터 개인의 능력을 최대한 끌어낼 수 있는 순발력과 유연성을 가지고 있다고도 볼 수 있다. 더군다나 개인에게 권력이 넘어가고 있는 시대에 기계적 시스템보다는 한 개인의 멀티플레이어적인 능력에 많이 의존하는 한국적인 스타일이 오히려 장점으로 부각될 수 있는 것이다.

이처럼 정해져 있는 시스템에만 의존하지 않고 각종 상황에 따라 즉각적으로 대응할 수 있는 융통성에서부터 '빨리빨리'의 초스피드, 룰을 지키기보다는 깨는 것을 즐기는 도전 자세, 단순논리보다는 오감을 작동시켜 판단하는 우뇌적인 직감력, 그리고 마지막으로 월드컵 때 붉은 악마로 전 세계인에게 깊은 인상을 주었던 김치와 같이 뜨겁고 매운 열정까지 재즈의 속성을 이처럼 속속들이 가지고 있는 민족은 드물다. 단, 타 문화에 대한 이해력과 공감하려는 노력은 앞으로 많이 보강해야 할 것이다. 이질적인 문화를 수용하고 내 것과 융합시켜나가는 글로벌마인드와 이를 실천하는 행동력을 겸비한다면 한국인은 세계를 향해 비상할 수 있을 것이다.

누구나 다 인정하는 프로 재즈 뮤지션이 되는 길은 매우 험난하다. 엄청난 노력과 기나긴 인고의 세월을 필요로 한다. 그때 제일 중요한 것은 반복이다. 반복은 곧 내공이다. 그 말은 머리가 아니고 몸으로 체화한다는 의미다.

처음 재즈를 익힐 때는 앞서 언급한 청음(ear training), 시창(sight reading), 스케일(scale) 연습, 아르페지오(arpeggio) 연습, 템포 유지하기(keeping tempo), 정확한 음정(pitch), 터치(touch), 핑거링(fingering), 기본

자세 등 기초가 되는 수많은 연습과제가 있다. 이 연습을 하루도 거르지 않고 꾸준히 연습해서 몸에 체화하게끔 만들어야 한다. 그러나 보통 초보자가 범하기 쉬운 실수 중 하나는 하루라도 빨리 화려한 즉흥연주를 하고 싶어 기본기를 잘 닦지 않은 채로 화려한 프레이즈를 카피해서 흉내내는 것이다.

그러나 결국 연주의 승부를 내는 것은 안정된 리듬감, 정확한 음정, 잘 훈련된 핑거링, 섬세하고 감각적인 터치, 다양한 음악을 수없이 들어 생긴 풍부한 음악적 스펙트럼, 그리고 자기 삶의 경험에서 우러나오는 감성, 철학 등 가장 기본적인 것들이다. 기본이 탄탄해야지 어떤 상황에서도 정말 화려하고 영감이 넘치는 즉흥연주를 변화무쌍하게 구사할 수 있다. 이 기본을 재즈 뮤지션이라면 죽을 때까지 끝도 없이 반복 연습해야 한다.

그래서 프로의 세계에서 자기 명함을 내밀려면 재즈는 최소 10년 정도는 해야 '이제 걸음마 떼고 왔네'라고 한다. 프로는 각자의 분야에서 적어도 10년은 갈고 닦아야 한다. 기본에 대한 끊임없는 반복연습을 통해 여러분의 지식이 머리로부터 몸으로 녹아들어가 지혜로 체화가 되어야 한다. 피아노 연습을 너무 많이 해 손가락 끝이 찢어져 피가 나는 경험도 해봐야 한다. 이제 새로운 세상이 열렸다. 동네 노래방에서 노래자랑하던 무대가 아닌 전 세계인과 함께 재즈협연을 할 수 있는 무대가 펼쳐진 것이다.

미국 유학시절, 내 주변에는 한국인 못지않게 일본인 친구들이 많았다. 그들이 음대 졸업 후, 진로의 향방이 갈리는 것을 지켜보게 되었다. 많은 한국인 친구들은 그냥 한국에 귀국하거나 혹은 대학원에 가서 학위를 따고 한국에 들어가 교수직에 목표를 두고 있었다. 일본인 친구들은 졸업 후 뉴욕이나 뉴올리언스 등에 있는 밴드에 들어가 다양한 실전경험을 통해 더 많은 실력을 쌓으려는 경우가 많았다. 그때 학교에서 함께 재즈도 연주하고 '잇쵸' 식당에서도 함께 일했던 일본 친구들 대여섯 명은 10년 가까운 세월이 지났음에도 아직 뉴욕에서 살고 있다. 가끔 그들로부터 페이스북(facebook)을 통해 뉴욕의 어느 클럽에서 공연한다고 오라며 초청장이 온다. 그들은 그동안 재즈의 본고장 뉴욕에서 성장하여 나름대로 자리를 잡고 있다. 마음은 당장이라도 달려가서 그들이 갈고 닦은 내공이 실린 재즈연주를 듣고 싶다.

난 전 세계인들과, 전 세계 기업들과 마음껏 재즈공연을 하며 전 세계 순회공연을 하러 다닐 한국의 수많은 젊은이들을 보기를 원한다. 전 세계에 퍼져 있는 다양한 재즈클럽에서 한국의 젊은 해적들이 맘껏 연주를 하는 무대가 곧 펼쳐지리라 상상도 하고 있다.

더 이상 한국에만 머무르지 않고 뉴욕, 도쿄, 상하이, 홍콩, 유럽 등지를 돌아다니며 자신의 연주를 하라. 매혹적인 자신만의 멜로디 라인을 만들어 인터넷을 통하든 사람을 통하든 전 세계에 끊임없이 뿌려라. 당신의 멜로디 조각에 매료되어 재즈협연을 청하는 연주자가 전 세계에서 나타날 때까지 자신의 가장 중요한 것을 '반복' 함으로써 스스로의 내공과 실력을 키우기를 진심으로 바란다. 그러다 뉴욕이든 도쿄이든, 아니면 상하이라도 좋다. 어느 재즈클럽에서 우연히 만나 그대와 함께 멋지게 협연을 하고 와인 한잔을 할 수 있는 날이 오길 바라겠다.

전 세계적으로 소셜 미디어의 영향력은 점점 커지고 있고, 툴 또한 그 종류가 갈수록 급증하고 있다. 그 중에서 가장 대표적이고 쓰기 쉬운 소셜 미디어 툴을 소개한다. 온라인상에서 업무를 할 때, 이것들은 여러분이 세상과 재즈협연을 하기 위한 온라인상의 악기라고 보면 된다.

▶ **전문성(모듈)을 구현할 때 도움이 되는 툴**

− Text

구글 문서도구 : docs.google.com(워드, 스프레드쉬트, 파워포인트 등)

스프링노트 활용 : www.springnote.com

마인드맵 : conceptleader.com

− Video

유튜브 : www.youtube.com

트윗비드 : www.twitvid.com

− Picture

Picasa : www.picasa.google.com

플리커 : www.flickr.com

Pixlr : www.pixlr.com(photo editing service)

포토스케이프 : www.photoscape.co.kr

− PT

Slideshare : www.slideshare.net

− 일정관리

구글 캘린더 : calendar.google.com

▶ 소통(연결)에 도움이 되는 툴

트위터 : twitter.com

미투데이 : me2day.net

MSN : www.msn.com

네이트온 : nateonweb.nate.com

다음 메신저 : messenger.daum.net

야머 : www.yammer.com

구글 그룹스 : groups.google.com

스카이프 : www.skype.com

구글 토크 : www.google.com/talk

– 방송

유스트림 : www.ustream.tv

라이브스트림 : www.livestream.com

다음 TV팟 : tvpot.daum.net

아프리카 : www.afreeca.com

트윗캠 : twitcam.com

트윗온에어 : twitonair.com

▶ 생태계(무대)를 만들 수 있는 툴

링크드인 : www.linkedin.com

마이스페이스 : www.myspace.com

페이스북 : www.facebook.com

믹시 : mixi.co.jp

싸이월드 : www.cyworld.com

링크나우 : www.linknow.kr

트위터 : twitter.com

미투데이 : me2day.net

포스퀘어 : foursquare.com

세컨드라이프 : secondlife.com

▶ 분석하기

Google Analytics : www.google.com/
analytics